U0959877

权威·前沿·原创

皮书系列为
“十二五”“十三五”“十四五”国家重点图书出版规划项目

BLUE BOOK

智库成果出版与传播平台

太平洋岛国蓝皮书
BLUE BOOK OF PACIFIC ISLAND COUNTRIES

太平洋岛国发展报告（2021）

ANNUAL REPORT ON DEVELOPMENT OF PACIFIC ISLAND COUNTRIES (2021)

聊城大学太平洋岛国研究中心
主 编 / 陈德正 赵少峰

社会科学文献出版社
SOCIAL SCIENCES ACADEMIC PRESS (CHINA)

图书在版编目(CIP)数据

太平洋岛国发展报告.2021 / 陈德正，赵少峰主编
. --北京：社会科学文献出版社，2022.3
（太平洋岛国蓝皮书）
ISBN 978 -7 -5201 -9748 -9

Ⅰ.①太… Ⅱ.①陈… ②赵… Ⅲ.①太平洋岛屿 - 国家 - 社会发展 - 研究报告 - 2021②太平洋岛屿 - 国家 - 经济发展 - 研究报告 - 2021 Ⅳ.①D76②F160.4

中国版本图书馆 CIP 数据核字（2022）第 022622 号

太平洋岛国蓝皮书
太平洋岛国发展报告（2021）

主　　编 / 陈德正　赵少峰

出 版 人 / 王利民
组稿编辑 / 张晓莉
责任编辑 / 叶　娟
责任印制 / 王京美

出　　版 / 社会科学文献出版社·国别区域分社（010）59367078
地址：北京市北三环中路甲 29 号院华龙大厦　邮编：100029
网址：www.ssap.com.cn
发　　行 / 社会科学文献出版社（010）59367028
印　　装 / 天津千鹤文化传播有限公司

规　　格 / 开 本：787mm × 1092mm　1/16
印 张：15.75　字 数：235 千字
版　　次 / 2022 年 3 月第 1 版　2022 年 3 月第 1 次印刷
书　　号 / ISBN 978 -7 -5201 -9748 -9
定　　价 / 148.00 元

读者服务电话：4008918866

《太平洋岛国蓝皮书》编委会

主要编撰者简介

陈德正 历史学博士、教授、博士生导师（合作）。现为聊城大学太平洋岛国研究中心主任，兼任中国太平洋学会太平洋岛国研究分会常务副会长、山东省世界史专业委员会理事长。荣获山东省教学名师、齐鲁文化英才、山东高校十大师德标兵、山东省智库高端人才等称号。主编《一带一路列国志》、《一带一路名城志》、《太平洋岛国研究》（集刊），在商务印书馆出版《〈希腊志略〉〈罗马志略〉校注》《〈欧洲史略〉〈西学略述〉校注》，在《世界历史》《史学理论研究》等学术期刊发表论文多篇，获省级教学科研成果一等奖、二等奖6项，主持完成和在研国家级和省部级科研项目7项。

赵少峰 历史学博士（后），聊城大学教授、硕士生导师，山东师范大学博士生导师。山东省理论人才“百人工程”入选专家，山东省高层次人才，山东省高等学校青创人才引育计划团队学术带头人，中国太平洋学会太平洋岛国研究分会秘书长。主持国家社科基金项目2项、教育部人文社科基金项目1项、其他省部级项目7项。在商务印书馆、人民出版社、社会科学文献出版社出版专著4部，在《世界民族》《历史档案》《学术探索》《光明日报》等发表论文50余篇。

摘 要

2020年，太平洋岛国地区继续保持政治形势基本稳定的总体态势。瓦努阿图、纽埃、基里巴斯和帕劳举行了大选。虽然有些国家选举过程跌宕起伏，但总体较为顺利，部分岛国政府实现了换届调整。受旅行禁令、贸易限制和运输中断等多重因素影响，太平洋岛国普遍经历了供应链、产业链“断链”的极端挑战，经济社会发展陷入艰难时刻。各国经济发展面临急剧下滑、失业率不断升高的挑战。为此，拓展融资渠道、争取疫苗援助成为太平洋岛国外交的重要任务。以国际旅游业收入为主的太平洋岛国经济体受疫情影响最为明显。太平洋岛国政府采取了降低价格、加大海外营销、业内整顿、安全保障等积极的应对策略，以迎接旅游业复苏。然而，由于疫情的高度不确定性，岛国国际旅游业的重启时间仍是未知数。在地区发展方面，随着美拉尼西亚先锋集团（MSG）、波利尼西亚领导人集团（PLG）和密克罗尼西亚总统峰会（MPS）三个次区域组织的发展，太平洋岛国在太平洋岛国论坛秘书长人选上产生了分歧，使得这一区域组织面临分裂的危险。2020年太平洋岛国面临的挑战很多，值得关注的是，2020年12月4日，联合国宣布瓦努阿图已经从世界最不发达国家的官方名单中“毕业”。同年，瓦努阿图国立大学也正式揭牌。

近年来，在美国与中国展开全面战略竞争的背景下，太平洋岛国地区被美国视为与中国进行力量博弈的重点地区。尽管特朗普政府和拜登政府的太平洋岛国政策的方向和手段不尽相同，但两届政府在太平洋岛国地区的利益诉求具有延续性和一致性。日本对太平洋岛国的外交政策与外交定位进行了一些调整，进一步推进与太平洋岛国的政治互信，但援助对象有差异化选择；经济上与太平洋岛国加强合作，但合作的方式更加多元；尽管满足了太平洋岛国的诉求，但援助类别发生了变化。2020 年，新冠肺炎疫情的发生使中国同太平洋岛国的经贸互利合作关系受到了一定的影响，但中国同绝大多数岛国相互支持、相互帮助，加深了相互理解，进一步密切了双边关系。

在疫情尚未停止的情况下，太平洋岛国继续推动“蓝色太平洋”发展计划，实施“向北看”战略，持续关注气候变化，通过制定《蓝色太平洋 2050 战略》凝聚共识。

关键词： 太平洋岛国　次区域合作　“一带一路”倡议

目 录

Ⅰ 总报告

B.1 2020年太平洋岛国地区总体形势评析 ……… 于 镭 于飞洋 / 001

Ⅱ 分报告

B.2 2020年太平洋岛国地区政治形势 …………… 王作成 刘 钰 / 017
B.3 2020年太平洋岛国经济形势
……………………………… 周余义 杨 阳 陈美婷 胡振宇 / 028
B.4 2020年太平洋岛国外交形势 ………………………… 秦 升 / 046

Ⅲ 国别与区域篇

B.5 2020年瓦努阿图发展状况 ……………………………… 韩玉平 / 063
B.6 2020年斐济经济、政治、外交发展评析
……………………………………… 杨鸿濂 赵嘉琦 赵少峰 / 074
B.7 2020年萨摩亚政治、经济形势及中萨关系发展状况
…………………………………………………… 梁国杰 杨 茜 / 090
B.8 2020年帕劳大选及其影响因素分析 ………………… 李德芳 / 099

Ⅳ 专题篇

B.9 2020年太平洋岛国海洋经济与海洋治理发展评析
…………………………………… 林香红 魏 晋 李伟文 / 110
B.10 2020年太平洋岛国旅游业发展形势 ………………… 王桂玉 / 120
B.11 太平洋岛国次区域主义及其最新进展 ………………… 陈晓晨 / 137
B.12 从特朗普到拜登：美国太平洋岛国政策的演进与逻辑
…………………………………………………………… 吴 艳 / 151
B.13 2020年日本与太平洋岛国关系回顾与展望 …………… 林 娜 / 163

Ⅴ 中国－太平洋岛国关系篇

B.14 2020年中国－太平洋岛国关系回顾与展望
…………………………………………………… 赵少峰 王美佳 / 183
B.15 新冠肺炎疫情冲击下的巴布亚新几内亚及其与中国关系的变化
…………………………………………………………… 卢庆洪 / 198

Ⅵ 附录

B.16 2020年太平洋岛国大事记 ……………………………… 林 娜 / 219

Abstract ……………………………………………………………… / 225
Contents ……………………………………………………………… / 227

皮书数据库阅读**使用指南**

总 报 告

General Report

B.1 2020年太平洋岛国地区总体形势评析

于 镭　于飞洋*

摘　要：　2020年，太平洋岛国地区继续保持政治基本稳定的总体态势。各国将关注的重心转至发展经济和应对气候变化与海平面上升、抗击新冠肺炎疫情等非传统安全领域。各岛国经济因新冠肺炎疫情的发生而急剧下滑，失业率大幅攀升，各岛国全年均面临控制疫情大规模发生和阻止经济下行的双重任务。在前殖民宗主国的挑动和操控下，太平洋岛屿次地区间矛盾激化，导致该地区的分裂态势公开化。在地区发展方面，各岛国加强地区内外防疫和经济合作，以尽早控制疫情并扭转经济下行的不利趋势。为此，太平洋岛国一方面继续

* 于镭，博士，聊城大学太平洋岛国研究中心首席研究员、教授，北京外国语大学客座教授，主要研究领域为太平洋岛国与区域内外大国关系、美澳同盟等；于飞洋，北京建筑大学文法学院社会学硕士。

推动“蓝色太平洋”发展计划，另一方面坚持实施“北望”方略，加强与亚洲国家的经贸合作。太平洋岛国与中国在抗击新冠肺炎疫情中相互支持，相互帮助，坚持推进“一带一路”和“蓝色太平洋”的对接。

关键词： 太平洋岛国 区域合作 中国－太平洋岛国关系

2020 年，太平洋岛国地区的政治形势总体稳定。各国进一步将关注的重心转至增进民族团结与国家认同，促进社会和经济发展以及抗击新冠肺炎疫情，保护环境、应对气候变化等非传统安全领域。但是，太平洋岛屿次地区间的矛盾，特别是南太平洋岛屿地区国家和北太平洋岛屿地区国家之间的矛盾由于澳大利亚等前殖民宗主国的操控和挑拨而加速激化，致使太平洋岛国地区的分裂态势最终公开化。[①]

一 太平洋岛国总体政治形势

2020 年，四个太平洋岛国——瓦努阿图、基里巴斯、帕劳和纽埃举行大选，库克群岛也因前首相辞职而发生政府首脑变动。瓦努阿图前副总理、瓦努阿库党主席鲍勃·拉夫曼（Bob Loughman）成功当选为该国新任总理[②]；多尔顿·塔格拉吉（Dalton Tagelagi）在纽埃议会选举中胜出，成为该国新一任总理；基里巴斯执政党——关爱基里巴斯党候选人塔内希·马茂（Taneti Maamau）在大选中再次以压倒性优势胜出，连任总统；前参议员萨兰格尔·惠普斯（Surangel S. Whipps）在帕劳大选中获胜，成为新一

① Stephen Dziedzic, “What Does the Splitting of the Pacific Islands Forum Mean for Australia?” Australian Broadcasting Company, February 10, 2021.

② Vanuatu Government, “2020 National General Elections,” https://electoral.gov.vu/elections/2020-national-general-elections.

任总统[①]。此外，库克群岛总理亨利·普纳（Henry Puna）因竞选太平洋岛国论坛秘书长而辞职，总理一职由副手马克·布朗（Mark Brown）接任。[②]上述五国在大选和政府首脑更替期间政局相对平稳，并未出现以往屡见不鲜的大规模社会动荡和民众抗议活动。这充分反映了太平洋岛国民众在历经长期的政治动荡之后民心思定，集中精力致力于国家经济发展和民众生活水平改善正成为太平洋岛国地区的主流社会思潮。[③]

正是在"人心思定谋发展"的社会思潮的影响下，太平洋岛国地区的热点问题相对降温并逐渐进入政治解决的轨道。2019 年 11 月 23 日至 12 月 7 日，巴布亚新几内亚布干维尔地区根据《布干维尔和平协议》举行独立公投，当地民众以 98% 的压倒性多数支持该地区独立。[④] 虽然此次公投不具法律约束力，但巴布亚新几内亚政府和国内绝大多数民众对公投及其结果表现出平静和认可的态度。鉴于布干维尔地区和巴布亚新几内亚有着深厚的历史渊源并保持着密切的政治、经济和文化联系，该地区实现真正独立尚需时日。更重要的是，即便布干维尔地区获得独立，该地区要想实现经济自立也存在着诸多困难。

本地区的另一热点——新喀里多尼亚也于 2020 年 10 月举行第二次独立公投。此次公投的结果不仅攸关卡纳克原住民能否摆脱法国的殖民统治而获得民族自决和独立，还将对法国、英国等老牌殖民主义国家在太平洋岛屿地

① Bernadette Carreon, "Palau Election Commission Officially Certifies Election Results," *Island Times*, November 20, 2020, https://islandtimes.org/palau-election-commission-officially-certifies-election-results/.

② Ben Doherty, "Islands' Prime Minister Gives Himself 17 Portfolios," *The Guardian*, October 10, 2020, https://www.theguardian.com/world/2020/oct/10/cook-islands-prime-minister-gives-himself-17-portfolios.

③ 于镭：《"一带一路"视域下中国同太平洋岛国互利合作关系探析》，载陈德正主编《太平洋岛国研究》（第四辑），社会科学文献出版社，2019，第 21～32 页。

④ Kate Lyons, "Bougainville Referendum: Region Votes Overwhelmingly for Independence From Papua New Guinea," *The Guardian*, December 19, 2019, https://www.theguardian.com/world/2019/dec/11/bougainville-referendum-region-votes-overwhelmingly-for-independence-from-papua-new-guinea.

区的殖民利益和尚存的殖民地产生难以预料的连锁影响。[①] 为了护持殖民利益，法国和其他前殖民宗主国的政府机构与非政府组织在公投前开展了大量游说活动，甚至诱导当地民众维持原状。由于原住民人口数量与法国等欧洲国家移民相比并不占优势，所以此次公投结果达到了法国等西方前殖民宗主国的目的：法国继续维持对该地区的殖民统治。但拥护独立的当地民众人数大幅度超过了法国和其他前殖民宗主国的预期，这将使 2022 年的第三次公投产生更加难以预判的结果。

虽然 2020 年有四个太平洋岛国举行大选，一个岛国发生政府首脑变更，并且巴布亚新几内亚布干维尔地区还于 2019 年底举行了独立公投，新喀里多尼亚举行了争议颇大的第二次独立公投，但太平洋岛国地区的整体政治形势基本稳定，未出现大规模的政治或社会动荡。这充分表明太平洋岛国地区的各国政府和民众已经形成维护国家和地区稳定，共同谋求社会和经济发展的共识。[②] 太平洋岛国自 20 世纪 60 年代陆续摆脱西方殖民主义的枷锁，政治上获得民族自决和国家独立。但是，在太平洋岛屿地区西方前殖民宗主国刻意构建的“殖民地式”经济体系和西方前殖民宗主国故意挑唆岛国的政治纷争、民族矛盾和领土纠纷的影响下，太平洋岛国地区经济发展长期严重落后于世界其他地区，在全球经济体系中不断被边缘化，形成了对西方前殖民宗主国的严重依赖。[③] 各岛国在独立后相当长的时期内不仅未能实现国家繁荣、人民富足、经济自立，反而在西方前殖民宗主国的控制、施压、干涉和制裁中长期处于政治动荡、经济落后、人民极度贫穷的困境中。太平洋岛国地区也因此被联合国列为欠发达地区和 21 世纪世界“扶贫”“脱贫”的重点地区。

21 世纪以来，特别是近十年来，太平洋岛国政府和民众深受包括中国在内的亚洲新兴国家经济快速发展的启发，致力摆脱前殖民宗主国的政治干

---

① Prianka Srinivasan, “New Caledonia Says No to Independence For a Second Time,” Australian Broadcasting Company, October 5, 2020.

② 于镭、赵少峰：《“21 世纪海上丝绸之路”开启中国同太平洋岛国关系新时代》，《当代世界》2019 年第 2 期，第 17 ~ 36 页。

③ 于镭、隋心：《澳美同盟语境下澳大利亚地区霸权的建构》，中国社会科学出版社，2021。

扰，积极探寻适合本地区和本国发展的路径。以与亚洲国家，特别是与中国发展平等互利合作关系为主旨的“北望”方略已经成为大多数岛国政府和民众的共识。[①] 在寻求政治稳定、经济发展、人民生活质量改善的同时，岛国政府和民众也更加关注气候变化、海平面上升所构成的生存问题，要求发达国家减少碳排放，切实落实《巴黎协定》的呼声不断高涨。在吸取数十年的经验和教训之后，太平洋岛国整体上对西方前殖民宗主国竭力在该地区推行所谓的“民主”“良政”等政治体制和价值观表现出前所未有的反感和抵制，对妖魔化中国同太平洋岛国互利合作关系的“新殖民主义论”“债务陷阱论”等也予以越来越鲜明的批评和拒绝。[②] 太平洋岛国地区出现的这些新变化、新发展深刻地反映了太平洋岛国政府和民众已经深刻认识到只有将国家治理和经济发展与国情相结合才能真正引导国家走上独立自主和富强之路。

二 太平洋岛国总体经济形势

受新冠肺炎疫情影响，2020 年太平洋岛国的总体经济形势较为严峻。据世界银行统计，2020 年太平洋岛国经济萎缩4.3%[③]，图瓦卢、基里巴斯、瑙鲁等国人口少，经济体量小且与外界经济联系少，因而受疫情影响较小，全年经济略有增长。其他岛国，特别是与外界经济交往较多的国家和地区均表现为负增长。地区经济和航空中心斐济、旅游资源大国帕劳受影响最大，经济总量分别萎缩 19.8% 和13.8%（见表 1）。[④] 其他

---

① 于镭：《“一带一路”视域下中国同太平洋岛国互利合作关系探析》，载陈德正主编《太平洋岛国研究》（第四辑），社会科学文献出版社，2019，第 21 ~32 页。

② Philip Citowicki, “China's Reach Tests the Pacific's Fragile Island Democracies: The United States and Australia Must Work Together to Support Pacific States,” *Foreign Policy*, January 7, 2020, https: //foreignpolicy. com/2020/01/07/chinas – reach – tests – the – pacifics – fragile – island – democracies/.

③ World Bank, Pacific Island Countries in the Era of COVID – 19: Macroeconomic Impacts and Job Prospects, Washington D. C, 2020.

④ Australian Department of Foreign Affairs and Trade, *Fiji Fact Sheets*.

较大经济体，如巴布亚新几内亚、库克群岛和瓦努阿图等，经济也均遭受较大负面影响。整体而言，新冠肺炎疫情对太平洋岛国地区的进出口贸易和地区支柱性产业，如旅游业和渔业，造成的冲击最为严重，不仅造成整个地区经济快速萎缩、物价大幅攀升，而且致使许多企业倒闭，地区失业率急剧上升。[①]

表 1　2014～2020 年太平洋岛国经济发展数据

单位：%

	2014 年	2015 年	2016 年	2017 年	2018 年	2019 年	2020 年
库克群岛	0.4	5.4	5.7	4.9	9.6	6.0	-7.0
汤加	2.9	3.5	4.2	2.5	1.8	4.6	-2.7
瓦努阿图	2.3	0.2	3.5	4.4	3.2	3.0	-9.8
斐济	5.6	3.8	0.7	3.0	3.2	3.4	-19.8
萨摩亚	1.2	1.7	7.2	2.7	0.7	3.3	-3.5
巴布亚新几内亚	15.4	5.3	1.7	2.4	0.0	3.8	-2.9
帕劳	3.0	10.4	0.5	-3.7	0.4	2.0	-13.8
瑙鲁	36.5	2.8	10.4	4.0	-2.4	-1.0	0.7
马绍尔群岛	-0.6	1.8	4.5	2.6	2.4	2.3	-5.5
基里巴斯	-0.7	10.4	5.1	0.3	2.3	2.3	0.6
所罗门群岛	2.3	2.5	3.5	3.5	3.4	2.9	-6.0
图瓦卢	1.3	9.1	3.0	3.2	4.3	4.1	2.0
密克罗尼西亚联邦	-2.2	5.0	0.7	2.4	2.1	1.2	-5.4
纽埃	NA	NA	NA	NA	NA	NA	NA

资料来源：笔者根据澳大利亚外交和外贸部太平洋岛国经济数据库数据整理。

2020 年，新冠肺炎疫情使全球旅行受到限制，从而直接导致太平洋岛国地区旅游业的停摆。2020 年 4 月至 9 月，太平洋岛国地区每月游客人数同比下降 99%～100%。在疫情没有得到彻底控制前，旅游业的复苏前景仍然不明朗。更糟糕的是，岛国地区医疗系统的落后和医护人员的缺乏致使疫情无法得到及时有效的控制和处理，加剧了游客的担忧，入境游客人

① World Bank, Pacific Island Countries in the Era of COVID－19: Macroeconomic Impacts and Job Prospects, Washington D. C., 2020.

数大幅减少。太平洋岛国地区旅游业的停摆导致地区失业率急剧增加，地区旅游大国斐济近300家酒店和度假村被迫关闭，2万多名从业者失业；地区经济大国巴布亚新几内亚九成的旅游预订被取消，数百家酒店歇业，数千名从业者因此而失业。①

疫情对太平洋岛国地区的渔业生产也产生了巨大的冲击，不仅造成各岛国财政收入大幅减少，而且导致各岛国失业人数快速增加。太平洋岛国海域及其专属经济区渔业资源，特别是金枪鱼资源丰富，是各岛国财政收入的重要来源。新冠肺炎疫情迫使各国加强进口食品检验检疫，甚至取消部分鱼类进口，致使渔业销售链阻滞不畅，增加了岛国的渔业成本。疫情还导致渔船减少，捕捞许可证费用征收延迟，机场、港口和渔业加工厂的关闭和隔离等。上述负面因素的叠加均对太平洋岛国地区的渔业生产和税收增长造成了巨大的负面影响。② 由于主要消费市场受到检验、检疫和其他限制措施的影响，全球对鱼类产品的需求量大幅减少。更令人担忧的是，一旦日本将核废水排入太平洋，岛国地区的渔业产品出口势必将受到不可估量的负面影响。因此，岛国地区渔业产品的市场前景存在着极大的隐忧，市场的长期前景极不确定。

新冠肺炎疫情还重创了太平洋岛国的进出口贸易。受港口关闭、货船减少、货柜租费涨价等影响，太平洋岛国地区的进出口运输成本大幅度上涨，海运和空运费用增加了三倍多。进出口运输成本的增加不仅抬升了岛国地区生产企业的成本，削弱其竞争力，而且导致进口商品价格快速上涨，整个地区物价不断攀升。此外，2020年出现的极端气候现象，如4月发生的“哈罗德”热带气旋进一步恶化了一些岛国的经济状况，基里巴斯、所罗门群岛、图瓦卢等国均因此蒙受了巨大的经济损失。

---

① Dan McGarry, Sheldon Chanel and Emmanuel Samoglou, “Deserted Islands: Pacific Resorts Struggle to Survive a Year Without Tourists,” *The Guardian*, April 3, 2021.

② U. S. Department of Commerce, Pacific Islands Fisheries Impacts from COVID – 19, National Fishery Service, 2020.

随着亚太地区经济的强劲复苏，与亚洲经贸关系日益密切的岛国经济也呈现复苏迹象。据亚投行预测，2021 年太平洋岛国地区将实现 1.3% 的年度经济增长率。一些岛国，特别是与中国经贸合作密切的国家经济复苏的步伐将会大大加快。例如，巴布亚新几内亚由于坚定地实施“北望”方略，加速推进与包括中国在内的东亚、东南亚国家的经贸互利合作，全力改变“依赖援助型”殖民地经济结构而不断取得经济的持续发展。

新冠肺炎疫情对太平洋岛国的经济运行产生了极大的负面影响，这固然有客观原因，但也充分说明各岛国经济结构过于单一，极易受到外部因素变化的影响。这一方面表明太平洋岛国的经济在独立数十年后远未摆脱殖民地经济结构，在全球化已经深刻发展的今天仍然处于世界经济体系的边缘地带；另一方面也表明太平洋岛国需要进一步实施包括“北望”方略在内的经济伙伴多元化战略，以尽快摆脱对西方前殖民宗主国的经济依赖。太平洋各岛国过去数年的经济发展证明越是执行“北望”方略的国家，其经济发展速度越快，总体经济发展态势也越平稳，抗击各种风险的能力也越强。[①]其中最具代表性的国家便是库克群岛，该国经济近年来一直保持较快的增长速度，并且各年的经济增长速度也更为稳定和均衡。库克群岛经济的这一“亮眼”表现与该国近年来积极实施“北望”方略，坚定地加快与亚洲国家开展经贸合作密不可分。与亚洲经济体构建的贸易关系不仅极大地促进了该国经济增长，而且也增强了该国经济增长的韧性。

除库克群岛外，巴布亚新几内亚（简称巴新）、斐济和汤加与亚洲经济体的合作也呈现加速之势，巴新对中国、日本和新加坡三国出口额之和占其出口总额的 49%，远远超过对澳大利亚和新西兰传统市场的依存度。[②] 由此可见，“北望”方略的确为太平洋岛国提供了带动经济发展的新路径。特别值得注意的是，与中国建交的太平洋岛国与中国的经贸合作均呈现跨越式发展。相当多的岛国，如库克群岛和巴新，与中国签署了共建“一带一

---

① 于镭：《2019 年太平洋岛国总体形势》，载陈德正、吕桂霞主编《太平洋岛国发展报告（2020）》，社会科学文献出版社，2020，第 1 ~ 12 页。

② 笔者根据澳大利亚外交和外贸部太平洋岛国经济数据库数据整理。

路”合作谅解备忘录，从而为实现国家经济的持续、高速发展创造了有利的条件。[①] 相反，未与中国建交的帕劳、瑙鲁、图瓦卢和马绍尔群岛四国由于受政治关系影响，与中国的经贸合作均未能在这些国家的进出口中占有较高比例。

三　太平洋岛国总体外交形势

太平洋岛国加速实施“北望”方略，与包括中国在内的亚洲国家互利合作关系的不断深化，引起美国、澳大利亚等西方前殖民宗主国的关注。美国和澳大利亚等西方前殖民宗主国为此采取措施加强对太平洋岛国的政治、经济控制。在政治领域，以美国为首的西方前殖民宗主国利用其主导的地区体系和地区组织加强政治议题设置，推行以“民主”“良政”“人权”为主的西方意识形态和价值观。美国政府强调太平洋地区事关美国的“印太”战略和国家安全战略利益，美国必须在该地区维护美国主导的地区秩序。与美国密切配合，澳大利亚政府宣布增加对太平洋岛国的政治援助，特别是增强对岛国各级官员和司法系统官员的培训，以便从意识形态和价值观上进一步塑造岛国的文官和司法体系。[②] 澳大利亚政府还加大对岛国地区各种非政府组织的资金支持，旨在于岛国政府体系之外，培养亲西方力量，以便在必要时对岛国政府和非西方力量形成强大的民意和舆论压力。

在经济领域，美国采取“双管齐下”的策略，承诺向包括太平洋岛国在内的印太地区提供基础设施援助，试图借此主导该地区的基础设施建设；与澳大利亚、日本达成三方框架协议，在5年内向印太地区提供2000亿美元的基础设施建设资金。2020年7月，美国众议院通过《蓝色太平洋法案》，计划在2021~2025年每年向太平洋岛国提供4亿美元的援助，以扩

① 于镭：《“一带一路”视域下中国同太平洋岛国互利合作关系探析》，载陈德正主编《太平洋岛国研究》（第四辑），社会科学文献出版社，2019，第21~32页。

② 于镭、隋心：《台湾当局对南太平洋四岛国援助机制的范式、效应及因应之策》，《统一战线学研究》2021年第3期，第83~90页。

大美国与太平洋岛国的双边贸易，协助其应对气候变化所造成的自然灾害的挑战。[①] 据统计，截至2020年6月，美国已向太平洋岛国提供3200万美元的资金，用于防止新冠肺炎疫情在太平洋岛国地区的蔓延，并帮助各岛国复苏经济。[②] 澳大利亚也承诺向岛国提供更多的经济援助帮助岛国控制疫情，恢复经济。长期以来，澳大利亚一直是太平洋岛国最大的援助来源国。据澳大利亚洛伊研究所统计，澳大利亚向太平洋岛国提供的经济援助占其对外援助总额的一半，占岛国受援总额的三分之一。[③] 由于经济形势不佳，澳大利亚政府近年来削减了100多亿美元的对外援助。但对于太平洋岛国，澳大利亚政府的援助不仅没有减少，反而一再增加，以加强对“后院”的掌控。

在军事和安全领域，美国和澳大利亚进一步强化其在太平洋岛国地区的军事优势，并在若干岛国扩建海空军基地，加强在该地区的军事霸权。据美国《华尔街日报》报道，美国政府和军方已决定扩建在密克罗尼西亚联邦的海空军基地，增修机场跑道，以驻泊大型军舰，起降大型军机。[④]《华尔街日报》直言不讳地强调美军“重返”南太地区，增强在这一地区的军事存在，旨在进一步强化对该地区的军事和战略控制。在巴布亚新几内亚，美国与澳大利亚一道大规模扩建位于马努斯天然良港的军事基地，使其能够驻泊大型军舰，澳大利亚还派遣数十艘舰艇长驻该基地。除了在太平洋岛国地区修扩建军事基地外，美国和澳大利亚还加强与太平洋岛国军事和警察部门的合作，借帮助岛国训练军队和警察之机加紧在军事安全上对岛国的掌控。[⑤]

---

① U. S. Congress 2020, The Blue Pacific Act, https: //www. congress. gov/bill/116th - congress/house - bill/7797? s = 1&r = 3.

② U. S. Congress 2020, The Blue Pacific Act, https: //www. congress. gov/bill/116th - congress/house - bill/7797? s = 1&r = 3。

③ 于镭、隋心：《澳美同盟语境下澳大利亚地区霸权的建构》，中国社会科学出版社，2021。

④ Gordon Lubold, “U. S. Military Is Offered New Bases in the Pacific,” *Wall Street Journal*, September 7, 2020.

⑤ 于镭、隋心：《台湾当局对南太平洋四岛国援助机制的范式、效应及因应之策》，《统一战线学研究》2021年第3期，第83～90页。

美国和澳大利亚还试图加强对地区最主要的多边合作机构——太平洋岛国论坛的控制，致使岛国矛盾公开化。按照太平洋岛国论坛的内部协商规则，太平洋岛国论坛秘书长人选应在密克罗尼西亚群岛、美拉尼西亚群岛和波利尼西亚群岛三大次区域之间轮流产生，但截至2020年底，只有一届论坛秘书长来自密克罗尼西亚群岛地区的国家。在美、澳等西方国家的支持下，库克群岛总理普纳最终出任太平洋岛国论坛秘书长。帕劳随即宣布退出论坛，密克罗尼西亚群岛的其他四国——马绍尔群岛、基里巴斯、瑙鲁和密克罗尼西亚联邦领导人也发表声明，宣布立即依照各自法律程序启动退出太平洋岛国论坛的进程。①

特别值得注意的是，14个太平洋岛国在2020年太平洋岛国论坛首脑会议期间，一致拒绝接受美、澳等西方前殖民宗主国将中国在该地区的存在和影响定义为本地区的“最大威胁”的主张，而坚持认为全球气候变化和海平面上升才是岛国面临的最紧迫的威胁。这一方面说明全球气候变化，特别是海平面上升的确对岛国的生存形成了“灭顶之灾”，另一方面也表明岛国政府和民众越来越认识到同中国的平等互利合作对岛国摆脱前殖民宗主国的控制，实现政治自决和经济独立具有重要的意义。太平洋岛国位于太平洋中部，生态环境十分脆弱，海平面上升和气候灾害对岛国民众的生命和财产安全构成重大威胁。太平洋岛国政府和民众因此对全球气候变化、海平面上升和海啸等气候与海洋灾害问题极为关注，并将之定义为太平洋岛国面临的最紧迫的威胁。在最近若干届太平洋岛国论坛首脑会议上，各岛国领导人坚决拒绝接受美、澳等前殖民宗主国将中国同太平洋岛国的互利合作视为岛国面临的首要“威胁”的主张，断然反对将这一论断强加给论坛首脑会议公报，并异常坚定地强调“全球气候变暖、海平面上升”才是太平洋岛国人民共同的首要关切。②

---

① Australian Broadcasting Company, Micronesian Nations to Quit Pacific's Peak Regional Body, Leaving It in Disarray, February 9, 2021.

② China Is Not the Priority For Pacific Island Leaders—It's Climate Change, *South China Morning Post*, August 4, 2019.

各岛国领导人一致谴责美、澳等西方国家因“一己私利”而放任，甚至加剧全球气候变化。① 岛国领导人还连续多年发表联合声明，敦促西方发达国家关注太平洋岛国的生存危机，落实《巴黎协定》的成果。岛国还对美国、澳大利亚等前殖民宗主国对岛国生存危机的漠视表示强烈不满。部分岛国政府和非政府组织正在考虑采取联合行动把造成全球气候变暖的“罪魁祸首”——西方大型石油公司、煤矿公司和工业化发达国家告上法庭，要求它们为全球气候变暖以及由此引发的自然灾害承担责任，并向蒙受巨大损失的太平洋岛国提供赔偿。② 太平洋岛国在全球气候变化这一事关国家和民族生存的重大问题上显示出空前的团结，在国际政治舞台上“用一个声音说话”，充分显现了 14 个太平洋岛国在国际政治，特别是全球气候治理中越来越具有重要的话语分量。③

四　太平洋岛国同中国的关系

新冠肺炎疫情的发生使中国同太平洋岛国的经贸合作关系受到了一定的负面影响，但中国同绝大多数岛国在疫情次第发生之际相互支持、相互帮助，加深了相互理解，进一步密切了双边关系。当疫情在中国突袭而至后，太平洋岛国政府领导人和民众纷纷向中国人民表示慰问，并捐助资金和物品。在太平洋岛国发生疫情后，中国政府和民间机构迅速向岛国提供了大量的医疗资金、物资和技术援助，如 N95 口罩、医用防护服、防护面罩、额温枪、呼吸机等，为岛国地区较好地控制疫情、保障人民的生命安全发挥了

① Tom Stayner, “Pacific Leaders Condemn Australia’s Climate Target As One of the Weakest in Open Letter,” *SBS News*, December 1, 2020.

② Lisa Cox, “Vanuatu Says It May Sue Fossil Fuel Companies and Other Countries over Climate Change,” *The Guardian*, November 22, 2018, https://www.theguardian.com/world/2018/nov/22/vanuatu-says-it-may-sue-fossil-fuel-companies-and-other-countries-over-climate-change.

③ Balaji Chandramohan, “The Pacific Islands Forum at 50: the Evolving Geopolitics in the South Pacific Were on Full Display at the 50th PIF,” *The Diplomat*, August 19, 2019, https://thediplomat.com/2019/08/the-pacific-islands-forum-at-50/.

重要作用。[①] 为了支持岛国地区长期抗疫，中国政府设立了“中国－太平洋岛国抗疫合作基金”，并多次追加资金。

中国外交部与国家卫生健康委还多次与斐济、巴新、密克罗尼西亚联邦等岛国的政府共同举办中国－太平洋岛国应对新冠肺炎疫情卫生专家视频会议，就新冠肺炎疫情开展专家讨论，交流分享疫情防控经验。[②] 岛国还与中国共同举办应对新冠肺炎疫情副外长级特别视频会议，坚决反对把病毒政治化、污名化和标签化，并就拓展互利合作交换意见、提出建议。[③] 岛国政府与中国政府达成共识：疫情是人类面临的共同威胁，应对疫情要加强国际合作；支持世界卫生组织在全球抗疫协调中发挥领导作用；加强双方在国际事务中的协调配合，共同维护国际正义，维护多边主义和发展中国家权益，推动双方全面战略伙伴关系持续发展。[④]

疫情对太平洋岛国的经济发展造成了巨大的负面影响，许多岛国经济出现较大的萎缩，失业率大幅增长，物价飙升。疫情也对中国同岛国的双边贸易造成了巨大的冲击，致使双边进出口总额出现大幅下降。[⑤] 中国物美价廉商品的供应减少在一定程度上推高了岛国物价，岛国民众特别是低收入民众的生活更加困难。在中国疫情得到控制后，中国政府和企业特意增强了与岛国的经贸合作和对岛国的物资供应，帮助岛国经济减轻疫情的不利影响。中国企业还一边抗疫，一边恢复与岛国的经济和基础设施互利合作。如中铁建工集团克服各种困难，保质保量地推进巴布亚新几内亚卡维恩国际机场项目

---

① 《驻巴布亚新几内亚大使薛冰出席布图卡学园防疫设施移交仪式》，中国外交部网站，2020年5月21日，https：//www. fmprc. gov. cn/web/zwbd_ 673032/gzhd_ 673042/t1781299. shtml。

② 《中国同太平洋岛国举行新冠肺炎疫情卫生专家视频会议》，中国外交部网站，2020年3月10日，https：//www. fmprc. gov. cn/web/wjb_ 673085/zzjg_ 673183/bmdyzs_ 673629/xwlb_ 673631/t1754275. shtml。

③ 《中国和太平洋岛国应对新冠肺炎疫情副外长级特别会议联合新闻稿》，中国外交部网站，2020年5月13日，https：//www. fmprc. gov. cn/web/ziliao_ 674904/1179_ 674909/t1778778. shtml。

④ 《中国和太平洋岛国应对新冠肺炎疫情第二次副外长级特别会议联合新闻稿》，中国外交部网站，2020年11月30日，https：//www. fmprc. gov. cn/web/wjbxw_ 673019/t1836700. shtml。

⑤ 《2020年6月进出口商品国别（地区）总值表》，中华人民共和国海关总署，2020年7月23日，http：//www. customs. gov. cn/customs/302249/zfxxgk/2799825/302274/302277/302276/3201617/index. html。

的建设，力争确保该机场按期于2022年竣工。[①]

总体而言，新冠肺炎疫情虽然对中国同岛国的互利合作关系造成了相当大的冲击，但中国同岛国互利合作的强劲发展势头并未因此而中断。这一互利合作关系的持续发展既得益于中国坚持平等相处、互利合作、心心相印、守望相助的相处原则及同舟共济的“人类命运共同体”精神，也同太平洋岛国政府和民众渴望独立自主和发展自身经济的强烈内生动力及与域内外西方大国进行施压与反施压博弈的外生动力紧密相关。“太平洋岛国欢迎亚洲和中国的崛起，因为亚洲和中国正为本地区的和平与安全，以及可持续发展作出重要贡献。”[②] 在太平洋岛国政府官员和民众的眼中，中国及其领导人顺应广大发展中国家的呼声，正与发展中国家一道在世界范围内倡导构建有利于世界各国，特别是发展中国家的更加公正、合理的世界政治、经济新秩序。这是太平洋岛国领导人和民众的心愿，也有助于解决本地区与域外大国的利益纷争。因此，尽管以美国为首的西方前殖民宗主国在政治、经济和军事领域强化对太平洋岛国的控制，并意图离间岛国与中国的互利合作关系，但这一“图谋”在岛国普遍实施“北望”方略，谋求国家政治、经济真正独立的语境下难以实现。

21世纪以来，太平洋岛国纷纷将期待的目光转向了自己的近邻亚洲新兴国家，特别是中国。它们期待包括中国在内的亚洲新兴国家能够向自己伸出援助之手，用新兴经济体的资金、技术和国家走上现代化的经验帮助岛国实现安居乐业，并走向现代化。[③] 在中国同岛国领导人互致的抗击新冠肺炎疫情慰问电（信）中，双方领导人一再重申将进一步加强全面战略伙

---

① 《驻巴布亚新几内亚大使薛冰出席卡维恩国际机场开工仪式》，中华人民共和国驻巴布亚新几内亚独立国大使馆官网，2020年7月16日，http://pg.china-embassy.org/chn/xwdt/t1798431.htm。

② 〔澳〕大卫·莫里斯：《太平洋岛国真诚欢迎中国崛起》，《环球时报》2015年10月15日，第14页。

③ Bill Bainbridge, Bethanie Harriman and Jack Kilbride, “PNG Prime Minister Peter O'Neill Visits Beijing to Sign One Belt, One Road Trade Deal,” ABC News, June 20, 2018, http://www.abc.net.au/news/2018-06-20/png-pm-to-visit-china-to-sign-one-belt-one-road-deal/9888054.

伴关系，共同推进“一带一路”和“21世纪海上丝绸之路”南线建设的战略共识。太平洋岛国地区的“蓝色太平洋”发展计划与中国的“一带一路”倡议具有巨大的利益契合，太平洋岛国政府因而纷纷与中国签署了共建“一带一路”合作谅解备忘录，希望中国的“一带一路”倡议能为岛国地区提供基础设施建设所急需的资金和技术。① 中国的“一带一路”倡议不仅有助于太平洋岛国加强基础设施建设，实现“内联内通”，而且有助于岛国与世界各地实现“外联外通”。② 太平洋岛国具有“岛多国散”的共同特点，各岛之间交通不便，联系不密，难以形成统一的商品和就业大市场。“一带一路”倡议助力太平洋岛国实现“外联外通”，让岛国不再游离于世界经济体系之外，促进了岛国与世界各地的经贸交流，吸引了世界各地特别是亚洲新兴国家的投资，带动岛国经济以前所未有的速度持续发展。

结　语

2020年是太平洋岛国形势较为严峻的一年，各岛国政府均面临着控制疫情的大范围传播和遏制经济下行、挽救就业的双重压力。空前的压力也使各岛国政府进一步认识到稳定政局并将政府的工作重心转移至发展经济和维护生态环境方面的重要性。鉴此，太平洋岛国表现出前所未有的政治共识：增进民族团结与国家认同，维护政治稳定；控制新冠肺炎疫情，保持社会和经济发展；保护环境、应对气候变化。为此，各岛国政府显著加强了国与国之间以及整个岛国地区间的通力合作以控制疫情的反复和传播。与此同时，各岛国均加强或表现出欲与包括中国在内的亚洲国家深化、强化经贸互利合作的意愿，希冀以此尽早扭转各岛国和整个太平洋岛国地区经济快速下行的

① 于镭、赵少峰：《“21世纪海上丝绸之路”开启中国同太平洋岛国关系新时代》，《当代世界》2019年第2期，第17~36页。

② 于镭：《“一带一路”视域下中国同太平洋岛国互利合作关系探析》，载陈德正主编《太平洋岛国研究》（第四辑），社会科学文献出版社，2019。

不利趋势。“北向”方略、“蓝色太平洋”发展计划和“一带一路”倡议益发契合并呈现加速对接的态势。但是，太平洋岛国地区内部的团结与合作的强化不利于西方前殖民宗主国对太平洋岛国“分而治之”和有效控制，触及其传统利益。为此，西方前殖民宗主国利用疫情加紧对太平洋岛国的挑拨和分化，致使太平洋岛国地区间矛盾快速激化，最终导致太平洋岛国地区的分裂态势公开化。

分 报 告

Topical Reports

B.2

2020年太平洋岛国地区政治形势*

王作成　刘 钰**

摘 要：2020年，太平洋岛国地区政治形势总体稳定，个别国家政局出现动荡。2020年，瓦努阿图、纽埃、基里巴斯和帕劳4个国家先后进行了领导人选举，顺利完成政府换届。巴布亚新几内亚国内出现政治动荡，布干维尔独立磋商进程缓慢，并于11月出现了政治危机，严重影响了国内的政治秩序。新喀里多尼亚第二次独立公投结果表明其将继续留在法国。麻疹和新冠肺炎疫情的流行反映了太平洋岛国地区国家的公共卫生系统脆弱、建设不完备等问题。

关键词：太平洋岛国　独立公投　公共卫生事件　气候问题

---

* 本文为山东省社会科学规划项目“太平洋岛国非殖民化模式探究”（项目编号：14CLSJ09）的阶段性成果。

** 王作成，博士，聊城大学太平洋岛国研究中心高级研究员；刘钰，聊城大学历史文化与旅游学院硕士研究生。

2020年国际形势异常险峻，是极不寻常的一年，新冠肺炎疫情蔓延全球，地处偏远的太平洋岛国也难以独善其身。2020年，太平洋岛国政治发展稳定，但仍存在危机。瓦努阿图、纽埃、基里巴斯、帕劳等国家先后进行了领导人换届选举，巴布亚新几内亚出现政治动荡，汤加的政党斗争加剧，布干维尔、地区公投仍然是地区热点问题。新冠肺炎疫情的发生更是给太平洋岛国的政治发展带来了难题。

一　多个国家完成领导人选举，实现平稳换届

2020年，太平洋岛国地区有瓦努阿图、纽埃、基里巴斯、帕劳等国进行了大选，虽然有些国家选举过程跌宕起伏，但总体上较为顺利，各国政府实现了换届调整。

瓦努阿图率先完成选举。2020年3月19日，瓦努阿图议会选举开始，最终，来自塔纳岛的议员鲍勃·拉夫曼（Bob Loughman）在议会投票中以31票对21票击败前外交部长拉尔夫·雷根瓦努（Ralph Regenvanu），成为瓦努阿图的新一任总理。拉夫曼是瓦努阿图瓦努阿库党（Vanuaaku Party）的领导人，该党在选举中获得52个席位中的7个议席。4月，瓦努阿图新一届议会召开首次会议，瓦努阿库党、温和党联盟、民族联合党等结成执政联盟，组成新一届联合政府。新联合政府自成立伊始就面临着严峻的挑战与考验，如席卷全球的新冠肺炎疫情及热带气旋的肆虐。瓦努阿图虽在大选期间并无新增新冠肺炎确诊病例，但存在被感染的风险。与此同时，热带气旋“哈罗德”的登陆对瓦努阿图北部地区造成严重破坏。截至2020年5月，瓦努阿图已有3人死于热带气旋，56人受伤。[①] 2020年正值瓦努阿图建国40周年，瓦努阿图计划于2020年8月承办太平洋岛国论坛领导人会议，此外还担任美拉尼西亚先锋集团轮值主席国。凡此种种，均对新联合政府形成

① 《鲍勃·拉夫曼当选瓦努阿图总理之后面临双挑战》，搜狐网，2020年5月1日，https://www.sohu.com/a/392242701_100155687。

考验。太平洋岛国论坛领导人会议也一再被推迟至2021年举行。2020年7月23日，瓦努阿图举办了为期9天的庆祝独立40周年活动，并于12月4日正式脱离联合国不发达国家名单，成为自1971年联合国建立发展这一分类以来第六个取得这一里程碑成就的国家。[①]

纽埃议会选举于2020年5月举行，多尔顿·塔格拉吉（Dalton Tagelagi）以13票对7票击败对手，当选纽埃新一任总理。[②] 这是纽埃12年来首次更换领导人。自2008年以来，托克·塔拉吉爵士（Sir Toke Talagi）一直担任纽埃总理一职。但在这次选举中，他在26位候选人中排第十位，无缘最终选举。2020年7月15日，近年来健康状况欠佳的托克·塔拉吉因病去世。在托克·塔拉吉的国葬仪式上，纽埃新任总理多尔顿·塔格拉吉对其给予了高度评价，他称“托克爵士为纽埃奉献了自己的一切”。[③] 女性参政问题也是该次选举中值得关注的问题。最终选举结果显示，纽埃议会现有17名男性议员，3名女性议员，新一届内阁成员中也只有一位女性，即莫娜·阿伊努（Mona Ainuu）。女性议员从大选前的5人减少至3人。[④] 女性议员人数的减少说明纽埃女性参政还存在障碍，性别不公平、权力不平衡等问题还没有得到有效解决。

基里巴斯的总统选举在2020年6月22日举行。经过激烈角逐，2020年6月23日，基里巴斯首席大法官约翰·穆里亚（John Muria）宣布选举结果，塔内希·马茂（Taneti Maamau）获得26053张选票，而反对党候选人巴努伊拉·贝里纳（Banuera Berina）获得17866张选票，马茂以绝对优势

① 《瓦努阿图从最不发达国家行列“毕业”》，UN，2020年12月4日，https：//news. un. org/zh/story/2020/12/1073002。

② 中华人民共和国外交部，https：//www. fmprc. gov. cn/web/gjhdq_ 676201/gj_ 676203/dyz_ 681240/1206_ 681616/1206x0_ 681618/。

③ “Sir Toke Gave His All for Niue” – Nation Mourns Former Premier in State Funeral, July 28, 2020, https：//pacificmedianetwork. com/articles/sir – toke – gave – his – all – for – niue – Bation – mourns – former – premier – in – state – funeral – 1.

④ “Number of Female Members of Parliament in Niue Drops,” Television Niue, June 2020, https：//tvniue. com/2020/06/number – of – female – members – of – parliament – in – niue – drops/.

赢得总统选举，获得连任。[①] 基里巴斯前总统汤安诺（Anote Tong）评价此次竞选为基里巴斯历史上最为激烈的竞选活动。[②] 此次竞选活动围绕多个问题展开辩论，其中基里巴斯与中国复交问题成为关注的重点。2019 年 9 月，基里巴斯与中华人民共和国恢复外交关系，总统马茂宣布与台湾地区“断交”，并于 2020 年 1 月访问中国，与中国国家主席习近平签署共建“一带一路”合作谅解备忘录。这一事件引起了反对党基里巴斯优先党（Kiribati Moa Party）领袖巴努伊拉·贝里纳的强烈反对。巴努伊拉·贝里纳原为关爱基里巴斯党（Tobwan Kiribati Party）主席，但在马茂决定与台湾地区断绝所谓的“邦交关系”、与中华人民共和国恢复外交关系时，贝里纳选择退出关爱基里巴斯党，带领 13 名议员成立了基里巴斯优先党这一新政党，并担任领袖。由基里巴斯外交走向问题引起的党派纷争由此开始，这也预示着此次竞选活动充满了不可预测性。在 2020 年 4 月的国会选举中，基里巴斯执政党关爱基里巴斯党仅获得了国会 45 个席位中的 22 个席位，失去了多数党的地位。其余 23 个国会席位分属两个在野党，其中一个便是贝里纳领导的基里巴斯优先党。国会选举使总统选举活动进入了白热化阶段，因为最终的竞选结果将直接决定基里巴斯的外交走向。在 6 月 22 日竞选前，贝里纳曾表示，若当选，他则会重新考虑与中国的外交关系。然而，在 6 月 22 日的总统竞选中，马茂以高票击败贝里纳，连任总统，这使得贝里纳等反对党人的心思落空。

2020 年 11 月 3 日，帕劳进行总统选举，萨兰格尔·惠普斯（Surangel S. Whipps）以 1200 多票的优势，击败对手，成为帕劳新一任总统。一直以来，帕劳与美国保持着友好关系，惠普斯就任后承诺将保持原有外交政策。在惠普斯任期内，中帕关系恐将难以取得实质性进展。

---

① 杨敬忠：《马茂赢得基里巴斯总统大选成功连任》，新华网，2020 年 6 月 23 日，http://www.xinhuanet.com/world/2020-06/23/c_1126149785.htm

② Jonathan Barrett, Ben Blanchard, “Fierce Presidential Election Erupts in Pacific Amid China-Taiwan Tussle,” Reuters, June 19, 2020, https://www.reuters.com/article/us-china-kiribati-idUSKBN23Q0ZN.

二　部分国家出现政局变动，地区热点问题较为突出

（一）巴新、汤加、所罗门群岛等国政局出现一定动荡

1. 巴布亚新几内亚

2020年11月，巴布亚新几内亚经历了一场政治危机。11月13日，巴布亚新几内亚国民议会召开，十几名执政党政府议员出现在反对党阵营中，这些议员包括副总理萨姆·巴希尔（Sam Basil）和全国联盟党（National Alliance Party）领袖、外交部长帕特里克·普鲁埃奇（Patrick Pruaitch）等多位政府部长。反对党阵营由此扩大，拥有了国民议会111席中的61席。反对党利用此时机，呼吁国民议会休会，进行对总理的不信任投票，此项提议获得国民议会通过。政府议员的“叛变”为反对党推动对总理的不信任投票增加了筹码。这十几位政府议员之所以选择“叛变”，主要是因为巴新所面临的经济危机并没有在总理马拉佩的带领下有所好转，尤其是经过新冠肺炎疫情的冲击后，国内经济发展每况愈下。14日，43名反对党议员，前往桑道恩省（Sandaun Province）的瓦尼莫市（Vanimo）为对总理的不信任投票做准备。受程序影响，对新总理的不信任投票必须要在其上任18个月后进行，而巴新现任总理詹姆斯·马拉佩于2019年5月任职，因此在2020年11月30日之前无法对其进行不信任投票。然而，16日，国民议会议长乔布·波马特（Job Pomat）宣布反对党领袖贝尔登·纳玛（Belden Namah）无权要求休会。这表明13日议会所做出的休会决定无效，国民议会照常进行。17日，国民议会复会，出席议会的议员人数虽不到一半，但按照相关规定，通过了2021年政府预算，并决定国民议会休会至2021年4月20日。此举动引起了反对党的强烈反对。反对党中的重要人物、前总理彼得·奥尼尔（Peter Charles Paire O'Neill）代表反对党，根据巴新宪法，对此次国民议会的召集和结果的合法性向法院提出质疑。12月9日，最高法院做出裁定，宣布11月17日召开的国民议会不符合宪法，当天的国民议会决议都违宪，

包括通过的2021年政府预算以及休会决定。12月16日，巴新国民议会复会，之前“叛变”的议员重新回到执政党政府议员阵营。18日，马拉佩政府重新组阁，稳固了执政党的地位。历时一个多月的政治危机最终落下帷幕，马拉佩政府转危为安，平稳度过此次危机。

2. 汤加

汤加的政党之争比较激烈。政党之间包括政党内部，支持民主化的派别与倾向于保留并增强君主制和贵族统治的党派分化加剧。2021年1月，民主党提交的针对汤加现任首相波希瓦·图伊奥内托阿（Pohiva Tu'ionetoa）的不信任动议在立法议会上以13票对9票被挫败。

3. 所罗门群岛

2020年9月1日，所罗门群岛主要省份马莱塔省（Malaita Province）宣布将举行独立公投。对此，所罗门群岛中央政府于7日表示，马莱塔省拟要举行的独立公投是非法的。马莱塔省人口占所罗门群岛四分之一左右。尽管该省省长在声明中强调独立公投的原因是对所罗门群岛断绝与台湾地区的“邦交”关系表示不满，但实际上该省对所罗门群岛中央政府的不满及分离倾向由来已久。

4. 库克群岛

2020年6月17日，亨利·普纳（Henry Puna）宣布将在9月辞去总理职务，以准备竞选太平洋岛国论坛秘书长一职，其工作将由副总理马克·布朗（Mark Brown）接手。10月1日，库克群岛议会通过了选举马克·布朗担任新总理的决议。10月2日，马克·布朗宣誓就任库克群岛第12任总理。

（二）热点问题依旧错综复杂，引人瞩目

1. 布干维尔问题

布干维尔问题依然成为该地区的焦点。2001年达成的《布干维尔和平协议》规定了布干维尔在巴布亚新几内亚的去留可以由该地区居民进行公投决定。2019年11月下旬，布干维尔人民对此问题进行公投，结果显示将近98%的居民支持布干维尔脱离巴布亚新几内亚，实现独立。12月，巴布

亚新几内亚总理詹姆斯·马拉佩表示承认布干维尔公投结果，并表示关于布干维尔独立进程的磋商将在2020年伊始进行。但是，关于布干维尔独立进程的磋商并非一帆风顺，而是几经波折。2020年3月12日，巴新总理马拉佩在布干维尔联合监督机构（The Joint Supervisory Body）会议上表示，中央政府持有的布干维尔铜业有限公司（Bougainville Copper Ltd.）的所有股份将移交给布干维尔自治区政府。这极大地推动了布干维尔经济的独立性。除此之外，在2020年上半年，关于独立磋商的工作，几乎没有其他实质性进展，磋商会议多次被推迟，巴布亚新几内亚政府与布干维尔自治区政府对于磋商会议议程没有达成一致。此情况一直持续到8月布干维尔自治区进行选举。受新冠肺炎疫情影响，布干维尔自治区选举被推迟到8月12日至9月1日进行。9月24日，布干维尔自治区政府宣布伊斯梅尔·托罗阿马（Ishmael Toroama）以52779票的绝对多数票胜出，当选新一任布干维尔自治区主席。伊斯梅尔·托罗阿马曾在竞选时表示，若当选，他将迅速开展与巴新政府关于布干维尔独立进程的谈判，并提出了两年到三年的时间表。双方领导人会谈原定于11月进行，但因巴新政府陷入政治危机而被推迟。谈判在2021年2月出现转机。2021年2月5日，双方政府领导人在巴新阿拉瓦（Arawa）举行会谈。此次会谈共讨论了九个议题，包含布干维尔公投后磋商框架、渔业事务、中小企业资金等问题。该次会谈开启了布干维尔独立谈判的磋商进程，为后续的正式谈判奠定了基础。

除了布干维尔地区的独立进程谈判之外，2021年3月至4月，在东高地省凯南图镇附近，塔波部落与阿加拉比部落之间发生冲突，冲突导致19人丧生，1000余人因部落暴力冲突而流离失所，家园被毁。

2. 新喀里多尼亚公投问题

新喀里多尼亚的第二次独立公投于2020年10月进行，结果显示反对独立的选民占53%，支持独立的选民占47%，新喀里多尼亚将继续留在法国。①

---

① 周文仪：《法属新喀里多尼亚二次公投否决独立》，欧洲时报网，2020年10月5日，http：//www.oushinet.com/static/content/europe/france/2020-10-04/781849323821334528.html。

根据 1998 年《努美阿协定》，新喀里多尼亚可在 2022 年举行第三次公投，决定其政治地位。2018 年 11 月，新喀里多尼亚进行了第一次公投，结果以 56% 反对独立，继续留在法国。相比之下，第二次公投中支持独立的选民比例比第一次公投中的比例提升了 3 个百分点。此外，值得注意的是，在此次投票中，有 14000 名非卡纳克人，其中多数为刚刚成年的年轻人，选择支持独立。这说明新喀里多尼亚的独立运动取得了显著成效。但需要引起重视的是，种族因素是影响投票选择的重要因素。在支持独立的选民中，绝大多数的选民为当地土著卡纳克人，卡纳克人希望通过独立，获得解放、平等以及决定岛屿未来的权利，以此改变新喀里多尼亚的政治与文化认同；而在反对独立的选民中，大多数选民具有欧洲血统，或是其他民族后裔，认为自己的高质量生活来源于法国。种族问题由来已久，在 19 世纪中叶法国对新喀里多尼亚实施殖民统治时就已经存在，1998 年《努美阿协定》的签订就是为了缓解土著居民卡纳克人和欧洲定居者间的矛盾。种族间的矛盾虽在几十年的时间里得到很大程度的缓解，但在新喀里多尼亚公投中仍然不可忽视。

3. 密克罗尼西亚联邦楚克州公投问题

2020 年 2 月，原定于 2020 年 3 月举行的楚克州独立公投被推迟至 2022 年。楚克州公投原计划于 2015 年 3 月与密克罗尼西亚联邦选举同时进行。后来推迟至 2019 年，然后被再次推迟到 2020 年 3 月。目前计划于 2022 年进行公投。

4. 法属波利尼西亚

2020 年 3 月，法属波利尼西亚举行了第一轮市政选举，但受新冠肺炎疫情的影响，第二轮市政选举被推迟到 6 月进行。在第二轮市政选举中，反对党支持的托尼・格罗斯（Tony Geros）和特拉・伊丽蒂（Teura Iriti）分别赢得了帕亚（Paea）和阿鲁埃（Arue）的市长职位，米歇尔・比亚尔（Michel Buillard）连任帕皮提（Papeete）市长。此次市政选举关系到 9 月法国参议院议员的选举，所以格外引人关注。9 月 28 日，选举团选出了拉娜・特图努伊（Lana Tetuanui）和梯瓦・罗弗里奇（Teva Rohfritsch）两位法国参议院议员，但这一选举结果受到法国宪法法院的质疑。法国宪法法院收到了关于此次参议院议员选举涉及腐败的举报，因此着手对该选举进行调查。

三　公共卫生事件和气候问题考验太平洋岛国政府的执政能力

太平洋岛国大多是在二战后建立的，政府成立时间较短，执政经验有限，政府机构虽设置完善，但容易出现不稳定。在此情况下，外来因素的冲击更加考验各国政府的执政能力。2020 年，始于 2019 年的麻疹、世界范围内的新冠肺炎疫情以及长久以来的气候问题都对太平洋岛国政府的治理能力造成了影响。

2019 年 9 月，萨摩亚出现麻疹，随后在汤加、斐济、基里巴斯等周边国家和地区蔓延。截至 2020 年 1 月 22 日，太平洋岛国地区麻疹确诊病例为 6390 例，死亡病例为 83 例。[①] 2020 年伊始，该地区的麻疹病例虽然还在缓慢增长，但已在控制范围之内。此次麻疹流行暴露了太平洋岛国地区卫生系统方面所存在的问题，如政府不重视防疫、人民接种疫苗意识不强等。但各岛国政府在麻疹流行期间也采取了有力措施，以萨摩亚为例，萨摩亚政府于 2019 年 11 月宣布进入紧急状态，关闭学校，禁止儿童参与集会并强制进行疫苗接种。这有效控制了麻疹的传播，也为防控新冠肺炎疫情提供了应对经验。

自 2020 年 3 月发现首例新冠肺炎确诊病例之后，太平洋岛国先后宣布进入国家紧急状态，封锁边境，以应对新冠肺炎疫情的传播。因地理位置偏远和早期封锁国家，太平洋岛国成为世界上受新冠肺炎疫情影响最小的地区。截至 2020 年 12 月 31 日，太平洋岛国新冠肺炎确诊病例为 853 例，死亡病例为 11 例。[②] 各岛国政府所采取的封锁边境、限制人员流动等措施，

---

① “Measles Outbreak in the Pacific – Situation Report No. 10,” World Health Organization, January 8, 2020, https://www.who.int/westernpacific/emergencies/measles-outbreaks-in-the-pacific.

② 《太平洋岛国新冠肺炎疫情简报》，《太平洋动态》2020 年第 6 期。

虽有效防控了新冠肺炎疫情的扩散，但也重创了该地区的经济。受新冠肺炎疫情的影响，2020 年太平洋岛国地区的经济收缩了 5.8%。① 令人更加担忧的是，新冠肺炎疫情所造成的经济发展困难带来严重社会问题，如社会不平等加剧、贫困人口增多、失业率上升等。鉴于此，各岛国政府采取了促进经济发展的各种措施，如实施失业援助计划、增加财政预算、寻求外来援助等。一直以来，太平洋岛国的发展依赖于外来援助，此次新冠肺炎疫情的冲击加剧了这一现状。经济的对外依赖性削弱了岛国在政治上的独立自主性，容易使其成为大国的附庸。

太平洋岛国地区历来是气候变化的受害者，气候变化所带来的旱涝灾害、热带气旋等自然灾害严重影响了该地区的可持续发展、人民的健康与生活。气候变化的议题频繁出现在公众面前。2020 年 10 月 14 日，2020 年太平洋岛国论坛外交部长会议（Pacific Islands Forum Foreign Ministers' Meeting）召开。此次会议重点围绕新冠肺炎疫情、海洋、气候变化等议题进行讨论，重申了《蓝色太平洋 2050 战略》的承诺，通过了提交联合国人权与气候变化问题特别报告员的提议。② 这表明岛国地区日益重视因气候变化带来的严重的人权问题。10 月 24 日至 27 日，第 10 届太平洋岛国自然保护区会议（The 10th Pacific Island Conference on Nature Conservation and Protected Areas）召开，此次会议的主题为“恢复太平洋的自然保护行动”。会上 13 个太平洋岛国与 12 名太平洋岛国自然保护圆桌会议（The Pacific Island Round Table for Nature Conservation）的组织负责人共同签署了《韦默尔宣言》，承诺 2020～2025 年太平洋自然保护行动。③ 10 月 27 日，2020 年

① "Pacific Economic Monitor," July 2021, http://www.adb.org/publications/pacific-economic-monitor-july-2021.

② "2020 Forum Foreign Ministers Meeting Outcomes," Pacific Islands Forum, November 9, 2020, https://www.forumsec.org/2020/11/09/2020-forum-foreign-ministers-meeting-outcomes/.

③ "Pacific Nature Conference Concludes, Countries Endorse Vemööre Declaration," IUCN, November 27, 2020, https://www.iucn.org/news/oceania/202011/pacific-nature-conference-concludes-countries-endorse-vemoore-declaration.

太平洋气候变化会议在线上召开，与会各方围绕科学、海洋、人类三个分主题进行讨论，重点关注气候变化对太平洋地区的影响等问题。[①] 此次会议让岛国人民更加明确气候变化对太平洋地区构成的真实威胁。

结 语

2020 年，太平洋岛国政治形势总体稳定，多个国家先后顺利完成领导人选举，部分国家的政治危机、党派斗争等问题被和平解决，地区问题成为关注热点，这表明太平洋岛国的政治逐渐走向法治化和程序化。新冠肺炎疫情让太平洋岛国再次引起了国际社会的关注，疫情带来的冲击严重阻碍了太平洋岛国的健康发展，如何降低疫情的影响、带领岛国人民走出困境是各岛国领导人亟待解决的问题。2020 年，太平洋岛国在气候变化的立场方面更加统一，加大了对气候变化的关注力度，结合多方力量，为地区气候治理创造了有利条件。总体看来，太平洋岛国的政治生态和政治机制日渐完善，但由于自身综合国力弱等因素，未来仍充满不确定性。

① Leannem, “First Virtual Pacific Climate Change Conference Commences,” SPREP, October 28, 2020, https: //www. sprep. org/news/first - virtual - pacific - climate - change - conference - commences.

B.3
2020年太平洋岛国经济形势

周余义　杨　阳　陈美婷　胡振宇*

摘　要： 2020年，受新冠肺炎疫情影响，全球经济遭遇严重衰退。持续的旅行禁令、贸易限制和运输中断，使得太平洋岛国地区经济受到了前所未有的冲击。支柱产业停滞、大量企业关停、失业率高企、基本物资紧缺、财政赤字扩张等一系列严峻问题对本身脆弱的岛国经济和社会发展造成了巨大压力。面对危机，岛国积极开展自救和争取国际援助，但受自身能力和当前国际形势影响，近期经济恢复仍面临诸多不确定性的风险和挑战。

关键词： 太平洋岛国　经济形势　海洋经济

对于太平洋岛屿经济体来说，2020 年是一段艰难的时期。尽管新冠肺炎疫情在库克群岛、图瓦卢、瑙鲁等岛国并没有出现，但是新冠肺炎疫情大流行和相关的全球供应链中断以及对人口、商品流动性的限制，影响了大宗商品进出口，封闭边境导致依赖旅游业的经济体遭受重创。太平洋岛国政府通过向大国申请低息贷款，制定更高的政府支出预算，以满足社会需求和企

* 周余义，硕士，中国（深圳）综合开发研究院可持续发展与海洋经济研究所副所长、主任研究员；杨阳，硕士，中国（深圳）综合开发研究院可持续发展与海洋经济研究所副主任研究员；陈美婷，硕士，中国（深圳）综合开发研究院可持续发展与海洋经济研究所副主任研究员；胡振宇，博士，中国（深圳）综合开发研究院可持续发展与海洋经济研究所所长、主任研究员。

业发展需要。资源有限的太平洋岛国政府没有足够财政资金来运行类似发达国家实施的大型经济刺激计划，它们尝试促进经济多元化，以尽快复苏经济。

一　受疫情影响，太平洋岛国遭受空前的经济社会发展危机

受新冠肺炎疫情影响，2020 年全球经济遭遇巨大冲击，国际货币基金组织预计全年全球经济增速为 -4.4%。[①] 严峻的外部形势，叠加“两头在外”地区经济特点，使得太平洋岛国地区经济遭受了前所未有的冲击。支柱产业停滞、大量企业关停、失业率高企、基本物资紧缺、财政赤字扩张等一系列严峻问题，使太平洋岛国陷入了空前的经济社会发展危机。

（一）地区经济严重萎缩，内部呈现梯度分化

据亚洲开发银行预测，2020 年太平洋岛国地区经济将萎缩 12.6%[②]，成为全球经济下滑最严重的区域。其中，最严重的为斐济和帕劳，因收入占比较高的旅游业的停滞，预计全年经济分别萎缩 19.8% 和 13.8%。瓦努阿图、库克群岛、所罗门群岛、马绍尔群岛、密克罗尼西亚联邦等国，由于旅行禁令和不同形式的贸易限制措施，经济萎缩幅度都将超过 5%。巴布亚新几内亚、萨摩亚等国虽然降幅较小，但对比 2019 年相对较高的增速，实际下滑幅度依然较大。图瓦卢、瑙鲁和基里巴斯三国受疫情影响相对较小，经济略微保持增长（见表 1）。此外，2020 年 4 月的“哈罗德”（Harold）热带气旋也给基里巴斯、所罗门群岛、图瓦卢等几个最不发达国家带来了较严重的经济损失，致使该地区经济状况雪上加霜。

---

① 国际货币基金组织，https：//www. imf. org/zh/Publications/WEO/Issues/2020/09/30/world - economic - outlook - october - 2020。

② Pacific Islands Forum Secretariat，PIFs（20）Femm. 4a. Rev1.

表 1　2019～2020 年太平洋岛国 GDP 增长情况

单位：%

太平洋岛国		2019 年	2020 年(预估值)
美拉尼西亚群岛	巴布亚新几内亚	5.0	－2.9
	斐济	－0.4	－19.8
	所罗门群岛	1.2	－6.0
	瓦努阿图	2.9	－9.8
密克罗尼西亚群岛	帕劳	－1.8	－13.8
	密克罗尼西亚联邦	1.2	－5.4
	基里巴斯	2.4	0.6
	马绍尔群岛	3.8	－5.5
	瑙鲁	1.0	0.7
波利尼西亚群岛	库克群岛	5.3	－7.0
	萨摩亚	3.6	－3.5
	汤加	0.7	－2.7
	图瓦卢	4.1	2.0

资料来源：https：//www. adb. org/publications/pacific－economic－monitor－december－2020。

（二）支柱产业遭受重创，经济短期恢复承压

新冠肺炎疫情的全球蔓延对太平洋岛国旅游业、渔业等支柱产业及对外贸易均造成了巨大冲击，经济短期内恢复面临巨大压力。

一是旅游业处于停歇状态。新冠肺炎疫情全球蔓延造成的旅行限制，导致太平洋岛国旅游业基本停摆。统计数据显示，2020 年 4 月至 9 月，太平洋岛国地区每月游客人数同比下降 99%～100%。[①] 同时，旅游业的恢复前景存在高度不确定性，潜在的旅行计划因长期存在的健康安全问题而停滞不前。例如，高度依赖旅游业的斐济，为加快促进旅游业恢复，于 10 月取消了疫情国家来访者 14 天的强制隔离要求。然而，从实际到访游客量来看，政策放宽后整体旅游人数变化尚不显著（见图 1）。据世界旅游组

① Pacific Economic Monitor（December 2020），https：//www. adb. org/pacmonitor.

织2021年1月28日公布的数据，2020年斐济旅游收入大约损失6.5亿美元。库克群岛由于旅游业萎缩，经济也受到严重影响，亚洲开发银行预计，即使库克群岛在2021年1月开放边境，2021年GDP仍将下降15.4%。①

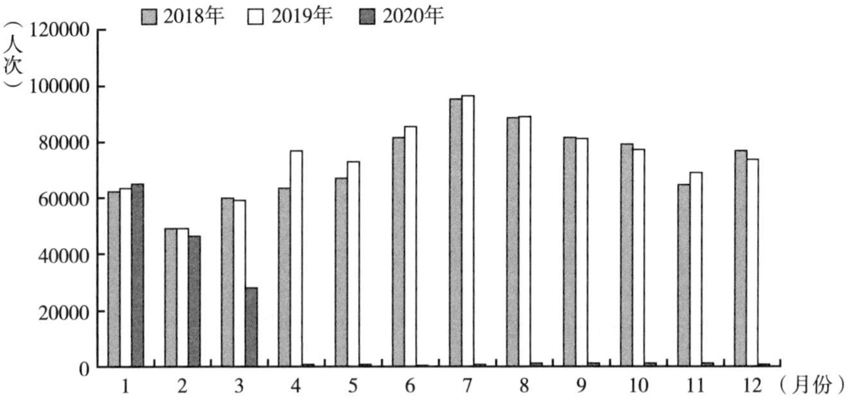

图1　2018～2020年斐济各月度游客到访人次变化

资料来源：https：//www.statsfiji.gov.fj/index.php/statistics/tourism－and－migration－statistics/visitor－arrivals－statistics。

二是渔业广受冲击。太平洋岛国渔业资源丰富，渔业是各岛国外汇收入的重要来源之一。新冠肺炎疫情导致的供应链受阻、渔船捕捞许可证费用的缴纳延迟以及机场、港口和部分加工厂的关闭和船员隔离等，给各太平洋岛国，尤其是基里巴斯、密克罗尼西亚联邦、马绍尔群岛、瑙鲁和图瓦卢渔业带来广泛冲击。据估算，新冠肺炎疫情导致渔业公司每天每船损失5万至6万美元，各岛国每天每船损失13万美元。② 新冠肺炎疫情并没有导致太平洋岛国渔业捕捞大幅下降，但全球消费市场受到各种封锁的限制，对鱼类的需求量大幅缩减，造成了长期市场的不确定性，渔业进一步受到影响。

① Pacific Economic Monitor（December 2020），https：//www.adb.org/pacmonitor.

② 数据来源：http：//www.fao.org/news/story/zh/item/1279365/icode/。

三是进出口贸易遭受重创。新冠肺炎疫情的全球蔓延促使各国采取严格的边境管控防控措施，对太平洋岛国进出口贸易产生了严重影响。疫情期间，大多数船只作业时间缩短和航班锐减，直接导致企业运输成本和贸易成本大幅增加，海运和空运费用增加了三倍之多，企业进出口贸易均面临较大挑战。同时，全球大宗商品市场因新冠肺炎疫情和市场动荡而疲软，需求萎缩，对以依靠大宗商品出口的太平洋岛国经济造成了巨大影响。所罗门群岛是太平洋发展中国家中商品出口值占国内生产总值比例第二高的国家，以出口原木为主，新冠肺炎疫情导致其 2020 年第二季度原木产量下降了 25.9%，原木出口值下降了 22.6%。同样，经济发展主要依赖矿物出口的巴布亚新几内亚出口贸易也遭受重创。

（三）民生领域面临挑战，社会经济互相掣肘

一是失业率高企，引发失业家庭陷入贫困风险。新冠肺炎疫情重挫太平洋岛国就业市场，岛国贫困人口剧增。2020 年，斐济大约有 11.5 万人处于失业危机（包括失业、减少工时、无薪休假），占据整个劳动力市场的三分之一，申请领取国家失业救济金的人数相比往年大幅上升，2020 年 6 月达 85959 人（见图 2），是 2019 年全年平均水平的近 3 倍。在巴布亚新几内亚，25% 的工人在 6 月后失业。在瓦努阿图，经济萎缩直接导致 21000 个工作岗位流失。失业率高企引发严重贫困问题。最新研究显示，由于新冠肺炎疫情影响，太平洋岛国生活在极端贫困中的人口数量在短期内可能增加 40% 以上。[①]

二是基本物资严重短缺，但通胀压力总体可控。太平洋岛国工业落后，工业产品和大多数日常生活用品大多依赖进口。为防止新冠肺炎疫情蔓延，太平洋岛国采取了停航、入境管制和贸易限制，导致商品供应严重短缺，同时运输延误使情况更加恶化。例如，图瓦卢高度依赖进口商品，随着政府关

① Chris Hoy，Poverty and the Pandemic in the Pacific，2020，https：//devpolicy. org/poverty – and – teh – pandemic – in – the – pacific – 20200615 – 2/.

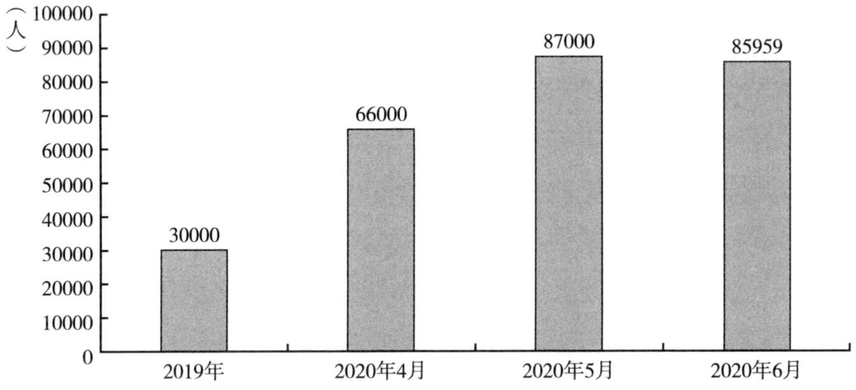

图 2　2019～2020 年斐济申请国家失业救济金人数

资料来源：http：//documents. worldbank. org/curated/en/835131608739709618/Pacific - Island - Countries - in - the - Era - of - COVID - 19 - Macroeconomic - Impacts - and - Job - Prospects。

闭国际入境口岸，进口食品短期内不再能够进入该国，导致人们冲入商店大量购买糖、大米、面粉和饼干等生活必需品，造成了恐慌性的购买。短期内食品的需求激增导致商品价格飞涨，直到政府通过向所有家庭发放食品券来规范购买行为之后，情况才有所缓和。此外，太平洋岛国医疗卫生体系基础普遍较为薄弱，医疗物资较为匮乏，口罩等防疫用品大多依赖进口和援助。总体而言，尽管新冠肺炎疫情带来一定的经济萎缩，但由于得到国际社会多方援助，太平洋岛国近年来商品价格基本保持平稳，除所罗门群岛 2020 年通货膨胀率上升到 6.0% 外（见表 2），其他国家和地区并没有出现严重的通货膨胀或通货紧缩。

表 2　2019～2020 年太平洋岛国通货膨胀率

单位：%

太平洋岛国	2019 年	2020 年(预估值)
库克群岛	0.0	0.7
斐济	1.8	-2.5
基里巴斯	-1.8	1.0
马绍尔群岛	0.1	0.3

续表

太平洋岛国	2019 年	2020 年(预估值)
密克罗尼西亚联邦	-1.0	1.6
瑙鲁	4.3	0.9
帕劳	0.6	0.4
巴布亚新几内亚	3.6	3.3
萨摩亚	2.2	1.5
所罗门群岛	1.6	6.0
汤加	4.0	0.2
图瓦卢	3.3	3.0
瓦努阿图	2.8	3.0

资料来源：Pacific Economic Monitor（December 2020），https：//www. adb. org/publications/pacific - economic - monitor - december - 2020。

（四）财政赤字增加，政府压力亟须缓解

新冠肺炎疫情给太平洋岛国财政带来了巨大冲击，各岛国政府均面临巨大的财政压力。由于企业大规模关停及延迟纳税，以及政府支持低收入和弱势群体的财政支出增加，各岛国政府公共财政状况持续恶化，财政赤字激增(见表3)。统计数据显示，库克群岛 2020 年政府财政赤字为 1190 万新西兰元。新冠肺炎疫情对斐济政府财政影响巨大，政府财政收入占 GDP 的比重从 2019 年的 27.3% 下降到 2020 年的 0.9%，并预计到 2021 年进一步下降；财政赤字占 GDP 的比重预计从 2020 年的 8.2% 上升到 2021 年的 20.2%；政府债务占 GDP 的比重预计从 2019 年的 49.3% 攀升到 2020 年的 65.6%。帕劳 2020 年政府税收同比下降约 25%，财政赤字占 GDP 的比重达到 13.2%，预计到 2021 年进一步扩大至 23.5%。巴布亚新几内亚 2020 年政府收入同比下降 2.9%，财政赤字占 GDP 比重将扩大。所罗门群岛公共债务相对较低，国际货币基金组织预测，虽然债务困扰的风险仍然处于相对温和状态，但公共债务占 GDP 比重不断提升，未来债务风险较大。另据统计，纽埃为了应对新冠肺炎疫情，2020 年政府经常性支出同比增加了 4.1%，财政赤字占 GDP 的比重从 2019 年的 1.2% 扩大到 2020 年的 4.7%，并预计到 2021 年进一步扩大至 11.2%。

表 3　2019～2021 年太平洋岛国财政收支平衡情况（占 GDP 比重）

单位：%

太平洋岛国	2019 年	2020 年(预估值)	2021 年(预计)
库克群岛	5.0	-8.0	-33.1
斐济	-3.6	-8.2	-20.2
基里巴斯	36.6	-9.0	5.1
马绍尔群岛	-2.2	-4.7	-15.0
密克罗尼西亚联邦	17.6	0.0	0.2
瑙鲁	32.7	31.8	18.2
帕劳	0.3	-13.2	-23.5
巴布亚新几内亚	-4.9	-7.2	-5.3
萨摩亚	2.7	6.2	-8.6
所罗门群岛	-1.7	-5.0	-4.5
汤加	3.1	5.4	0.2
图瓦卢	-9.8	-24.3	-7.9
瓦努阿图	4.9	-6.0	1.8

资料来源：Pacific Economic Monitor（December 2020），https：//www. adb. org/publications/pacific - economic - monitor - december - 2020。

二　危机下的太平洋岛国自救行动与国际援助

为应对疫情影响，太平洋岛国积极采取一系列自救行动，并向国际社会寻求援助，通过内外结合的方式全力推动经济恢复。

（一）自救行动

1. 积极采取多种限制措施

太平洋岛国岛屿分散、相对独立的先天自然条件在新冠肺炎疫情背景下成为“双刃剑”。为遏制疫情蔓延，太平洋岛国地区纷纷采取了关闭边境、旅行限制、实施宵禁、限制公共集会等多种应对措施（见图 3），以降低疫情大规模传播，防范卫生系统崩溃风险。2020 年 4 月 7 日，太平洋岛国论坛外交部长特别会议召开，旨在建立协调统一的区域应对措施。从措施效果上看，与世界其他地区相比，太平洋岛国地区凭借相对隔绝的条件和快速积极的限制措施取得了成功，多数成员国没有报告新冠肺炎确诊病例。但岛国“两头在外”的经济特征难以长期支撑，经历短暂的封闭限制后，多数太平洋小岛屿国家经济不堪重压，开始酌情分阶段放松限制措施。呼应澳大利亚与新西兰发起的太平洋“旅行泡泡”计划，部分严重依赖旅游业并无疫情的太平洋岛国开始发出加入“旅行泡泡”的初步意愿，汤加等其他国家已提议向萨摩亚和瓦努阿图等其他没有新冠肺炎确诊病例的岛国开放，库克群岛政府和旅游业委员会迫切希望恢复新西兰和拉罗汤加岛之间的定期航班，而瓦努阿图等国家则保持谨慎态度，但也表达了参与意愿。

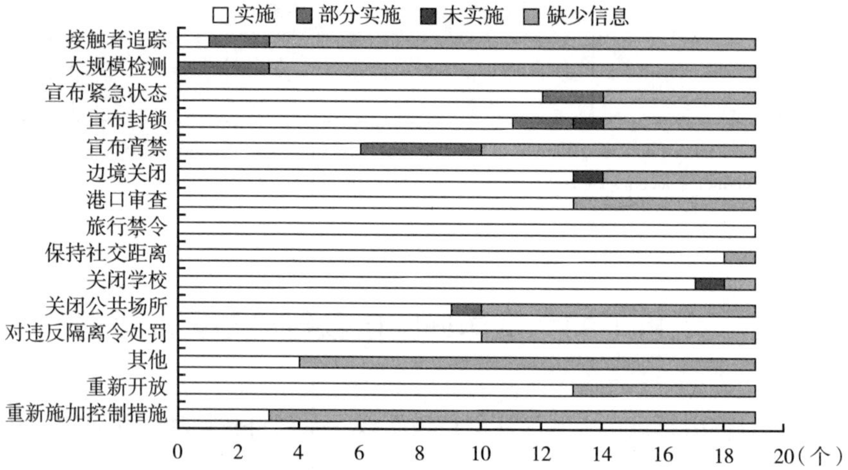

图3　2020年太平洋岛国地区实施应对新冠肺炎疫情举措情况统计

资料来源：ESCAP，https：//www.unescap.org/covid19/policy - responses。

2. 紧急出台财税刺激政策

面对日益紧迫的卫生保健系统设施需求和经济断崖式下滑压力，太平洋岛国政府采取各种长短期财政刺激措施，以减轻新冠肺炎疫情冲击影响，特别是保障脆弱群体收入水平。采取的具体措施包括：直接财政拨款支持公共卫生、安全和应急服务；对企业开展税收减免；刺激家庭消费需求；延长贷款还款期；放松货币政策，鼓励商业银行降低利率和收费；免除雇主为其雇员缴纳退休金；政府对中小企业实行直接支持；

等等。巴布亚新几内亚政府宣布实施16.2亿美元的经济刺激计划，其中包括与银行和金融机构协调，向企业和个人提供1.9亿美元信贷额度，以及允许受影响较大的企业雇员提前支取约1.5亿美元的养老金，以度过当前的困难期。马绍尔群岛批准了6310万美元预算，用于国家应对疫情。密克罗尼西亚联邦政府启动了1500万美元经济刺激计划，重点支持受疫情影响经营困难的企业，包括发放工资补贴、债务减免等。

3. 借力数字经济加快转型

当前，发展数字经济被全球多国视为应对疫情和经济下滑的重要新兴途径。联合国经济和社会事务部在2020年特别强调了数字基础设施和平台的重要性，数字化解决方案可以在电子商务、电子卫生、接触追踪、在线工作教育等多领域提供帮助。疫情加速了太平洋岛国基础设施短板问题的凸显，也加速了其数字化发展进程。尽管太平洋岛国早于2016年联合出台了《2016～2020年太平洋区域ICT战略行动计划》，然而多数国家2019年每百名居民移动网络签约用户数低于全球105的平均值，马绍尔群岛和密克罗尼西亚联邦每百名居民签约用户数甚至低于30。2020年太平洋岛国论坛外长会议主席塞夫·佩尼乌（Seve Paeniu）强调疫情“新常态”下开展创新工作以支持经济复苏，包括数字网络的使用。太平洋商业观察（PBM）调查的受访企业中有22%的企业表示已开展互联网业务。2020年10月，中国－太平洋岛国投资推介会暨数字经济发展论坛在深圳举行，双方共同促进区块链、大数据、人工智能等科技同太平洋岛国实体经济深度融合，推进太平洋岛国政府、企业的数字化转型。

（二）国际援助

1. 国际组织

面对疫情，国际组织采用多种方式援助全球小型国家经济体，众多太平洋中小岛屿国家因此而受益。2020年4月15日，二十国集团（G20）核准《G20关于应对新冠肺炎疫情的行动计划》，允许包括太平洋地区的世界最贫困国家自5月1日起暂停偿还债务。10月14日，二十国集团财长和央行行长举行视频会议，同意将最贫困国家债务暂缓偿付期再延长 6 个月至 2021 年 6 月底。世界银行旗下国际复兴开发银行（IBRD）与国际开发协会（IDA）均增加 60 亿美元以支持 23 个国家的卫生健康系统。2020 年 9 月 3 日，亚洲开发银行向其成员提供 200 亿美元，其中 130 亿美元为反周期支持基金，20 亿美元为私营部门贷款，25 亿美元为优惠贷款。国际货币基金组织通过快速拨付紧急融资机制向低收入和新兴市场国家提供约 500 亿美元的资金援助，其中有 100 亿美元可以通过快速信贷安排以零利息向最贫困的成员方提供。萨摩亚、巴布亚新几内亚和所罗门群岛三个太平洋岛屿国家共收到 4.1 亿美元。[①] 国际货币基金组织还根据减灾信托基金（CCRT）为 28 个国家提供了 2.5 亿美元的偿债减免。所罗门群岛作为唯一加入减灾信托基金的太平洋岛国，第一部分债务偿还减免已于 2020 年 4 月 13 日被批准。

2. 域内外大国

（1）澳大利亚和新西兰

长久以来，出于地区自身利益考量及影响力提升，澳大利亚和新西兰一直试图维护在南太平洋地区的领导地位。自疫情发生以来，澳大利亚高度重视与太平洋岛国的伙伴关系。2020 年 3 月 26 日，莫里森总理对二十国集团领导人表示，太平洋岛国必须成为国际社会关注及支持的重点。6 月，澳大利亚政府启动了“恢复伙伴关系”政策，重点集中精力帮助周边邻国应对疫情挑战。澳大利亚承诺向太平洋岛国、东帝汶和东南亚的合作伙伴投入 8000 万美元的新冠肺炎疫苗供应计划（COVAX）。此外，澳大利亚将在两年内实施一个 3 亿美元的临时应对计划，以帮助促进太平洋和东帝汶地区的稳定和经济复苏。相较于澳大利亚，新西兰更早于 2018 年便启动“太平洋重置”（Pacific Reset）计划，以提升自身在该地区的影响力。[②] 2020 年 12 月 17 日，新西兰政府提出价值 7500 万美元的疫苗计划，

① https://www.imf.org/en/News/Articles/2020/03/04/sp030420 - imf - makes - available - 50 - billion - to - help - address - coronavirus.

② https://www.dfat.gov.au/geo/pacific/australia - stepping - up - to - address - covid - 19 - in - the - pacific.

并承诺提供1000万美元捐款。①

（2）中国

新冠肺炎疫情在全球发生之初，中国与太平洋岛国共同抗击疫情，全程助力南太地区经济复苏。2020年3月，中国主动同10个建交岛国举行卫生专家视频会议，分享疫情防控和诊疗经验，帮助岛国预防疫情。中国向建交太平洋岛国提供的医疗物资和抗疫资金为岛国应对疫情发挥了重要作用。2020年11月30日，在中国-太平洋岛国应对新冠肺炎疫情第二次副外长级特别会议上，我国提出将联合岛国重点建设“快捷通道”和货物运输“绿色通道”，维护产业链供应链稳定畅通。

（3）美国

近两年来，美国加大力度推动“印太”战略，巩固在太平洋岛国地区的外交、经济、发展援助等方面的优势，以确保维持美国在该地区的主导地位。2019年，美国宣布“太平洋承诺”（Pacific Pledge），为印太地区提供超过1亿美元援助。2020年，美国宣布新增2亿美元资金，其中7800万美元用于印太地区的新项目，1.3亿美元用于帮助地区应对新冠肺炎疫情。据统计，美国已向太平洋岛国提供了总计超过3200万美元的资金，用以防止新冠肺炎疫情蔓延和促进太平洋岛国的长期经济复苏，重点包括三个方面：提升医疗用品的供应链水平；计划解除封锁和重新开放经济社会活动；减轻疫情所造成的旅游收入损失和其他经济损失的影响。此外，2020年7月27日，美国众议院审议《蓝色太平洋法案》（Blue Pacific Act），重点聚焦双边贸易、气候变化、防灾减灾、公共卫生等领域。② 仅扩大双边和多边贸易一项，美国就将在2021年至2025年的每个财政年度拨款4亿美元。

① https：//covid19. govt. nz/updates - and - resources/latest - updates/nz - ready - to - provide - 75m - for - pacific - and - global - covid - 19 - vaccination - support/.

② The House of Representatives，“H. R. 7797 - BLUE Pacific Act，” July 27，2020，https：//www. congress. gov/bill/116th - congress/house - bill/7797/text？ r = 3&s = 1.

三　太平洋岛国的经济发展前景展望

随着疫情的逐步得到控制和全球经济的快速恢复，太平洋岛国经济社会发展在经历了低谷以后也逐渐走向复苏，但由于各种不确定性风险的存在，何时能恢复到疫情前水平仍有待观察。

（一）近期发展

2020 年下半年以后，由于多数国家新冠肺炎疫情逐步得到有效控制，全球经济开始触底回升。进入 2021 年，随着疫苗接种快速推进，各国纷纷推出强有力的刺激政策，推动世界经济加快实现恢复性增长。世界银行、国际货币基金组织对 2021 年全球经济增速的预测值分别为 4% 和 6%，相比上年复苏态势强劲。在此背景下，岛国也在自身努力和国际社会援助的共同作用下，实现了经济的快速回暖。根据亚洲开发银行预测，2021 年太平洋岛国地区经济增速有望回升至 -1.3% 左右（见图 4），相比 2020 年上升超过 11 个百分点。但从发展形势来看，何时能恢复到疫情前水平仍需观察，主要取决于两方面因素。第一，国际疫情控制进展。当前国际疫情形势虽然总体可控，但局部仍有反复，各国边境全面开放仍需较长时间，这将对高度依赖外部资本和外部市场的岛国经济形成较大制约。第二，岛国自身恢复速度。此次疫情对岛国交通运输、卫生系统、学校教育等公共部门以及旅游业、渔业等主要产业都造成了不同程度的冲击，政府负担加重、企业停业或关闭、失业率增长、贫困加剧，将极大地考验岛国的综合治理能力和近期采取的政策措施。

从内部来看，由于资源禀赋、产业结构和发展水平等方面的差异，岛国内部经济恢复出现较大分化。根据亚洲开发银行预测，2021 年，巴布亚新几内亚、斐济、所罗门群岛、瓦努阿图、基里巴斯、瑙鲁和图瓦卢七国有望实现正增长。其中，位于美拉尼西亚群岛的巴布亚新几内亚、斐济、瓦努阿图、所罗门群岛四国虽然受冲击最为严重，但由于陆地面积、人口规模和经

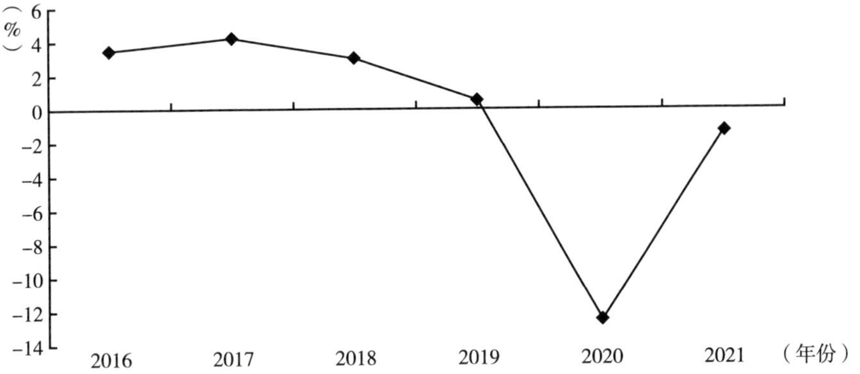

图 4　2016～2021 年太平洋岛国地区经济增速变化

资料来源：Pacific Economic Monitor（December 2020），https://www.adb.org/pacmonitor。其中，2020 年和 2021 年数据为预测值。

济规模相对较大，经济韧性强、恢复快，将率先实现经济增长由负转正。基里巴斯、瑙鲁和图瓦卢三个岛屿国家经济体，产业主要以渔业、矿业和农业为主，受外部环境干扰相对较弱，经济增长相对比较平稳，连续两年保持正增长。帕劳、密克罗尼西亚联邦、马绍尔群岛、库克群岛、萨摩亚、汤加六国主要受旅游业和对外贸易冲击以及渔业收入波动、外部资助疲软等影响，短期经济形势仍然较为严峻，2021 年将延续负增长（见表 4）。

表 4　2020～2021 年太平洋岛国 GDP 增长情况

单位：%

国家/区域		2020 年	2021 年(预测)
美拉尼西亚群岛	巴布亚新几内亚	-2.9	2.5
	斐济	-19.8	1.0
	所罗门群岛	-6.0	1.0
	瓦努阿图	-9.8	1.0
密克罗尼西亚群岛	帕劳	-13.8	-13.2
	密克罗尼西亚联邦	-5.4	-1.8
	基里巴斯	0.6	1.8
	马绍尔群岛	-5.5	-1.4
	瑙鲁	0.7	0.5

续表

国家/区域		2020 年	2021 年(预测)
波利尼西亚群岛	库克群岛	-7.0	-15.4
	萨摩亚	-3.5	-10.7
	汤加	-2.7	-6.5
	图瓦卢	2.0	2.5

资料来源：Pacific Economic Monitor（December 2020），https：//www.adb.org/pacmonitor。注：2020 年和 2021 年 GDP 增长情况数据为最新预测估计值。14 个岛国中，纽埃无相关统计数据。

（二）长远趋势

从中长期发展来看，当今世界正经历百年未有之大变局，太平洋岛国也迎来了自求得独立以后最重要的战略机遇期，政治、经济、社会、技术环境稳步改善，产业基础持续巩固，发展势能不断积累，总体向好发展态势有望加速显现。

第一，政治形势相对稳定。2019 年为岛国大选之年，巴布亚新几内亚、瑙鲁、图瓦卢、密克罗尼西亚联邦、马绍尔群岛、汤加六国平稳顺利地完成了新一轮领导人的选举，2020 年瓦努阿图、纽埃、基里巴斯、帕劳等国也实现了政权平稳过渡，表明寻求政局稳定、社会和谐已经成为当前岛国政府及社会各界的共识，也为岛国经济的稳定向好发展提供了良好的政治环境保障。

第二，抱团发展势能快速提升。随着岛国在国际上受到的关注越来越多，岛国抱团发展的愿望越来越强烈。各岛国在地区发展方面联手推动“蓝色太平洋”发展规划，在国际热点问题上主张“用一个声音说话”，积极争夺国际话语权，极力争取外部资金、技术支持和各项援助，为岛国经济持续注入新动能。

第三，发展基础条件逐步改善。得益于国际社会的持续投入，岛国整体的交通基础设施、基本公共服务水平、产业基础能力以及外部发展环境都处于积极改善中，将支撑岛国经济继续向好发展。未来，基建、采矿等领域外来投资的不断涌入，入境旅游发展潜能的快速释放和出口贸易的持续增长，将成为岛国经济增长的三大引擎。

（三）存在的风险

当前，全球经济形势仍存在不确定性。岛国因其特殊的地理区位条件和经济社会环境，经济在恢复过程中也面临诸多风险挑战。

第一，局部地区疫情反复，经济下行风险尚未解除。自2020年12月以来，由于部分国家和地区疫情防控的松懈，以及病毒的变异，全球新冠肺炎疫情出现持续反弹迹象，给正在复苏的全球经济蒙上了新的阴霾。在岛国中，2020年疫情相对严重，但实际确诊病例规模并不大的巴布亚新几内亚和斐济两国在2021年均出现了大幅反弹，单日新增确诊病例数远高于2020年疫情最严重时期的平均数。巴布亚新几内亚自2021年2月起疫情快速蔓延，单日新增确诊病例迅速突破百例至数百例，截至5月依然保持高位，最高达911例，给当地脆弱的经济和民生造成了严重冲击。斐济自2021年4月中旬以来疫情迅速恶化，单日新增确诊病例最高上升到了12例。为进一步查清传染源头、遏制疫情传播，斐济政府对首都苏瓦及周边地区实施了为期14天的全面封锁。综合来看，无论是全球还是岛国疫情形势仍不容乐观，对经济增长的抑制作用也将持续更长时间。对于岛国而言，需要更加注重预防由于长期封闭造成的经济停滞和内部动荡。

第二，世界格局动荡可能加剧，不确定性风险累积。此次疫情不仅在短期内对全球经济造成严重冲击，而且将对世界政治经济格局产生深远影响。“黑天鹅”和“灰犀牛”风险事件层见叠出，逐渐由个别领域向全领域蔓延，由单一国度向全球蔓延。[①] 世界动荡可能加剧，将给岛国的经济增长带来更多不稳定、不确定性风险。首先，金融动荡风险上升。为应对疫情带来的经济衰退，世界各国在2020年普遍出台了大规模的财政刺激政策和

① 范鹏飞：《防范“黑天鹅”和“灰犀牛”风险事件向全领域蔓延——基于全球疫情防控的思考》，《决策探索》2020年第16期。

宽松的货币政策。尤其是美国高达数万亿美元的经济刺激计划，不仅直接快速助长了美国股市泡沫，推动了全球通胀预期的持续升温，也给全球经济埋下了巨大隐患。随着经济的逐步恢复和通胀预期的快速上升，各国正在加紧酝酿如何退出经济刺激政策，部分国家已经实施了加息等具体措施。由于当前各国疫情控制和经济恢复的不平衡性问题较突出，各国退出刺激政策产生的共振效应难免将对部分国家经济增长造成新的冲击。岛国经济脆弱，复苏艰难，潜在压力和风险不容小觑。其次，地区动荡交织蔓延，当前全球范围内地区热点问题频发，传统安全与非传统安全议题联动蔓延。最后，大国在太平洋岛屿地区博弈加剧。近年来，澳、美、日、印等域内外大国加强了在岛国的力量投入。如美国《2021 年战略竞争法案》，明确提出“加强对太平洋岛国的外交支持和经济接触”，大幅增加在岛国的经费安排和人力投入，以确保其在该区域的竞争需要。这实际上是美国霸权主义向岛国的延续和强化，将给岛国经济的独立自主发展带来深远的负面影响。

第三，部分岛国发展问题累积，在外部形势刺激下存在被放大的风险。由于疫情的持续时间可能长于预期，全球经济可能会经历更加漫长和艰难的恢复期。这期间，部分援助国自顾不暇，必然减少对岛国的援助支出。再加上危机之下，部分国家和区域之间的“内卷”升级，将使高度依赖外部援助的岛国经济压力倍增，部分岛国长期积累的财政、债务、失业等问题存在被放大的风险。如帕劳，2019 年税收下降了约 25%，而由于为应对疫情额外支出了 2000 万美元，2020 年的财政赤字占 GDP 的比重上升至 13%，并预计在 2021 年进一步飙升至 24%。这些赤字转化为 2020～2022 年总的融资需求大约为 1.1 亿美元，其中约 1 亿美元将通过新的外部借贷来支付，其余的将通过从政府存款中提取来支付。预计这将使帕劳的债务占 GDP 的比重在 2022 年达到接近 80% 的峰值。即使帕劳的财政能力可以恢复到疫情之前的水平，以其现有可用资源和开发水平，在某些年份仍可能无法偿还债务。与此同时，财政和货币救助政策在很大程度上能降低企业的财务风险，但一旦救助停止，或者疫情延续使得企业收入增长过慢，企业的债务违约风险就可能爆发，企业倒闭和破产潮还可能对整个金融体系的稳定造成冲击。[①] 再如巴布亚新几内亚，由于疫情的持续蔓延，经济形势严峻，社会治安恶化，安全风险急剧上升。其首都莫尔兹比港针对外国企业和人员的武装抢劫等暴力案件增加。米尔恩湾省、恩加省、赫拉省、东高地省等地局部均发生了较大规模部族冲突和暴力治安事件。社会的动荡给经济社会的持续发展带来了新的挑战。

① 中国社会科学院世界经济与政治研究所课题组：《世界经济形势分析与展望》，姚枝仲执笔，《经济日报》2021 年 1 月 1 日，第 6 版。

B.4

2020年太平洋岛国外交形势

秦 升*

摘 要： 2020年，新冠肺炎疫情使太平洋岛国外交面临更加复杂的国内需求和国际环境。控制疫情所采取的边境管控和内部封锁政策对经济打击巨大，拓展“发展融资”渠道成为太平洋岛国外交的重要任务。全球疫情反复，建立“太平洋人道主义通道”、争取疫苗供给成为太平洋岛国疫情防控的核心环节。太平洋岛国论坛持续关注气候变化问题，通过制定《蓝色太平洋2050战略》凝聚共识，提升太平洋岛国应对气候变化的整体水平。中国、美国等南太平洋地区以外的国家在太平洋岛国外交中的重要性日益提升，既为太平洋岛国扩大影响力、争取发展资源提供了重要机遇，也对太平洋岛国制定外交政策提出了更高的要求。

关键词： 太平洋岛国 发展融资 气候变化 太平洋人道主义通道

2020年，新冠肺炎疫情在全球范围内发生，对世界各国的经济社会发展产生了巨大的影响。太平洋岛国作为集中在太平洋中南部的国家群体，较早认识到了科学防疫的重要性，严格实施疫情防控政策，取得了良好的防疫效果。根据世界卫生组织的统计数据，太平洋岛国是全球疫情出现以来确诊病例数和死亡病例数最低的国家群体。尽管新冠肺炎疫情没有在太平洋岛国大

* 秦升，博士，中国社会科学院澳大利亚、新西兰与南太平洋研究中心助理研究员。

规模发生，但是全球范围内严格的边境管控和太平洋岛国内部的封锁政策严重打击了太平洋岛国的主导产业，加上“哈罗德”热带气旋等自然灾害的恶劣影响，太平洋岛国和人民比以往任何时候更加需要资金和资源渡过难关。此外，由于太平洋岛国普遍基础设施落后，缺乏健全的医疗卫生体系，包括新冠肺炎检测试剂、防护服、口罩、呼吸机等在内的医疗物资均需进口，快速、准确地获得急需的医疗援助成为太平洋岛国外交的重要组成部分。气候变化关系到太平洋岛国的生死存亡，2020 年，太平洋岛国政府继续通过多种途径敦促国际社会重视气候变化问题，呼吁世界各国遵守并落实《巴黎协定》。面对经济社会发展的多重挑战，推动区域经济发展、应对新冠肺炎疫情的不利影响以及争取国际社会在气候变化领域的支持构成太平洋岛国 2020 年外交的主要图景。

一　强化多边机制，拓展经济发展空间

2020 年上半年，面对新冠肺炎疫情在全球蔓延，太平洋岛国密集出台防疫抗疫政策，通过积极防疫和科学防疫实现了对疫情的有效控制。与此同时，世界各国实施的旅行限制使国际航班无法正常运转，海上通道被迫切断，人员交流受到阻碍，太平洋岛国的旅游业、捕捞业等主导产业受到严重打击。为了尽快从疫情中恢复，太平洋岛国一方面积极利用多边平台加快本地区的融资体系建设，为经济复苏提供动力。另一方面，随着《太平洋更紧密经济关系协定》（PACER Plus）在 2020 年 12 月 13 日正式生效以及太平洋岛国在澳大利亚和新西兰的劳工部分恢复流动，南太平洋地区的经济一体化正处于加速发展的轨道。

1. 借助多边平台，加快太平洋岛国融资体系建设

新冠肺炎疫情给太平洋岛国的企业经营、社区运转和人民生活带来极大的困难。除了疫情影响，2020 年南太平洋自然灾害频发，部分太平洋岛国在 4 月和 12 月分别遭受了“哈罗德”热带气旋和“瑞萨”热带气旋的袭击，疫情和热带气旋对当地社会形成双重打击。为了保障太平洋岛国经济社会的正常运转，各岛国政府在疫情和灾情发生后制定了大规模经济刺激计划，以满足卫生

部门应对新冠肺炎疫情的需要，保障私营部门和普通民众能够顺利渡过难关。

巴布亚新几内亚的一揽子经济刺激计划总预算高达 57 亿基纳①；斐济制定的《新冠肺炎疫情应对预算 2019～2020》计划向卫生和医疗部门追加 4000 万斐济元额外预算，针对旅游部门、封锁地区和其他受疫情影响的地区提供 2060 万斐济元失业救济，拨款 500 万斐济元帮助中小企业②；库克群岛的《经济应对计划》包括两个阶段总计 1.37 亿新西兰元的经济刺激计划③；萨摩亚实施的《新冠肺炎疫情应对计划 1～2》面向卫生部门、私营企业、公共事业、失业工人总计将投入 1.49 亿塔拉④；瓦努阿图制定的《瓦努阿图经济刺激一揽子方案》总计划支出 40 亿瓦图，用于推迟收取或取消部分税费后的应对，为企业提供现金流，实施就业和商业补贴，帮助雇主支付补贴，支持国内生产经营活动从而保障商品供应等⑤；汤加制定了总计约 2550 万美元的经济刺激计划，由渔业农业部、卫生部、教育部、内政部和储备银行按照计划分配预算，应对新冠肺炎疫情带来的挑战⑥；密克罗尼西亚联邦计划实施《密克罗尼西亚联邦经济刺激一揽子方案》，总计支出 1500 万美元，主要目标是帮助私营部门的雇主和雇员，初期主要用于旅游业及相关产业⑦。

① David James, "Papua New Guinea Treasurer Details K600 Million Stimulus Package," Business Advantage PNG, May 18, 2020, https://www.businessadvantagepng.com/papua-new-guinea-treasurer-details-k600-million-stimulus-package/.

② Fiji Parliament, "COVID-19 Response Budget Estimate 2019-2020," March 2020, http://www.parliament.gov.fj/wp-content/uploads/2020/03/COVID-19-RESPONSE-BUDGET-ESTIMATE-2019-2020.pdf.

③ Cook Islands Ministry of Finance & Economic Management, "The Economic Response Plan," January 14, 2021, https://covid19.gov.ck/our-economic-response.

④ Samoan Gov't Unveils 2nd Stimulus Package to Help Fight COVID-19, May 26, 2020, http://www.xinhuanet.com/english/2020-05/26/c_139089058.htm.

⑤ VT4 Billion Stimulus Package, April 1, 2020, https://dailypost.vu/news/vt4-billion-stimulus-package/article_91c9d47c-7399-11ea-b675-d7366938da98.html.

⑥ Tonga Announces "COVID-19" Stimulus Package, April 2, 2020, https://www.rnz.co.nz/international/pacific-news/413292/tonga-announces-COVID-19-stimulus-package.

⑦ Federated States of Micronesia Government, 21st FSM Congress Approves the Economic Stimulus Package, President Panuelo Signs It into Law; Businesses Encouraged to Apply for Wage Subsidies and Submit Taxes on Time to Receive Gross Tax Revenue Rebates, April 22, 2020, https://fsmgov.org/fsmun/pubheal02.pdf.

应对新冠肺炎疫情的经济刺激计划普遍规模巨大，对经济体量较小的太平洋岛国而言，通过分阶段执行计划能够在一定程度上降低财政压力，但仍无法满足经济刺激计划所需的资金。尽快筹措资金、保障社会正常运行以及推动经济复苏成为太平洋岛国政府最为紧迫的任务。为了实现筹资渠道的多元化，太平洋岛国作为一个整体不断推动融资的机制化建设，与国际金融机构一道创新融资方式，补充经济重启所需要的资金。

2020 年 10 月 23 日，斐济、英国以及来自加勒比地区的小岛国在中美洲国家伯利兹共同举行圆桌会议，讨论小岛屿发展中国家（Small Island Developing States）如何更好地获得金融支持以及如何应对新冠肺炎疫情带来的经济挑战。① 此次会议为太平洋岛国重新思考融资问题提供了机遇，斐济将相关讨论引入了太平洋岛国论坛的议事日程。2021 年 6 月 9 日，太平洋岛国论坛以伯利兹会议为基础，再次召开圆桌会议，强调调整发展政策以更好地照顾小岛屿发展中国家的脆弱性，调整多边体系运作方式以帮助小岛屿发展中国家获得优惠融资。来自太平洋岛国政府、区域组织和发展伙伴的与会者还就以债务换气候、改革国际债务结构、通过国际货币基金组织特别提款权为小岛屿发展中国家提供资金、投资小岛屿发展中国家的能力建设、通过捐助保险进行风险管理等多个议题进行了讨论。太平洋岛国论坛秘书长亨利·普纳（Henry Puna）在圆桌会议上指出："过去的几十年中，论坛成员一直担心全球发展融资的可获得性。我确实希望，大家对新冠肺炎疫情和气候危机所造成的全球影响有新的认识，特别是要认识到（小岛屿发展中国家）融资的紧迫性，使 2021 年成为太平洋岛国和所有小岛屿发展中国家高效融资且负担得起融资成本的一年。"②

太平洋岛国作为一个整体充分表达了自身对融资的期望以及围绕融资需

① British High Commission, "UK Champions Discussion on Better Access to Finance for SIDS," October 23, 2020, http://www.govt.lc/news/uk-champions-discussion-on-better-access-to-finance-for-sids.

② Pacific Islands Forum, "Pacific SIDS Dialogue on Access to Finance on 9 June 2021," June 21, 2021, https://www.forumsec.org/2021/06/21/pacific-access-to-finance-solutions-highlighted-at-roundtable-outcomes-and-joint-release/.

要改革的体制机制。更为重要的是，太平洋岛国论坛通过此次会议将加勒比、太平洋和其他地区的小岛屿发展中国家以及国际金融机构聚集在一起，充分体现了“太平洋外交”的重要性。能够代表小岛屿发展中国家推动国家发展融资体系的改革，表明太平洋岛国在国际社会发挥的作用越来越大，参与全球治理的信心越来越足。亚洲开发银行2021年所推出的FSA融资模式也表明，太平洋岛国在融资领域的呼声得到了国际社会的积极回应。①

除了通过“太平洋外交”获得发展融资的支持，各个太平洋岛国也从自身的国情、民情出发探索不同的融资方式，争取国际组织的智力支持和资金支持。2021年1月，斐济成为世界银行规划的首个《国家伙伴关系框架2021～2024》（Country Partner Framework 2021－2024）成员，该框架是在斐济政府、民间组织、私营部门和世界银行的共同协商下形成的，其重点包括促进私营部门主导的经济增长，创造更具包容性的发展机会，增强经济韧性，加强对自然灾害和卫生突发事件的管理等内容。② 世界银行的《国家伙伴关系框架2021～2024》与斐济的5年期和20年期《国家发展计划》（National Development Plan）保持同步，总共包括1.5亿美元的融资组合，为斐济未来四年的经济复苏奠定了坚实的基础。除了斐济，其他太平洋岛国也争取到了世界银行大量的针对性资金。其中，巴布亚新几内亚获得了超过3000万美元的专项资金③，用于应对新冠肺炎疫情以及疫苗分发；萨摩亚共

① FSA全称The Fragile and Conflict-Affected Situations（FCAS）and Small Island Developing States（SIDS）Approach，是亚洲开发银行针对经济脆弱、易受冲突影响的国家以及小岛屿发展中国家推出的针对性融资方式，该方式充分考虑到这些国家的特殊国情和面临的独特挑战，包括地理上的孤立、人口稀少、产业单一、武装冲突频繁、社会不稳定、经济规模小等特点，改变项目设计、监督、实施流程，实施针对性的绩效管理以适应不同国家的国情。FSA的详细内容请参考https：//www.adb.org/news/features/qa－differentiated－approach－fcas－and－sids。

② World Bank，“World Bank Group's New Country Partnership Framework for Fiji（2021－2024），” January 29，2021，https：//www.worldbank.org/en/country/pacificislands/brief/world－bank－groups－new－country－partnership－framework－for－fiji－2021－2024.

③ World Bank，“US＄30m Boost for PNG's COVID－19 Response，” June 25，2021，https：//www.worldbank.org/en/news/press－release/2021/06/25/us－30m－boost－for－png－s－covid－19－response.

计获得了850万美元的资金，用于购买医疗设施和公共教育支出①；马绍尔群岛获得了250万美元紧急项目资金，用于新冠病毒检测和加强公共卫生体系建设②。太平洋岛国以融资为目标的外交努力在一定程度上缓解了新冠肺炎疫情带来的负面影响，为经济复苏奠定了金融基础。

2. 加快推动区域经济一体化进程

拓展融资渠道，加快融资速度是短期内太平洋岛国应对新冠肺炎疫情的主要方向，而推动区域经济一体化进程，为区域内国家的投资和贸易拓展空间则是太平洋岛国的一项长期外交任务。2020年，南太平洋地区经济一体化进程取得了重大进展，在经历了长达10年的谈判以及3年时间的国内立法程序后，《太平洋更紧密经济关系协定》于2020年12月13日正式生效。

南太平洋地区在经济一体化上的进展并非一帆风顺。21世纪初，南太平洋地区先后就促进地区自由贸易的《太平洋紧密经济关系协定》（PACER）和《太平洋岛国自由贸易协定》（PICTA）展开谈判。根据上述协定，发展中国家成员、小岛国及最不发达国家应当分别于2010年和2012年实现贸易自由化，太平洋岛国内部间的贸易显著增加，经济效益显著提高，贸易成本降低，就业增加。然而，在接近十年的时间里，太平洋岛国的开放程度以及经济收益都没有达到预期。2009年8月，由于太平洋岛国内部对于协定目标的实现分歧过大，澳大利亚和新西兰提议进行新一轮的自由贸易协定谈判，并将新协定命名为《太平洋更紧密经济关系协定》，该协定不仅涵盖商品和服务贸易，还包括投资、发展和经济合作。

2017年6月14日，澳大利亚、新西兰、汤加、密克罗尼西亚联邦、基里巴斯、瑙鲁、纽埃、帕劳、马绍尔群岛、萨摩亚、所罗门群岛、库克群岛、图瓦卢共13个国家签署《太平洋更紧密经济关系协定》，太平洋岛国

---

① World Bank, "World Bank Provides Additional $3.4 Million for Samoa's Fight Against COVID - 19," April 24, 2020, https://www.worldbank.org/en/news/press - release/2020/04/24/world - bank - provides - additional - 3 - 4 - million - for - samoas - fight - against - covid - 19.

② World Bank, "World Bank Support for Marshall Islands' COVID - 19 Response," April 19, 2020, https://www.worldbank.org/en/news/press - release/2020/04/20/world - bank - support - for - marshall - islands - covid - 19 - response.

中最大的两个经济体巴布亚新几内亚和斐济未签署该协定。巴布亚新几内亚认为该协定对巴新而言是净损失；斐济则表示，澳大利亚和新西兰背弃了最初以发展为导向的承诺，将劳动力流动和发展援助排除在此协定之外。[①] 由于太平洋岛国与澳大利亚和新西兰之间存在巨大的经济实力差距，对斐济和巴布亚新几内亚而言，这份看似公平的协定并未照顾到太平洋岛国的特殊国情。

加入该协定的太平洋岛国在国内立法程序上也遇到了诸多问题，考虑到经济利益可能受到的损失以及产业主导权的让渡，多数岛国在批准该协定时慎之又慎。由于进口关税是许多太平洋岛国政府收入的重要来源，随着进口关税的降低，政府将不得不寻找替代来源。《太平洋更紧密经济关系协定》的真正生效需要至少 8 个国家经国内立法程序通过。受新冠肺炎疫情的影响，为了更快打开外部市场并在澳大利亚和新西兰的帮助下推动贸易相关领域的现代化，部分国家加速了协定的审批过程。2020 年 6 月 25 日，所罗门群岛政府批准《太平洋更紧密经济关系协定》；2020 年 10 月 13 日，库克群岛作为加入该协定的第八个国家完成国内审批和立法程序，《太平洋更紧密经济关系协定》的生效进入倒计时。[②] 尽管截至 2020 年底，瑙鲁、瓦努阿图等 5 个国家仍然没有完成该协定的国内审查，但按照约定，《太平洋更紧密经济关系协定》已于 2020 年 12 月 13 日正式生效。新冠肺炎疫情给太平洋岛国带来的经济冲击一定程度上成为《太平洋更紧密经济关系协定》加速落地的催化剂，参与国都希望尽快分享区域经济一体化带来的制度红利。

封锁边境是疫情防控最重要的一环，南太平洋地区的季节工项目因为国际旅行限制被迫暂停，已经前往澳大利亚和新西兰的季节工面临失业、签证过期以及无法回国的多重困境。在疫情防控允许的前提下，尽快恢复季节工

① Wesley Morgan, "PACER Plus: A Third View," November 26, 2020, https://devpolicy.org/pacer-plus-a-third-view-20201126/.

② Cook Islands Ministry of Foreign Affairs and Immigration, "Cook Islands Ratified PACER Plus," October 13, 2020, https://www.psc.gov.ck/post/media-release-mfai-cook-islands-ratified-pacer-plus.

的工作和跨国流动是2020年太平洋岛国的另一项重要外交工作。

作为南太平洋最大的两个发达经济体，新西兰和澳大利亚分别在2005年和2008年设立《新西兰认可季节雇主计划》（New Zealand Recognised Seasonal Employment Program）和《澳大利亚季节工计划》（Australia Seasonal Worker Program），每年吸收大量来自太平洋岛国的岛民以满足本地的雇工需求。太平洋岛国由于本地市场规模较小、雇佣需求不足、工资水平较低，大量的太平洋岛民前往澳大利亚和新西兰从事劳动密集型工作，并将收入汇入国内。侨汇是库克群岛、汤加、图瓦卢、基里巴斯等小岛国的重要收入来源，部分岛国的侨汇收入甚至超过了对外出口对国家财政的贡献。① 新冠肺炎疫情极大地冲击了太平洋地区的劳动力市场，国际劳工组织的数据显示，太平洋岛国较疫情前减少了50万份工作岗位。②

从2020年年中开始，澳大利亚和新西兰开始讨论建立“跨塔斯曼泡泡”，形成闭环的国际旅行框架。随着澳新两国间“旅行泡泡”的成熟，包括斐济、纽埃、库克群岛等新冠肺炎确诊病例较少的国家都积极争取加入“旅行泡泡”，从而恢复季节工的跨国流动，保障就业和侨汇收入。对于依赖来自澳大利亚和新西兰的游客的太平洋岛国而言，放开国际旅行限制还能够使本国旅游业早日实现正常化。然而，由于2020年下半年以及2021年初新冠肺炎疫情在全球范围内出现反复，疫苗在太平洋岛国的分发和接种尚存不确定性，“旅行泡泡”的前景并不明朗。

二　建立“太平洋人道主义通道”，应对新冠肺炎疫情

新冠肺炎疫情在全球蔓延之后，世界上大多数国家采取了边境管控和内部封锁的防疫政策。太平洋岛国的国际航线和物资运输高度依赖澳大利亚和

---

① John Connell and Richard P. C. Brown, “Remittances in the Pacific An Overview,” March 2005, https: //www. adb. org/sites/default/files/publication/28799/remittances - pacific. pdf.

② 《疫情冲击亚太劳动市场　至今导致8100万人失业》，中华人民共和国商务部网站，2020年12月17日，http: //www. mofcom. gov. cn/article/i/jyjl/j/202012/20201203023860. shtml。

新西兰，2020 年第一季度，随着澳新两国相继实施国际旅行限制，整个南太平洋地区的商业航班大面积停航，商品贸易、人员流动和货物运输受到极大的影响。此时正值疫情防控的关键阶段，大多数太平洋岛国的医疗设施和医护人员远远不能满足自身的防疫需要。面对如此巨大的危机，太平洋岛国论坛主席、图瓦卢总理卡塞亚·纳塔诺（Kausea Natano）指出："新冠肺炎疫情是前所未有的全球卫生紧急事件，对太平洋地区人民的健康和安全构成了极端威胁，论坛全体成员从未像今天这样同时处于危机之中。"① 2020 年 4 月初，太平洋岛国论坛组织召开成员国外交部长会议，专门讨论应对新冠肺炎疫情的地区解决方案。经过太平洋岛国高级官员、太平洋地区组织和相关发展机构代表的讨论，太平洋岛国论坛于 4 月 8 日宣布根据《比克塔瓦宣言》（Biketawa Declaration），建立"应对新冠肺炎疫情的太平洋人道主义通道"（The Pacific Humanitarian Pathway on COVID－19，PHP－C）。

PHP－C 定位于区域协调机制，下设部长级行动小组，由太平洋岛国论坛成员国中的澳大利亚、斐济、瑙鲁、新西兰、马绍尔群岛、图瓦卢和瓦努阿图的外交部长组成，在疫情期间回应和处理成员国提出的相关请求并通过采取特殊措施保障人员和物资的跨国流动，包括敦促成员国加快医疗物资的清关速度，为医护人员和医疗设备提供包机和商业航班，帮助成员国公民返回自己的国家。

PHP－C 的运作既考虑到不同太平洋岛国的特殊国情，也注重以"太平洋外交"为基础提升与国际社会的合作水平。PHP－C 的章程强调，面对疫情带来的重大危机，人道主义通道必须充分尊重成员国自身的防疫政策，确保其预防、控制和管理新冠肺炎疫情的措施不受到干预和影响。② 另外，PHP－C 以太平洋岛国论坛为基础，充分调动区域内外资源，

---

① Pacific Islands Forum, "Pacific Islands Forum Foreign Ministers Agree to Establish a Pacific Humanitarian Pathway on COVID－19," April 8, 2020, https://www.forumsec.org/2020/04/08/pacific－islands－forum－foreign－ministers－agree－to－establish－a－pacific－humanitarian－pathway－on－covid－19/.

② PHP－C 的具体章程详见 https://www.forumsec.org/wp－content/uploads/2020/05/FAQs－on－the－Pacific－Humanitarian－Pathway.pdf。

利用现有国际组织的抗疫机制，包括世界卫生组织的“应对新冠肺炎疫情太平洋联合事件管理小组”、联合国人道主义事务协调厅的“太平洋人道主义小组”等共同应对威胁，提升太平洋岛国整体抗击新冠肺炎疫情的能力。

PHP－C建立后得到了国际社会的支持和认可。世界粮食计划署建立了新冠肺炎疫情响应机制，作为PHP－C最重要的组成部分，承担了太平洋地区的人道主义空运服务，旨在整合联合国机构、各国政府代表、区域和多边组织、非政府组织、捐助者和发展伙伴的共同资源，实施有效的人道主义响应，帮助太平洋岛国完善医疗卫生体系，保护最弱势群体，尤其是妇女、儿童、老人和残疾人士或慢性病患者，缓解疫情对其的影响。

中国是最早通过PHP－C向太平洋岛国提供医疗援助的国家。2020年4月21日，从上海起航的包机满载5万只KN95口罩和2万只防护口罩在PHP－C的保障下运抵斐济楠迪，这是太平洋岛国利用PHP－C机制实施的首次物资运输，其中45%的物资运往巴布亚新几内亚，10%的物资运往新喀里多尼亚、法属波利尼西亚和斐济，其他医疗用品根据实际需要提供给其他太平洋岛国或地区。[①] 医疗物资由中国政府和社会团体提供，此次捐助不仅表达了中国人民对太平洋岛国人民的深厚情谊，还是中国－太平洋岛国全面战略伙伴关系的重要体现。中国政府成立了190万美元的“中国－太平洋岛国抗疫合作基金”，向太平洋岛国论坛以及PHP－C提供资金支持，基金规模还在不断扩大当中。

2020年4月24日，通过PHP－C接收的第二批医疗物资抵达斐济，包括45万个医用口罩、10万副医用手套、16380套防护服、30台呼吸机和300台温度计，世界卫生组织负责分发。2020年6月29日，世界粮食计划署启动人道主义空运服务，首次将价值50万美元的医疗设备和人道

① Pacific Islands Forum, “First Delivery of Medical Supplies Arrives through the Pacific Humanitarian Pathway on COVID－19,” April 21, 2020, https://www.forumsec.org/2020/04/21/first－delivery－of－medical－supplies－arrives－through－the－pacific－humanitarian－pathway－on－covid－19/.

主义物资运往斐济首都苏瓦。[1] 2021 年 1 月，太平洋共同体联合欧盟、世界卫生组织以及世界粮食计划署签署新的融资计划，以支持库克群岛、基里巴斯、斐济、马绍尔群岛、密克罗尼西亚联邦、瑙鲁、纽埃、帕劳、巴布亚新几内亚、萨摩亚、所罗门群岛、汤加、图瓦卢和瓦努阿图等国抗击新冠肺炎疫情，减少疫情对这些国家的影响。该融资计划有多个国际组织以及超过 20 个国家和地区参与，PHP－C 将是保障这个庞大计划顺利实施的关键机制。[2] PHP－C 的建立为太平洋岛国打造了一条连接世界的桥梁，来自不同国家和各个国际组织的大量医疗用品和医疗设备源源不断地运往南太平洋地区，为当地政府和人民抗击疫情提供了巨大的帮助。

三　通过气候外交在全球治理中提升影响力

新冠肺炎疫情并没有削弱太平洋岛国在应对气候变化领域的计划和投入，参与应对气候变化的全球治理仍然是太平洋岛国外交的关键目标。2020 年 4 月 17 日，时任太平洋岛国论坛秘书长梅格·泰勒（Meg Taylor）发表了《新冠肺炎疫情与气候变化：我们必须同时应对两种危机》的文章，她在文中强调了新冠肺炎疫情与气候变化之间的相互联系，并以 2020 年 4 月的“哈罗德”热带气旋为例，说明气候变化引发的灾难可能会加剧太平洋岛国的新冠肺炎疫情。“刚刚过去的‘哈罗德’热带气旋对所罗门群岛、瓦努阿图、斐济和汤加造成了毁灭性的破坏，人民的生命财产遭受重大损失，而疫情所导致的边境关闭使得这些国家难以获取外来援助，不得不独自应对热带气旋带来的灾难”，“尽管受到新冠肺炎疫情的影响，气

① World Food Programme，“USAID Supports WFP's Response to COVID－19 in the Pacific,” June 29，2020，https：//www.wfp.org/news/usaid－supports－wfps－response－covid－19－pacific.

② World Health Organization，“Strengthening Vital Partnerships in the Pacific to Support Health Sector Responses to COVID－19,” January 25，2021，https：//www.who.int/westernpacific/about/how－we－work/pacific－support/news/detail/25－01－2021－strengthening－vital－partnerships－in－the－pacific－to－support－health－sector－responses－to－covid－19.

候变化依然是人类今天面临的最大威胁”。[①] 泰勒秘书长的文章深刻阐述了新冠肺炎疫情与气候变化对太平洋岛国形成的双重打击，并表明太平洋岛国同时应对两种威胁的决心。

（1）太平洋岛国通过气候外交持续提升在国际应对气候变化领域的影响力。2020 年 12 月 11 日，太平洋岛国论坛主办了“从凯纳基Ⅱ[②]到第 26 届联合国气候变化大会（Kainaki Ⅱ to COP 26）：太平洋岛国论坛关于紧急气候变化行动的高级别圆桌会”线上会议，此次会议的参与者除了太平洋岛国的首脑之外，还包括来自中国、美国、日本、韩国以及欧洲多国在内的外交官或者高级官员。虽然会议由于疫情原因采用了线上方式，但对太平洋岛国而言是一场重要的主场外交，气候变化则是此次主场外交的核心议题。太平洋岛国通过此次会议表达了对气候变化趋势的担忧，也向国际社会提出了自己的建议和期望。[③]

首先，太平洋岛国提出，世界各国应当反思自 2015 年《巴黎协定》签署以来在应对气候变化的政策和行动上是否做出了足够的努力。《巴黎协定》指出，各方应加强对气候变化威胁的全球应对，把全球平均气温较工业化前升高的水平控制在 2 摄氏度之内，并为把升温控制在 1.5 摄氏度之内而努力。然而，世界气象组织发布的《2020 年全球气候状况》报告指出，2020 年全球气温比工业化前升高了 1.2 摄氏度，这意味着实现《巴黎协定》

---

① Pacific Islands Forum, “COVID－19 and Climate Change: We Must Rise to Both Crises,” April 1, 2020, https://www.forumsec.org/2020/04/17/covid－19－and－climate－change－we－must－rise－to－both－crises/.

② “凯纳基Ⅱ”源于 2019 年 8 月在“第 50 届太平洋岛国论坛领导人峰会”发布的《关于立即采取气候变化紧急行动第二次凯纳基宣言》（Kainaki Ⅱ Declaration for Urgent Climate Change Action Now），该宣言强调了自然灾害和气候变化给世界各国特别是环礁岛国带来的破坏，表达了太平洋岛国对《联合国气候变化框架公约》履行情况的担忧，呼吁各国立刻采取行动应对气候变化，这是太平洋岛国截至 2020 年底发布的最全面、最坚决的气候变化宣言。

③ Pacific Islands Forum, “Forum Chair Urges Legacy Moment for Pacific and Dialogue Partners on Urgent Climate Change Action: Opening Statement by Tuvalu PM to Kainaki to COP 26,” December 11, 2020, https://www.forumsec.org/2020/12/12/forum－chair－urges－legacy－moment－for－pacific－and－dialogue－partners－on－urgent－climate－change－action－opening－statement－by－tuvalu－pm－to－kainaki－to－cop－26/.

的温控目标将十分困难。[①] 其次，太平洋岛国强调不能将新冠肺炎疫情作为推迟应对气候变化行动的借口，相反，疫情应该成为世界各国更好地应对气候变化的动力，通过更加科学的方式和多边合作共同应对气候变化。新冠肺炎疫情在全球发生以来，抗击疫情以及尽快实现经济复苏成为世界各国的政策重心，应对气候变化政策的制定、执行和监督在某种程度上被弱化，因此，太平洋岛国针对性地提出了同步应对两种威胁的建议。最后，太平洋岛国呼吁各国立刻采取行动，减少碳排放，加大对环境脆弱的发展中国家的支持。此次圆桌会是2021年"第26届联合国气候变化缔约方大会"（COP 26）召开之前的重要会议之一，鉴于美国已经在2021年2月重返《巴黎协定》，第26届联合国气候变化缔约方大会将是拜登政府首次参加气候大会，美国的参加将对全球碳排放的议程设置和谈判产生重大影响。太平洋岛国举办高级别线上会议不仅凸显了对气候变化问题的极端重视，也表明太平洋岛国正在为参加新一届的气候大会做准备，谋求在应对气候变化的全球治理中发挥更大的作用。

（2）提出《蓝色太平洋2050战略》，并建立代表太平洋岛国利益的气候变化谈判团队。太平洋岛国认为，从区域到全球的地缘政治和发展环境正在发生变化，太平洋岛国面临持久挑战。这些挑战包括：持续受到环境恶化、气候变化、自然灾害和经济冲击的影响；持续依赖援助和外部融资；贫困固化以及日益加剧的不平等；经济增长面临结构性限制，如远离主要市场、基础设施薄弱、运输成本高等。与此同时，新冠肺炎疫情导致前所未有的边境关闭进一步加剧了短期和长期的卫生、经济和社会挑战。此外，民粹主义和民族主义的兴起对多边主义构成威胁，多边框架面临解体的风险，大国竞争的加剧使全球规则和秩序受到挑战。

为了应对新的外部挑战，2020年8月4日，太平洋岛国论坛提出《蓝色太平洋2050战略》的初步构想，对国际和地区局势的判断是该战略的重

---

① World Meteorological Organization, "The State of the Global Climate 2020," April 20, 2021, https://public.wmo.int/en/our-mandate/climate/wmo-statement-state-of-global-climate.

要认识基础，而更好地应对气候变化、实现可持续发展以及维护地区安全则是该战略的主要目标。[①]《蓝色太平洋 2050 战略》是一项雄心勃勃的战略，包括应对气候变化、海洋治理、渔业、教育和经济发展等关系到太平洋岛国发展前途的重大议题，将深刻影响未来 30 年太平洋岛国的内政外交。

除了提出长远战略规划，太平洋岛国论坛秘书处在 2020 年进一步完善了气候变化谈判团队的建设，为太平洋岛国的气候外交提供了全方位支撑。为了能够在联合国气候变化缔约方大会等多边平台发出自己的声音，体现太平洋岛国的利益诉求，太平洋岛国论坛秘书处通过太平洋地区环境项目秘书处（SPREP）成立了专职处理气候变化相关国际事务的团队——太平洋地区组织委员会小组（One Council of Regional Organisations in the Pacific Team）。该团队为太平洋岛国论坛成员国在联合国气候变化缔约方大会进行谈判、筹备气候变化相关会议以及为参加其他国际会议提供支持，为气候融资相关金融公司提供咨询。

从 2020 年开始，提升太平洋岛国在第 26 届联合国气候变化缔约方大会的政治参与度成为太平洋地区组织委员会小组的首要目标。[②] 太平洋岛国论坛秘书处、太平洋地区环境项目秘书处以及太平洋地区组织委员会小组尝试在强化国家自主贡献（Nationally Determined Contributions，NDCs）、21 世纪中叶的低碳排放发展战略、气候融资的便利性、气候变化补偿、海洋 - 气候关系等重大议题上向全世界传递太平洋岛国的声音，深度参与气候变化的全球治理。

四　双边外交的发展与展望

2020 年，受新冠肺炎疫情影响，南太平洋地区的双边外交进入低谷期，

① Pacific Islands Forum, "The 2050 Strategy for the Blue Pacific Continent," August 4, 2020, https://www.forumsec.org/2050strategy/.

② Pacific Islands Forum, "International Negotiations," December 12, 2021, https://www.forumsec.org/international-negotiations/.

但是太平洋岛国在双边外交中的主动性有所提升，这主要得益于其战略价值开始获得国际社会的认可。长期以来，太平洋岛国普遍经济发展落后，远离世界政治经济中心，在国际社会上缺少话语权，针对此情况，各岛国只有联合起来才能形成合力，被国际社会重视。太平洋岛国依托太平洋岛国论坛等地区组织开展的集体外交已经成为表达自身观点、维护自身利益的重要方式。与以“地区主义”为基础的集体外交相比，太平洋岛国在大多数双边外交中都缺乏主动建构能力和议题引导能力，自身与域内外大国的综合实力差距显著、对大国的政治经济依赖较大是主要原因。

近年来，南太平洋地区最大的经济体澳大利亚与新西兰分别提出“太平洋进阶”和“太平洋重置”两大针对太平洋岛国的战略规划，美国总统特朗普在2019年5月史无前例地在白宫同时会见三个自由联系国的国家元首，中国与10个建交太平洋岛国签署了共建“一带一路”合作谅解备忘录，日本和欧洲也加大了对太平洋岛国的战略投入，太平洋岛国作为小岛屿发展中国家在历史上从未获得如此巨大的关注。大国在南太平洋地区的战略竞争为太平洋岛国在双边外交中赢得主动权，为自己争取更大利益提供了重要基础。

首先，澳大利亚依然是太平洋岛国双边外交的重点国家。2020年8月5日，巴布亚新几内亚与澳大利亚宣布建立全面战略与经济伙伴关系，提出了澳与巴新关系的六大支柱，包括强大的民主国家与稳定的未来、亲密的朋友与持久的纽带、繁荣的经济伙伴关系、促进安全与稳定的战略合作、社会与人类发展、周边与全球合作伙伴。该伙伴关系为深化双方在安全、贸易和投资、治理、发展、卫生、教育、性别平等、气候变化和机构联系等领域的合作提供了一个持久的总体框架，奠定了双边关系发展的新基础。[①] 斐济与澳大利亚达成的《斐济－澳大利亚武瓦莱伙伴关系》成为2020年双边关系

① Australia Government Department of Foreign Affairs and Trade, *Papua New Guinea-Australia Comprehensive Strategic and Economic Partnership*, August 5, 2020, https://www.dfat.gov.au/geo/papua-new-guinea/papua-new-guinea-australia-comprehensive-strategic-and-economic-partnership.

发展的指针。该协定于 2019 年 9 月 16 日由两国总理签署，旨在实现五大目标，包括：加强双方人与人之间的联系；加强双方的安全合作，应对共同挑战并维护地区安全；深化双方的经济关系，实现更大繁荣；在国际和区域问题上建立合作，在世界舞台上代表太平洋地区的利益；促进更紧密的机构联系，支持构建更具包容性的社会。① 瓦努阿图致力于将本国的《新冠肺炎疫情应对计划》、《哈罗德热带气旋响应战略》以及《瓦努阿图 2020 ~ 2023 年恢复战略》与澳大利亚提出的《复苏与伙伴关系：澳大利亚的新冠肺炎疫情响应》进行战略对接，为瓦努阿图应对疫情冲击和实现经济复苏提供帮助。②

其次，疫苗供应成为双边外交中的优先议题。随着国际旅行限制日益放松，疫苗对控制新冠肺炎疫情将起到重要作用。太平洋岛国没有制造新冠肺炎疫苗的技术和能力，只能通过海外援助或者订购获取。拓展疫苗供应渠道、从国际社会争取更多的疫苗供应成为疫情防控常态化背景下太平洋岛国优先级别最高的外交目标。2021 年 4 月 20 日，瓦努阿图联合澳大利亚、法国、日本、新西兰和英国就新冠肺炎疫苗的融资、分发和接种发表共同声明，敦促国际社会关注太平洋岛国的疫苗供应，加大对太平洋岛国的支持。③ 尽管全球疫苗提供平台 2019 年新冠肺炎疫苗实施计划 COVAX 宣布首批将向太平洋地区拨付 100 万剂疫苗，④ 但是太平洋岛国中仅有基里巴斯、密克罗尼西亚联邦、巴布亚新几内亚、所罗门群岛、瓦努阿图、斐济、马绍尔群岛、汤加、图

① Australia Government Department of Foreign Affairs and Trade, Fiji-Australia Vuvale Partnership, September 16, 2019, https: //www. dfat. gov. au/geo/fiji/Pages/fiji – australia – vuvale – partnership.

② Australia Government Department of Foreign Affairs and Trade, "Australia's Development Partnership with Vanuatu," May 28, 2020, https: //www. dfat. gov. au/publications/development/vanuatu – covid – 19 – development – response – plan.

③ "Vanuatu Partners United in Fight Against COVID – 19," Vanuatu Daily Post, April 20, 2021, https: //dailypost. vu/news/vanuatu – partners – united – in – fight – against – covid – 19/article_b9cc70b2 – a159 – 11eb – 8a4e – 831918b00a73. html.

④ Marise Payne, "Australia's Partnership with COVAX Delivers Vaccines to Our Neighbors," March 12, 2021, https: //www. foreignminister. gov. au/minister/marise – payne/media – release/australias – partnership – covax – delivers – vaccines – our – neighbours.

瓦卢在 COVAX 的支持国家列表中,[①] 其他太平洋岛国依然需要通过双边渠道获取疫苗。截至 2021 年第一季度，中国、澳大利亚、新西兰、美国等分别通过双边途径向包括斐济、所罗门群岛、图瓦卢、巴布亚新几内亚、帕劳等在内的太平洋岛国捐助了疫苗。

最后，面临大国日益增加的战略投入，太平洋岛国需要制定更加精准的外交政策。2019 年 8 月 17 日，随着美国将太平洋岛国列为“印太”战略的重要组成部分,[②] 南太平洋地区的大国竞争进入更加激烈的阶段。与此同时，中国已经与 10 个建交太平洋岛国中的 8 个岛国建立了全面战略伙伴关系，中国与太平洋岛国的关系发展在共建“一带一路”的过程中实现了质变，成为南南合作的新典范。从域内大国到域外大国，从传统援助国到新兴援助国，参与南太平洋地区事务的各个国家都有自己的合作方式、行为特点和政策目标，对于正在谋求提升国际影响力和拓展经济发展空间的太平洋岛国而言，如何制定更加符合时代要求的外交政策，将是太平洋岛国政府面临的长期考验。

① 参与 COVAX 的国家详见 https://www.gavi.org/sites/default/files/covid/pr/COVAX_CA_COIP_List_COVAX_PR_12-05-21.pdf。

② 《太平洋诸岛论坛——美国与太平洋诸岛的联系》，美国驻华大使馆和领事馆官网，2019 年 8 月 20 日，https://china.usembassy-china.org.cn/zh/pacific-islands-forum-u-s-engagement-in-the-pacific-islands-zh/。

国别与区域篇

Countries and Regions Reports

B.5

2020年瓦努阿图发展状况

韩玉平 *

摘　要：对瓦努阿图来说，2020年是极不平凡的一年。高等教育发展有了质的进步，成立了第一所国立大学；在迎接独立四十周年之前，顺利举行大选，鲍勃·拉夫曼当选为新一任国家总理;世界范围的新冠肺炎疫情对瓦努阿图的经济造成了巨大的影响，旅游业几近瘫痪；热带气旋"哈罗德"给瓦努阿图北部多岛带来严重破坏，伊苏尔火山灰使得塔纳岛农牧业损失严重。尽管经济发展受挫，但瓦努阿图在12月如期脱离世界最不发达国家行列。瓦努阿图在2020年取得了重大进步，但未来发展仍面临众多挑战：脱离世界最不发达国家后的经济社会发展挑战、新冠肺炎疫情的持续影

* 韩玉平，博士，聊城大学太平洋岛国研究中心高级研究员，聊城大学国际教育交流学院副教授。

响及气候变化带来的威胁等。瓦努阿图政府需要充分做好疫情防控常态化背景下旅游业的恢复，调整国家财政政策，以期达到经济社会的可持续发展。

关键词： 瓦努阿图 新冠肺炎疫情 自然灾害 瓦努阿图国立大学

2020年对全世界来说都是不平凡的一年，太平洋岛国瓦努阿图也不例外：2月底，瓦努阿图国立大学成立；4月初，热带气旋“哈罗德”（Harold）袭击瓦努阿图多岛；4月20日，瓦努阿图大选落下帷幕，鲍勃·拉夫曼（Bob Loughman）当选新一任总理；7月，瓦努阿图迎来了独立四十周年；11月11日，瓦努阿图发现首例新冠肺炎确诊患者；12月4日，瓦努阿图脱离世界最不发达国家名单。这些事件对瓦努阿图的社会及经济发展都具有重要的影响。

一 瓦努阿图大选

北京时间2020年4月20日下午1时，瓦努阿图大选落下帷幕。瓦努阿库党（Nanuaaku Party）领袖、资深议员鲍勃·拉夫曼作为重要候选人，以31票对21票击败前外交部长拉尔夫·雷根瓦努（Ralph Regenvanu），当选瓦努阿图新一任总理。

受到新冠肺炎疫情的影响，瓦努阿图经济支柱旅游业全面停滞，同时4月初的热带气旋“哈罗德”重创桑托岛、马洛岛、彭特考斯特岛和卢干维尔，再加上火山灰的倾泻，给瓦努阿图政府带来了巨大的挑战。因此，拉夫曼政府成立以来，把工作重点主要放在以下四个方面：第一，管理和解决新冠肺炎疫情、热带气旋“哈罗德”和塔纳岛伊苏尔火山灰倾泻带来的社会经济影响；第二，在受到热带气旋“哈罗德”影响的社区开展恢复重建工作；第三，致力于发展较为完善的卫生体系，与澳大利亚、新西兰等国达成疫情撤侨协议；第四，为国家的经济可持续发展制定长期社会经济复苏计划。[1]

同时，拉夫曼领导的新政府对该国的公民身份计划[2]进行了全面审核，并规划如何对公民身份计划进行改革，以便使政府和当地人民受益。

二　新冠肺炎疫情对瓦努阿图的影响

瓦努阿图是新冠肺炎确诊病例出现最少的国家之一，2020 年仅发现一例确诊病例，即在 11 月 11 日一名 11 月 3 日从美国回国的瓦努阿图公民在隔离期间被检测出新冠肺炎阳性。但是，为了预防新冠肺炎所采取的措施，势必会对瓦努阿图经济和社会文化生活产生影响。

1. 对旅游业的影响

多年来，瓦努阿图经济主要依靠酒店业和旅游业，旅游业占国民生产总值的 40% 以上，其中 2017 年旅游业为瓦努阿图国民生产总值贡献了 46.1%。[3] 旅游业既是瓦努阿图经济发展的引擎，为瓦努阿图提供了实现经济多元化的机会，还提供了大量的就业岗位。

近年来，瓦努阿图旅游业发展迅速。2019 年，瓦努阿图旅游部启动了《2019～2030 年瓦努阿图可持续旅游政策》（2019－2030 Vanuatu Sustainable Tourism Policy），2019 年 11 月，旅游部主办了可持续发展旅游会议。根据《2019～2030 年瓦努阿图可持续旅游政策》，瓦努阿图可持续旅游政策的总体愿景是“通过发展可持续和负责任的旅游业，保护瓦努阿图独特的环境、文化、传统和人民”。[4] 现任瓦努阿图总理、时任瓦努阿图旅游部部长鲍

① PM Loughman, “A 2020 Reflection,” *Daily Post*, December 31, 2020. https://dailypost.vu/news/pm－loughman－a－2020－reflection/article_a5c4e484－4e14－11eb－8e4e－2f3e7b734095.html.

② 瓦努阿图的公民身份计划是指通过出售该国护照以增加政府财政收入。

③ “Vanuatu Launches Plan to Attract More Foreign Tourists,” Xinhua Net, March 11, 2019, http://www.xinhuanet.com/english/asiapacific/2019－03/11/c_137886387.htm.

④ IISD, “Policy Brief: Vanuatu Launches Campaign to Support Post-pandemic Sustainable Tourism,” January 21, 2021, http://sdg.iisd.org/commentary/policy－briefs/vanuatu－launches－campaign－to－support－post－pandemic－sustainable－tourism.

勃·拉夫曼称，《2019～2030年瓦努阿图可持续旅游政策》展示出瓦努阿图正在“致力于保护我们的文化和环境资源……为子孙后代留下宝贵的资产”。①

根据全球可持续旅游理事会（Global Sustainable Tourism Council）的可持续目的地标准，瓦努阿图成为第一个制定可持续旅游政策的南太平洋国家，也是第一个接受全球可持续旅游理事会可持续旅游培训的国家，以促进该政策的执行，其中旅游培训包括为瓦努阿图旅游部雇用的第三方人员提供培训。

但是，随着新冠肺炎疫情在全世界的蔓延，为了防止疫情从国外传播到国内，瓦努阿图封锁了边境，实行限制人员入境措施，旅游业陷入瘫痪状态。

2. 对政府开支的影响

2020年1月30日，世界卫生组织宣布将新冠肺炎疫情列为国际关注的突发公共卫生事件；3月11日，世界卫生组织宣布新冠肺炎疫情已在全球“大流行”。3月12日，瓦努阿图政府发布《新冠肺炎准备暨响应预案》（Vanuatu COVID－19 Preparedness and Response Plan），随之瓦努阿图政府宣布成立国家应急合作中心（National Emergency Operations Center），并根据《2019年灾难风险管理条例》（Disaster Risk Management Act of 2019）的规定，成立卫生事件管理小组和卫生集群，协调瓦努阿图卫生部、水电等部门在疫情期间的工作。3月17日，瓦努阿图总理萨尔维宣布瓦努阿图卫生部将与其合作伙伴加强应对新冠肺炎疫情。

作为一个医疗极不发达的国家，瓦努阿图没有制药公司来生产预防、治疗新冠肺炎所需的药物，医药、医疗用品、器械以及其他的医用设备全部都靠进口。同时，政府用于对回国公民的检测、隔离等都是一笔不小的费用。为了应对新冠肺炎疫情，瓦努阿图政府削减了农业开支，优先考虑与健康相关的开支。

---

① IISD，“Policy Brief：Vanuatu Launches Campaign to Support Post-pandemic Sustainable Tourism，” January 21，2021，http：//sdg. iisd. org/commentary/policy － briefs/vanuatu － launches － campaign － to － support － post － pandemic － sustainable － tourism/.

3. 对国民日常生活的影响

2020 年 3 月 26 日，瓦努阿图总统签署全国进入为期两周的紧急状态命令，限制国际、国内的人员流动以防止病毒的流入和传播；4 月 11 日，紧急状态延长 30 天；5 月 7 日，再次延长 30 天。在瓦努阿图发现第一例新冠肺炎确诊病例后，2020 年 11 月 12 日，瓦努阿图总理拉夫曼宣布首都维拉港所在的埃法特岛封岛，停止国内一切到埃法特岛的旅行，并把国内隔离期限从 14 天增加到 28 天。[①] 这些措施都对瓦努阿图的社会和经济发展产生了较大的影响。

首先，瓦努阿图国民的收入受到极大影响。由于旅游业全面关停，许多从事旅游业的人员收入骤减或者完全失去了工作收入；由于边境关闭，瓦努阿图季节工人无法外出到澳大利亚或新西兰从事季节性采摘的工作。这两点都导致瓦努阿图很多家庭的现金收入急剧减少。

其次，新冠肺炎疫情对瓦努阿图的商业活动造成了巨大影响，尤其是在 2020 年 11 月至 12 月，瓦努阿图只有 15% 的企业开门营业，远远低于其他太平洋岛国的水平。[②] 同时，与其他太平洋岛国相比，瓦努阿图大部分企业收入大大下降，尤其是全国边境的封锁，一些原材料的运输和劳动力的流动受到限制，对企业产生了更大的影响。据“太平洋商业观察”报道，截至 2020 年底，瓦努阿图公司面临的最大困难是缺乏政府对企业的支持。“太平洋商业观察”自 2020 年 5 月对疫情影响进行跟踪调查，84% ~92% 的瓦努阿图受访者称，新冠肺炎疫情对他们的业务造成了负面影响。此外，只有 25% 的瓦努阿图受访者认为瓦努阿图能够在 2021 年恢复正常，45% 的受访者认为瓦努阿图恢复正常需要到 2022 年甚至更晚。[③]

---

① “Vanuatu Doubles Quarantine Period, Halts Domestic Travel to Efate,” *Asia Pacific Report*, November 12, 2020, https://asiapacificreport.nz/2020/11/12/vanuatu-doubles-quarantine-period-halts-domestic-travel-to-efate/.

② Pacific Trade Invest, *Pacific Business Monitor 2020 Vanuatu Focus*, http://www.pacifictradeinvest.org.cn/media/2535/vanuatu-focus-pti-pacific-business-monitor-report-2020.pdf.

③ Pacific Trade Invest, *Pacific Business Monitor 2020 Vanuatu Focus*, http://www.pacifictradeinvest.org.cn/media/2535/vanuatu-focus-pti-pacific-business-monitor-report-2020.pdf.

三　自然灾害对瓦努阿图的影响

自2011年以来，联合国大学每年发布年度“世界风险报告”，按照自然灾害的危害度、灾难易发性、现有的检测管控和应对能力等指标综合对全球国家进行评估。2011～2020年，瓦努阿图连续十年被评为全球最易受自然灾害影响的国家。[①] 2020年，瓦努阿图遭受了热带气旋“哈罗德”的袭击，同时伊苏尔火山灰倾泻也给瓦努阿图造成了巨大的影响。

1. 热带气旋“哈罗德”

2020年4月6日，热带气旋“哈罗德”以235公里/时的速度穿过瓦努阿图，并带来了暴雨，袭击了该国的桑托岛、马洛岛、彭特考斯特等7个岛屿，对十几万人的生活产生了影响，造成了巨大的经济损失。受热带气旋“哈罗德”影响最严重的地区是桑托岛南部、东南部和西部部分地区，卢甘维尔（Luganville）地区的房屋、学校遭到严重破坏，部分建筑甚至被夷为平地。[②] 在热带气旋过后的几周内，受灾最严重的卢甘维尔仍然没有水电。

同时，热带气旋“哈罗德”给瓦努阿图农业也带来了巨大损失。2020年8月15日，瓦努阿图财政部发布2020年上半年经济和财政报告，指出2020年农业预测增长率为－12.3%；农作物生产严重不足，产量预测下降15%，创近10年来最大跌幅；预测畜牧业产量将减少15%，中期增长率将为2%以上。[③]

① RUB & IFHV, *World Risk Report 2020*, https://weltrisikobericht.de/wp-content/uploads/2020/12/WRR_2020_online_.pdf.

② Sara Ferguson, “Category 5 Cyclone Haraold Hits Vanuatu,” April 6, 2020. https://www.unicefusa.org/stories/category-5-cyclone-harold-hits-vanuatu/37164.

③ 中华人民共和国驻瓦努阿图共和国大使馆经济商务处：《瓦努阿图2020年上半年经济和财政报告》，中华人民共和国驻瓦努阿图共和国大使馆官网，http://vu.mofcom.gov.cn/article/ztdy/202009/20200903003133.shtml。

2. 伊苏尔火山灰倾泻

自2020年3月开始，位于瓦努阿图塔纳岛的伊苏尔活火山开始爆发，所喷出的火山灰最高上升到2100米的高空，并往东南方向倾泻。[①] 5～8月，伊苏尔火山几个火山口持续爆发，产生了大量的火山灰，对塔纳岛的农业、畜牧业造成了巨大的损失，给当地居民的生活造成极大的不便，许多居民被迫外出躲避。

四　瓦努阿图脱离世界最不发达国家行列

最不发达国家又称最低度开发国家和未开发国家，是联合国经济及社会理事会发展政策委员会根据人均收入、人力资产指数和经济脆弱性指数这三项资格标准认定的社会、经济发展水平以及人类发展指数最低的一系列国家。这些国家在可持续发展方面面临严重的结构性障碍，被全球公认为维持人类和社会发展需要奋斗的国家。为了促进它们的发展，国际社会对这些国家特别关注。它们有权获得国际资助，例如获得发展资金、贸易和市场准入、技术转让和技术援助。联合国经济及社会理事会发展政策委员会每三年审查一次最不发达国家名单。一旦一个国家连续两次达到一定标准，委员会就建议联合国经济及社会理事会考虑让该国脱离这一名单。自1971年设立最不发达国家类别至2020年11月，只有5个国家能够脱离这一名单。

2020年12月4日，联合国宣布瓦努阿图已经从最不发达国家名单中“毕业”，成为自1971年以来第六个取得这一里程碑成就的国家。联合国秘书长古特雷斯在一份声明中表示，这次“毕业”是“经过多年努力取得的来之不易的可持续发展成果的见证”。[②]

脱离最不发达国家行列将给瓦努阿图带来一系列的利益。

---

① https：//www. volcanodiscovery. com/yasur/news/103980/Yasur－volcano－Tanna－Island－Vanuatu－minor－ash－emissions. html.

② UN，“Vanuatu Graduates from List of Least Developed Countries，” December 4，2020，https：//news. un. org/en/story/2020/12/1079252.

第一，脱离最不发达国家名单有助于改善瓦努阿图的国家形象，提升瓦努阿图的国家信誉，吸引更多的外国直接投资。同时，发展中国家的身份也将帮助瓦努阿图通过主权债券从全球市场募集资源，而私营部门也可以从全球金融市场获得资金。

第二，瓦努阿图可在援助方面获得更大的灵活性，包括更多地使用一般预算资助，以及获得更广泛的商业和优惠贷款，这为瓦努阿图推进改革、改进财政管理和促进经济广泛增长提供了机会。

第三，瓦努阿图将可获得更多的气候融资。尽管脱离最不发达国家名单的国家无法获得针对最不发达国家的气候融资，但可以通过直接获得气候基金的认证来证明瓦努阿图国家系统健全，从而使国际社会对瓦努阿图更有信心。

五　瓦努阿图高等教育发展

2016 年，瓦努阿图政府通过了《2016～2030 年人民计划》，承诺进一步发展瓦努阿图的高等教育，并创建一所具有英语和法语双语教学的国立大学，以促进该国年轻人接受高等教育。[①] 此后的几年中，瓦努阿图政府官员在多个场合也表示，瓦努阿图需要建设自己的大学。2018 年 8 月，瓦努阿图教育与培训部部长让－皮埃尔·尼路阿（Jean-Pierre Nirua）指出，“瓦努阿图需要建设自己的大学来提高人力资源的竞争力。尽管瓦努阿图学生可以申请到国外接受高等教育，但如果瓦努阿图有自己的大学，学生们不必远离自己的家庭就可以上大学。政府最好投资建设自己的大学，而不是把钱花到国外去，这才是在全球竞争中获取成功的正确方式”。[②] 2019 年 12 月 5 日，

① Government of Vanuatu, “Vanuatu 2030, The People’s Plan,” https://www.gov.vu/images/publications/Vanuatu2030 – EN – FINAL – sf.pdf.

② Anita Roberts, “Vanuatu Needs Its Own University: Minister,” *Vanuatu Daily Post*, August 23, 2018, https://dailypost.vu/news/vanuatu – needs – its – own – university – minister/article_784949ba – 7d58 – 5cd5 – 99db – 94061ec8ff80.html.

瓦努阿图颁布了首部《国家人才发展计划》，再次强调指出建设一所综合国立大学的重要性，以保障瓦努阿图本土的大学教育、职业教育与培训能够满足国家发展对人才的需要。2019 年 12 月 17 日，瓦努阿图议会一致通过了设立综合性国立大学的法案。

2020 年 2 月 29 日，瓦努阿图国立大学正式揭牌，总共有 330 多名学生参加 2020 年课程，专业为经济学和社会管理学、旅游和酒店管理学、经济学和社会科学以及太平洋岛屿领土管理和发展。[①] 2020 年 9 月 1 日，瓦努阿图教育与培训部部长让 - 皮埃尔 · 尼路阿就任瓦努阿图国立大学第一任校长。自成立以来，瓦努阿图国立大学逐步合并了国内现有的瓦努阿图教师教育学院、瓦努阿图理工学院及其他几所学校和培训机构。但总的来说，瓦努阿图国立大学目前设施简陋，能容纳的学生人数有限，仅有的电教室为新喀里多尼亚政府与法国政府捐赠；同时，瓦努阿图国立大学的学科设置单一，不能满足瓦努阿图国家发展的需要。

瓦努阿图国立大学成立后，其高等教育的注册人数将会增长，将大大提高瓦努阿图的高等教育水平。但总的来说，瓦努阿图国立大学目前培养层次较低，提供的主要还是专科层次、本科层次和部分硕士层次的教育，如该大学的重要组成部分瓦努阿图教师教育学院 2019 年 2 月才获得学士学位授予权，现在仅提供专科和本科层次的教育。

六　瓦努阿图面临的挑战

2020 年，尽管面临新冠肺炎疫情及热带气旋“哈罗德”和伊苏尔火山爆发、火山灰大量倾泻带来的挑战，但瓦努阿图国家发展仍然取得了巨大进步：不仅脱离了最不发达国家行列，而且拥有了自己的国立大学，采取了有力措施对新冠肺炎疫情进行了管控。但是，作为一个刚刚脱离最不发达国家

① “Vanuatu National University Launched,” *Vanuatu Daily Post*, March 1, 2020, https://dailypost.vu/news/vanuatu-national-university-launched/article_75020d12-5c03-11ea-bd4e-af2068057150.html.

行列的太平洋小岛国，瓦努阿图仍然面临经济社会发展等一系列挑战。

1. 经济社会发展面临的挑战

2020 年，瓦努阿图遭受新冠肺炎疫情、“哈罗德”超强热带气旋和火山灰倾泻等多重冲击，经济明显下降，国内生产总值萎缩 4.1%。[①] 瓦努阿图经济以小农经济为主，支柱产业为渔业、离岸金融和旅游业，经济发展极易受到外部因素的影响。同时，随着瓦努阿图脱离世界最不发达国家名单，各种国际援助可能会大大减少，从而导致国家财政收入减少，这将会给瓦努阿图经济和社会发展带来一系列的问题，如政府缺少资金扩大公共服务，无法加强在基础设施建设方面的投资，等等。

2. 新冠肺炎疫情的挑战

首先，由于新冠肺炎疫情的持续蔓延，瓦努阿图全境处于封闭状态，旅游业持续瘫痪。瓦努阿图旅游局采取了一系列措施，如 2020 年 3 月瓦努阿图旅游业停摆以来，瓦努阿图旅游局两次向全世界发出倡议，口号是“我们会使瓦努阿图为您保持美丽（We'll Keep It Beautiful for You.）”“我们为您保留一个景点（We're Saving You a Spot.）”,[②] “希望新的活动能在当前疫情结束后帮助复苏旅游业增长势头，保持瓦努阿图的活力，使之成为游客首选旅游目的地”[③]。同时，根据全球可持续旅游理事会的可持续目的地标准，瓦努阿图成为第一个制定可持续旅游政策的南太平洋国家，也是第一个接受全球可持续旅游理事会可持续旅游培训的国家，这将促进瓦努阿图旅游业的恢复与发展。但是，由于疫情的未知性，全球疫情何时能够结束、各国边境何时能够重新放开都是未知的状态。

其次，新冠肺炎疫情对瓦努阿图商业活动造成的巨大影响将持续存在。

---

① 《瓦努阿图概况》，中华人民共和国驻瓦努阿图大使馆商务处官网，http://VU. mofcom. gov. cn/anticle/ddgk/200203/20020300009807. shtm/。

② https://www. adnews. com. au/campaigns/vanuatu - promises - we - ll - keep - it - beautiful - for - you - while - travel - is - restricted.

③ Policy Brief: Vanuatu Launches Campaign to Support Post-pandemic Sustainable Tourism, http://sdg. iisd. org/commentary/policy - briefs/vanuatu - launches - campaign - to - support - post - pandemic - sustainable - tourism/2021 - 04 - 20.

由于全国边境的封锁，原材料的运输、生产成本的增加以及政府对企业支持不足继续成为制约瓦努阿图企业发展的因素。同时，由于新冠肺炎疫情的持续，澳大利亚和新西兰两国针对包括瓦努阿图在内的太平洋岛国推出的“太平洋季节性劳工计划”的取消，在很大程度上减少了一部分瓦努阿图人的现金收入。

3. 气候变化带来的挑战

气候变化打破了全球环境的平衡，使自然灾害频发。越来越多的科学研究证明，海洋表层较热的水流引发的热对流能量将刺激产生更具威力的热带气旋。① 气候变化对瓦努阿图产生的最大影响就是近几年热带气旋的增多。作为世界上最容易遭受自然灾害的国家之一，瓦努阿图近年来多次遭受热带气旋的袭击，造成了巨大的损失。对此，瓦努阿图政府应当加强在气候方面的国际合作，提高本国的防灾、减灾能力。

① Al Gore, *Un Inconvenient Truth: The Planetary Emergency of Global Warming and What We Can Do About It*, Emmaus: Rodale Books, 2006.

B.6
2020年斐济经济、政治、外交发展评析

杨鸿濂　赵嘉琦　赵少峰*

摘　要：　在2018年斐济大选中，姆拜尼马拉马政府以微弱优势险胜获得独立组阁权，由于反对党无法在关键法案的推进中对执政党造成威胁，执政党可以完全按照自身意愿制定策略。这也从侧面激发了斐济国内主要的反对党——社会民主自由党内部矛盾的爆发及重组。中斐两国在疫情期间加强了防疫抗疫、警务以及贸易等方面的合作，但中国投资者及侨民的大量流失对斐济疫情防控常态化下的经济发展仍然是一个重创。美国特朗普政府执政后期，在斐济国内经济形势压力逐步加大的前提下，一个更加激进的"印太"战略也成为影响斐济政治、外交走向的重要因素。

关键词：　斐济　政治　经济　外交　中斐合作

新冠肺炎疫情对全世界都造成了巨大的影响，而对于斐济等经济体量较小且经济发展严重依赖旅游业的南太平洋岛国而言，全球性的旅行禁令导致其国内经济出现了结构性的问题。旅游业的停滞使斐济 2020 年经济遭受重

* 杨鸿濂，南太平洋岛国亚洲研究院研究员、秘书长，聊城大学太平洋岛国研究中心特约高级研究员，《斐济日报》总编辑；赵嘉琦，枣庄学院外国语学院英语专业学生；赵少峰，博士，聊城大学太平洋岛国研究中心教授，博士生导师。

创，由于斐济经济增长缓慢，资金储备缺乏，且政府在制定经济发展策略上存在缺陷，疫情发生后政府只能通过大幅借债来维持日常开支。虽然斐济政局仍旧稳定，但经济的下滑导致失业率急剧上升、国内产业发展出现缺口，导致治安状况恶化、投资大幅降低。经济疲软也使执政党在议会中处于被动，在即将迎来2022年大选之际，经济重建工作是执政党面临的严峻考验。重组后的社会民主自由党（以下简称社民党）更加具有竞争力，青年派领袖的涌现使反对党获得了更多的机会，议会平添了更多变数。

一　2020年斐济经济发展评析

2020年，斐济经济严重衰退，诺玛（Knoema）全球数据图谱分析平台数据显示，2020年斐济国内生产总值仅有39.3亿美元[①]，全年实际经济增长率为-21.7%[②]，不仅低于2020年初斐济储备银行预期的1.7%的增长率[③]，甚至低于亚洲开发银行（以下简称亚行）在2020年9月预估的-19.8%的增长率[④]。2020年斐济支柱产业旅游业全面停滞，到2020年9月，抵斐游客人数累计减少了78.6%[⑤]。旅游业及其相关产业的断崖式下跌也导致了2020年劳动力市场急剧恶化，斐济失业率从2019年的

---

① https://knoema.com/search? query = fiji% 20gdp&pageIndex = &scope = &term = &correct = &source = Header&origin = cn. knoema. com.

② "Annual Report—August 2019 - July 2020 Report," Reserve Bank of Fiji Parliament Paper NO. 55 of 2020, December 11, 2020, p. 16, https://www. rbf. gov. fj/wp - content/uploads/2020/12/RBF - August - 2019 - to - July - 2020 - Annual - Report. pdf.

③ Pratap Ritika, "RBF Forecasts The Economy To Expand By 1.7%," FBC News, February 2, 2020, https://www. fbcnews. com. fj/business/rbf - forecasts - the - economy - to - expand - by - 1 - 7/.

④ "Economic Indicators for Fiji," https://www. adb. org/countries/fiji/economy.

⑤ Koya Faiyaz, "Hon. Minister Faiyaz Koya's Speech for The Taveuni Tourism Association," Ministry of Commerce, Trade, Tourism & Transport Website, November 7, 2020, https://www. mcttt. gov. fj/publications - resources/speeches/minister/hon - minister - faiyaz - koyas - speech - for - the - taveuni - tourism - association/.

4.5%上升至13.35%。① 据亚行报告及国际劳工组织报告，占全国总人口50%以上的青年群体失业率从疫情前的18%飙升至约37%。② 2020年经济下降主要体现在食宿服务、批发和零售贸易、运输和储存、金融与保险以及建筑业。严重的经济衰退与预期的全球经济萎缩、疲软的国内需求以及低迷的行业表现是相符的。

截至2019～2020财年末，政府总债务占GDP的65.2%，高于上一财年的49.3%，原因是赤字增加。受商业（－5.1%）、工业（－11.0%）和其他（－7.0%）用户的较低需求推动，2019～2020财年的电力消耗下降了4.7%。由于需求低迷，年发电量在上一财年增长了3.7%之后，同期下降了6.7%。尽管如此，国家整体电力结构有所改善，2019～2020财年使用可再生能源发电占总发电量的56.5%，相比上一财年的55.2%有所增加。2019～2020财年斐济国内水泥销售下降9.6%，建筑业表现低迷。此外，同期建筑业新增贷款下降了36.6%。同期二手车和新车登记量分别下降56.7%和36.7%。技术问题、电力供应限制和新冠肺炎疫情导致的相关供应链中断，2019～2020财年黄金产量下降8.9%，为34254盎司。但疫情导致全球趋向黄金避险，单位价格的提升使斐济黄金出口增长了16.4%。因产量持续下降且国外需求持续走低，木材行业业绩不佳。松木供应量下降5.7%，为377762吨。木片和锯材产量分别下降16.3%和18.2%，为250465吨和22837.2立方米。红木产量也下降了25.2%，为15150.4立方米。曾为斐济经济支柱产业的制糖行业表现尚佳，2019年收获甘蔗1806379吨，产糖168702吨。甘蔗和蔗糖的产量分别增长6.5%和5.3%。2020年，斐济在总计1141964吨的甘蔗中提取蔗糖102037吨。增长的原因是拉拉瓦伊和兰巴萨镇磨机的效率有所提高，且

① https：//knoema.com/search? query = fiji + unemployed + rate&pageIndex = &scope = &term = &correct = &source = Header.

② "Fiji Youth Unemployment Rate Rising Amid COVID－19 Pandemic-Report," Radio New Zealand (RNZ), October 10, 2020, https：//www.rnz.co.nz/international/pacific－news/428006/fiji－youth－unemployment－rate－rising－amid－covid－19－pandemic－report.

停工有所减少。①

在2020年前两个季度内，斐济储备银行保持了物价稳定并且将外汇储备维持在一个相对平稳的水平，截至2020年10月30日，斐济的外汇储备为22亿美元。尽管来自旅游业的收入大幅减少，但政府从外部贷款中获取的资金使外汇储备水平超过了三个月的国际基准水平。此外，来自斐济国民的海外亲属及朋友的赠予汇款额有所增加，2020年10月，汇入汇款总额为6900万美元，为1993年以来每月汇款的历史最高水平。2020年9月，通胀率达到-3.2%的高点。次月，在“卡瓦”（Kava）、含酒精饮料、食品及燃料价格下跌的带动下，通胀率降至-2.9%。但由于全球石油价格下跌，关税和税费减少以及当前疲软的经济环境，通货膨胀压力可能会一直保持至2021年中期。② 2020年12月发生的“亚萨”热带气旋更是给斐济经济带来了恶劣的影响。强气旋导致全国共有6184栋房屋被部分破坏，2141栋房屋被完全摧毁，受灾民众达139000人，经济损失总计在5亿美元左右。③

斐济经济在2020年大幅下滑除了受自然灾害以及新冠肺炎疫情的影响外，政府在经济方面的短视政策同样有不可推卸的责任，主要体现在以下几点。

第一，斐济政府的政策失误导致疫情前经济发展已陷入瓶颈期。自2016年斐济为了达成年税收29亿斐济元的目标，正式开始将旅游业综合税收从15.5%增加到25%，④ 此后斐济旅游业便开始丧失与同类旅游目的地国家的竞争主动权。综合税收中包含了原有的增值税、中转服务税、离境税以及增设的环境税等。此外，消费税、进口税的提升，也导致旅游相关产品被迫提价。时任斐济工贸和旅游部部长法亚兹·科亚（Faiyaz Koya）表示，对

① “Annual Report—August 2019 - July 2020 Report,” Reserve Bank of Fiji Parliament Paper NO. 55 of 2020, December 11, 2020, pp. 16 - 21, https://www.rbf.gov.fj/wp-content/uploads/2020/12/RBF-August-2019-to-July-2020-Annual-Report.pdf.

② “Financial Stability Review,” The Reserve Bank of Fiji (RBF), October 2020, p. 7, https://www.rbf.gov.fj/financial-stability-review-2020/.

③ Talei Fonua, “Cyclone Yasa Damage Costs Hit $500m: Seruiratu,” *Fiji Sun*, February 13, 2021, https://fijisun.com.fj/2021/02/13/cyclone-yasa-damage-costs-hit-500m-seruiratu/.

④ 《背负29亿斐币重任，斐济税收出新政》，《斐济日报》2016年6月25日，第9版。

斐济旅游业的定位是将斐济打造成一个高端的旅游目的地，但斐济并非能够为高端游客提供物有所值的服务。① 从业人员服务意识差、缺乏培训和技能、基建的缺失等软硬件的劣势使斐济失去了往日的吸引力。由于旅游业的成本日趋增加，建筑材料、本地供应的生鲜甚至人工成本都出现溢价现象，这直接导致了斐济在旅行开支方面处于绝对劣势地位。数据显示（见表1），自2016年起，除2019～2020年有较大增幅外，斐济入境游客增速较低，平均年增长率仅有2%～3%。结合在此期间抵斐邮轮数量暴增的因素，占据消费主体、停留周期较长的航班型游客事实上有所减少的。为了促进旅游业的发展，政府在2017～2020年的国家预算中不断给予旅游业高额的宣传费用及拨款。但从最终结果来看，这种高投入拉低了旅游业的净收入，而且将行业拖入一个不断加大投入以期获取高额回报的怪圈。国家拨款越多，旅游业需要达到的目标便越高，整个行业被寄予厚望。所以当全球疫情失控导致斐济旅游业崩溃后，政府先期的投入便无法收回，进而拉低了斐济经济整体的表现。

表1　2010～2020年斐济入境、离港游客人数和旅游业收入统计

单位：人次，百万斐济元

年份	入境人数	离港人数	旅游业收入
2010年	631868	625779	—
2011年	675050	667729	—
2012年	660590	652502	—
2016年	792320	756288	1602.9
2017年	842884	800441	1924.3
2018年	870309	831639	2010.3
2019年	894389	863518	2065.4
2020年	146905	163151	—

资料来源：斐济统计局，https://www.statsfiji.gov.fj/index.php/statistics/tourism-and-migration-statistics/visitor-arrivals-statistics，https://www.statsfiji.gov.fj/statistics/tourism-and-migration-statistics/tourism-earnings-fjd-million26.html。

① Lal Rachna, "Tourism Industry Concerned About Fiji Becoming An Expensive Destination," *Fiji Sun*, June 21, 2016, https://fijisun.com.fj/2016/06/21/tourism-industry-concerned-about-fiji-becoming-an-expensive-destination/.

第二，国有企业斐济航空投入过于盲目，疫情导致公司陷入困局。在疫情蔓延之时，最先遭受打击的便是斐济航空。斐济航空由澳大利亚人于1951年创办，前身为太平洋航空。2012年为了巩固国家航空的地位并扩大国家知名度更名为斐济航空。[①] 2018年，斐济航空加入由澳洲航空主导的寰宇一家航空联盟。斐济政府拥有51%的股份，澳洲航空拥有46.32%的股份，剩余2.68%的股份由新西兰航空和基里巴斯、瑙鲁、萨摩亚、汤加等国政府共有。[②] 其航线以覆盖南太平洋岛国为主。2019年，斐济航空取得了不错的业绩，截至同年12月31日，盈利2760万美元。[③]

由于此前斐航一直处于较好的经营状态下，政府希望斐航能够为国家财政赚取更多的利润，所以不断加大对斐航的投资。在斐济航空的机队中，有3架空客A330－200为新购买，20%的预付款从斐济国家公积金（FNPF）中支付，其余80%从德国商业银行借贷，贷款将在10年内还清。在外岛运营的小型机中，有2架ATR 72－600（12年机龄）和4架维京人“双座水獭”小型机。这些资金大部分为10年期贷款。[④] 2020年这些盲目投资的隐患开始出现负面影响。于2018年逐步接收的波音737Max客机由于坠机事件而大面积停飞，斐航不得不通过租借其他型号飞机来弥补运力不足的情况，甚至有时需要使用空客A330来提升运力。但此前斐航因为在南太地区处于垄断地位，过高的定价使上座率并不高。其运营成本一直居高不下。尤其是在大韩航空退出斐济市场后，额外收费的增加导致游客逐步减少。香港—楠迪航线在疫情前便长期出现半座的情况。2020年5月，斐航要求以政府信

① “Our History—Six Decades of Flying To Fiji,” Fiji Airways, https://www.fijiairways.com/our－history/.

② Nevil Gibson, “Air Pacific Reverts to Original Fiji Airways Name,” *National Business Review*, May 15, 2012, https://www.nbr.co.nz/article/air－pacific－reverts－original－fiji－airways－name－wb－118735.

③ Naikaso Filipe, “Fiji Airways Records $62.1m Profit,” FBC News, August 22, 2020, https://www.Fbcnews.com.Fj/business/fiji－airways－records－62－1m－profit/.

④ Turaga Semi, “AG Gives a Summary About the Number of Aircraft with Fiji Airways,” Fiji Village, September 3, 2020, https://www.fijivillage.com/news/AG－gives－a－summary－about－the－number－of－aircraft－with－Fiji－Airways－4xf8r5/.

用做抵押为斐航提供 4.55 亿斐济元担保。[①] 政府 2020 年赤字的大幅增长，也和斐航有直接关系。

第三，国家产业布局过于单一，基础产业农业缺乏动力，导致国内应急能力差。受限于国土资源，斐济形成了以旅游服务业为主，渔业、木材等原材料粗加工为辅的单一经济结构，2019 年旅游业对国内生产总值的总体贡献份额占到 40%。[②] 在过去数年间，执政党意图推进的经济改革受制于技术和经验，在基建、通信、市场等方面形成了对澳、新等海外发达国家的重度依赖。另外，一些企业主把控农产品、日用品及工业原料进出口等经济命脉，为了在斐济获取更多的经济利益甚至政治目的而利用各种渠道对国内经济改革进行阻挠，干预国内基础产业发展方向。斐济目前农业产品、生活日用品等均需大量从国外进口。斐济统计局数据显示，斐济进口额长期居高不下，使其在对外贸易中一直保持逆差状态（见表 2）。疫情发生后，这种维持日常生活的必需品进口成为使斐济债台高筑的重要原因。作为热带海岛国家，国民日常所需的饼干、果汁、乳制品等大部分需要进口，这都是忽视农业的后果。斐济作为体量较小的经济体，且土地问题受到酋长制度掣肘，政府也尚无有效手段制衡垄断集团，这些都阻碍了斐济的农业发展。2019 ~ 2020 财年，政府给予旅游业 2980 万斐济元的市场推广基金，但仅为全国农业普查拨款 450 万斐济元，另外有 90 万斐济元拨给了农业企业。[③] 这种失衡的产业发展策略，使政府饱受诟病。在 2020 ~ 2021 财年斐济政府预算案中，执政党仍然大力扶持旅游业、商业和工业，在诸多帮扶政策上都有很大的倾向性。

---

① Deo Dhanjay, "Government to Guarantee Fiji Airways Loans Totaling $455 Million," Fiji Village, May 25, 2020, https://www.fijivillage.com/news/Government-to-guarantee-Fiji-Airways-loans-totaling-455-million-58r4fx/.

② https://knoema.com/atlas/Fiji/topics/Tourism/Travel-and-Tourism-Total-Contribution-to-GDP/Contribution-of-travel-and-tourism-to-GDP-percent-of-GDP.

③ 杨鸿濂：《斐济 2020 ~ 2021 财政预算案，绝地求生 or 画饼充饥?》，中新社华舆，2020 年 7 月 21 日，http://apps2.newsduan.com/newsyun/HuaMeiJingXuan/qt/FJRB/20200720/152517.html。

表 2　2014～2020 年斐济商品贸易统计

单位：斐济元

年份	国内	再出口	出口总量	进口	贸易差额
2014	1105332	1196826	2302158	5012583	－2710425
2015	1150969	908253	2059222	4756824	－2697602
2016	1136092	794767	1930859	4820066	－2889207
2017［p］	1188724	846883	2035607	4963774	－2928167
2018［p］	1193191	926775	2119966	5696051	－3576085
2019［p］	1177351	1051467	2228818	6010521	－3781704
2020［p］	1143125	648832	1791957	3753224	－1961267

注：［p］表示为 1 月至 9 月数据，为临时数据。因四舍五入，个别数据略有出入，此处维持原统计数据，不做修改。

资料来源：斐济统计局，https：//www. statsfiji. gov. fj/index. php/statistics/economic－statistics/merchandise－trade－statistics。

第四，中国投资者的流失导致海外投资发展后劲不足。自 2019 年初，移民局加大了对签证申请人的审查力度。从 2019 年 1 月起，大部分来自中国的投资签证申请人均称受到了更加严格的审核，多数申请人因投资额度不足或手续不全抑或产业不符等理由被拒。在斐济优先党上一个任期内，斐济投资签证常规门槛只有 5 万斐济元，但在 2019～2020 年，有部分申请人尽管投资额度数倍于此但仍然被拒签。斐济当地移民中介机构表示，2020 年签证申办压力明显加大，除与斐济相关部门有合作的大型中资国企以外，中资企业的工作签证及投资签证大概率会被拒。为保护本地就业率，政府规定翻译类、会计类岗位必须由本地人担任。但事实上大部分本地员工无法承担类似的工作，这种两难的境地导致中国投资者对斐济丧失信心，进而减少投入或完全离开。

2020 年公布的全新移民法修正案中，斐济政府再度将海外移民窗口缩紧。斐济总检察长艾亚兹·赛义德－凯尤姆（Aiyaz Sayed-Khaiyum）提交的法案表明，斐济政府在未来推出一套全新的类似澳、新的绿卡制度，所有工作签证、投资签证的持有人可在 10 年内住满 5 年后申请成为绿卡持有人，绿卡有效期为 5 年。而该绿卡持有人需额外在斐济住满 10 年后（即累计合法居留 15 年后）才可申请成为斐济公民。该法案规定，在法案发布的两天前，即 9 月 1 日起，所有尚未递交入籍申请表的申请人都须按照新规定来执行。在入籍的硬性规定上，还增加了对英语的要求，这无疑又增加了中国投资者入籍的难度。虽然这一法案至 2020 年底仍未有定论，但由于移民政策收紧已成既定事实，大批中国投资者选择离开斐济。截至 2021 年 2 月，外国投资额下降 40%。①

二　2020年斐济政治发展评析

在斐济 2018 年 11 月举行的大选中，共有 234 名候选人分属 6 个政党参选，只有拿到超过 50% 多数席位的政党才能获得独立组阁权。姆拜尼马拉马领导的斐济优先党（以下简称优先党）仅以 2000 余票的优势赢得 50.2% 的选票，优先党在议会中获取 27 个席位、独立组阁，但相比 2014 年大选减少了 5 个席位。社会民主自由党（以下简称社民党）仍旧为最大反对党，在 51 席的议会中占据 21 席，相比 2014 年增加了 6 个席位。毕曼·普拉萨德领导的国家联盟党（以下简称联盟党）也略有进步，获得了 3 个席位。团结斐济党、希望党和斐济工党未能获得进入议会的资格。②

大选获胜后，由于斐济裔议员缺乏执政经验，印裔斐济人逐步掌握政府的核心部门，而部分政府官员的腐败行为让执政党饱受争议。由于优先党仍然能够依靠多数席位在议会通过大部分政府法案，所以在 2019 年稳住阵脚后，开始挤压反对党的生存空间，这也导致社民党爆发了严重的党内斗争并最终改组。在新冠肺炎疫情期间，国家经济遭受重大打击，这也导致斐济国内政治生态发生了变化。社民党的改组使政坛的乱局更加复杂，较小的党派

① Nanuqa Josaia, "Foreign Investments Forecast to Drop by 40 Percent," FBC News, February 10, 2021, https://www.fbcnews.com.fj/business/foreign-investments-forecast-to-drop-by-40-percent/.

② Saneem Mohammed, "2018 General Election Final Report By Supervisor of Election," Fiji Elections Office, January 10, 2019, https://www.feo.org.fj/wp-content/uploads/2020/10/Joint-Report-EC-SOE-ecopy-compressed.pdf.

开始试图增加存在感，在无事实依据的情况下抨击执政党并大开空头支票成为拉拢人心的主要手段。政治变化主要体现在以下几个方面。

首先，经济发展乏力导致执政党压力陡增，印裔斐济人逐步占据国家的主导地位。由于内阁应对新冠肺炎疫情时在经济方面毫无建树，反对党开始抓住机会抨击执政党的政策。2020 年反对党在议会常规会议中提出成立斐航运营情况调查小组，后被总检察长凯尤姆驳回。凯尤姆坚称斐航处于健康的运营状态下，与反对党宣扬的“斐航事实上已破产”的论调截然相反。[①] 总理姆拜尼马拉马也在议会宣称斐航的财务是完全公开的。但以疫情发展情势来看，斐航短期内无法偿还海外或 FNPF 的贷款。以基里巴斯为例，从其首都塔瓦拉前往东部圣诞岛需要乘坐斐航班机经由楠迪转机，虽然民众对斐航的高票价多次抗议，但事实上在各岛国无力拥有属于自己的交通运输公司之前，仍然要对斐航保持这种过度依赖。斐济作为事实上的南太平洋经济、政治核心国家，斐航在国家与各岛国的合作与对话抑或是进出口贸易谈判中贡献了力量。

在内阁层面，目前斐济土著裔担任部长（含总理）职务的议员有 7 人，助理部长 3 人；印裔斐济人担任部长（含总检察长）职务的议员有 6 人，助理部长 6 人。在人数上二者大致平衡，但大部分核心部门如司法、经济、商业、贸易、旅游、运输、教育等由印裔斐济人担任部长。尤其是 2020 年疫情发生后，减贫、渔业和林业等部门表现欠佳，印裔斐济人掌控的部门获取了更多的预算分配权。但腐败仍然是政府普遍存在的现象，总检察长凯尤姆也在 2020 年对独立的腐败审查部门给予了更多的权限，意图整顿政治。虽然在某些部门内，印裔斐济人部长并未出现重大失误或不良行为，但总检察长凯尤姆权力过于集中仍然激发了部分土著斐济人的不满。新西兰惠灵顿维多利亚大学太平洋政治专家约翰·弗雷恩克尔认为，“凯尤姆是事实上的

① Narayan Vijay, Danford Iva, “AG Concerned About The Irresponsible Comments About Fiji Airways,” Fiji Villiage, August 21, 2020, https://www.fijivillage.com/news/AG-concerned-about-the-irresponsible-comments-about-Fiji-Airways-f4r5x8/.

总理——虽然他没有获得总理头衔，但他一直是斐济政坛的关键人物”。[①] 总理姆拜尼马拉马自上任初期就将解决民族矛盾作为首要问题来处理，近些年斐济也确实缓和了较为紧张的民族冲突，但双方经济上的不平等以及减贫工作的不作为或是新一轮民族矛盾激化的导火索。

其次，社民党2020年经历了党内分裂势力离开的阵痛，改革派领袖的涌现或可带来新机遇。2020年4月，斐济选举办公室以社民党在2020年6月举行的年度大会选举结果无效为由，宣布党主席罗·飞利浦·图伊萨沃（Ro Filipe Tuisawau）和副主席安迪·丽缇娅·奇沃尼巴拉维（Adi Litia Qionibaravi）无权代表社民党工作。[②] 之后社民党创始人、前总理卡拉塞去世，这对该党派又是一个沉重的打击。斐济三大传统部落之一布雷巴萨加（另两个是昆布那和托瓦塔）的领袖——地位超然、被誉为“斐济公主”的社民党前党魁罗·泰木木·凯帕（Ro Temumu Kepa）也宣布将直接退出2022年大选。[③] 老一代领导人逐步退出舞台，但其党内的保守派政客仍然试图阻挡改革的步伐。作为保守派的代表，兰布卡一系的小组会议任命了安迪·丽缇娅·奇沃尼巴拉维为秘书长，以琳达·塔布雅（Lynda Tabuya）和阿塞里·拉卓卓（Aseri Radrodro）等为首的改革派会议则任命了艾米丽·杜伊图图兰卡（Emele Duituturaga）为秘书长。而后双方发生了激烈的争执，保守派甚至一度将党派办公室反锁、以扣留党派公章等作为威胁。随后斐济选举办公室以违反政党法为由停止社民党活动60天。之后，瑞瓦省大酋长拉图·伊佩尼撒·达空鲍当选党主席，并表示将致力于加强对党派内部

---

① Faa Marian & Walsh Michael, “Fiji's ‘De Facto PM’ Aiyaz Sayed-Khaiyum Named In Inquiry Into 1980s Bombings,” ABC News, November 29, 2020, https://www.abc.net.au/news/2020-11-29/fiji-politician-aiyaz-sayed-khaiyum-named-in-bombings-inquiry/12926944.

② Narayan Vijay, Deo Dhanjay, Turaga Semi, Krishant Naveel, “SODELPA Has Been Suspended For 60 Days After Breaching The Political Parties Act-Mohammed Saneem,” Fiji Villiage, May 26, 2020, https://www.fijivillage.com/news/-f84r5x/.

③ Krishant Naveel, “I'm Returning To The Village-Ro Teimumu,” Fiji Village, November 18, 2020, https://www.fijivillage.com/news/Im-returning-to-the-village--Ro-Teimumu-4fr58x/.

的改革与团结。① 但在11月28日威利阿美·加沃卡（Viliame Gavoka）当选社民党新党魁后，兰布卡因自身地位受到威胁，不愿屈居人下而决定退出社民党并寻求自立党派。② 这使社民党的实力再次受损。

相比于老派政客，社民党改革派领导人更加重视青年人发展，在处理多种族群体以及不同阶层民众关系方面有独特的优势。如果新任党主席达空鲍能够顺利地协调好党派内部矛盾，增强成员向心力，新一代的社民党有希望重新获得国民的拥戴。但其党内现存的质疑与分离势力仍然存在，社民党是就此分崩离析还是团结奋进，是党主席达空鲍面临的难题。

最后，小党派开始加大舆论宣传，一方面诋毁执政党，另一方面加大政治许诺。疫情发生以来，各小党派开始借此抨击执政党，开启了不计后果的许诺和批评运动。拥有3名议员的联盟党希望在此期间扩大民众对执政党的不满，工党等没有议员的小党派更是频频发声。但整体来看，无论是其观点还是手段都缺乏大局观，更多的是为反对而反对，并无理论根据。小党派一方面利用媒体增加存在感、大肆批判执政党的改革与国策，另一方面也不赞成反对党团结一致，政治投机意图明显。小党派对民众的煽动使得执政党更加难以集中精力整顿吏治和发展经济。反对党提出的一些反复无常的理念给政府拉动投资等努力带来了负面影响。

三　2020年斐济外交发展评析

斐济作为“南太平洋上的十字路口”，是大洋洲岛国的重要交通枢纽，这也促使斐济在外交活动方面较为活跃。斐济传统上受英国、澳大利亚和新西兰的影响较大。同时，作为南太地区经济体量较大、发展较好的国家，掌

① Danford Iva, “Ratu Epenisa Cakobau Has Been Elected As SODELPA President,” Fiji Village, July 25, 2020, https://www.fijivillage.c om/news/Ratu－Epenisa－Cakobau－h as－been－elected－as－SODELPA－ Pr esident－－4r85xf/.

② Narayan Vijay, “Rabuka Starts Party Set-up With Two Former Military Colonels,” Fiji Village, December 10, 2020, https://www.fijivillage.com/news/Rabuka－starts－party－set－up－with－two－former－military－colonels－x5r8f4/.

握南太地区话语权是几代斐济领导人共同的心愿。自2006年斐济总理姆拜尼马拉马执政以来，斐济的外交政策也随着外部环境的改变而发生变化。

2006年，由于受到来自澳、新的严厉制裁，加之需要转移国内民众注意力，斐济主要通过修改上任总理卡拉塞的“向北看”政策，为斐济立足于世界寻求支持，积极加强与东亚三国的外交关系。在这一阶段，斐济急需来自中、日、韩三国经济、贸易以及政治方面的支持，在此期间，斐济与东亚三国关系迅速发展。无论是从基建、旅游市场开发抑或进出口贸易，三国均给予了斐济较大的支持与援助。2014年斐济优先党毫无悬念赢得大选之后，国内政治稳固，使澳、新重新审视与斐济的关系。在这一阶段，斐济对外并无特别大的压力。随着中国影响力在南太地区逐步提升，斐济意图利用与中国的关系平衡西方，一举摆脱了执政前期外交环境十分窘迫的局面。所以斐济顺应局势提出了“广交友、不树敌”的外交战略。2016年，斐济的国际声望达到顶峰，不仅是联合国、太平洋岛国论坛、世界贸易组织、太平洋共同体、美拉尼西亚先锋集团等组织的成员，更是通过太平洋岛国发展论坛，增强了“小国”的话语权，一举打破了南太平洋地区以澳、新为主导的旧局面。此时的斐济与已与130个国家建交。同年6月，斐济常驻联合国代表汤姆森当选第71届联大主席。[①] 2017年11月，斐济当选《联合国气候变化框架公约》第23次缔约方大会主席国。[②] 当斐济优先党再一次赢得2018年大选后，心态较前十年已略有不同。2020年斐济外交的进展与策略主要体现在以下几个方面。

第一，与五眼联盟国家关系回暖，在美国全新的“印太”战略框架下，斐济试图扮演更重要的角色。在经济方面，2020年受疫情影响，世界经济格局发生重大变化，五眼联盟国家也寄望建立南太新秩序。2020年斐济与美国签署了《贸易和投资框架协议》（TIFA）。这是美国首次与南太岛国签

---

① “Biography-President of The 71st Session of The UN General Assembly,” United Nations, https：//www. un. org/pga/71/president/biography/.

② “About COP23 – Bonn, 2017,” COP 23, https：//cop23. com. fj/about – cop – 23/about – cop23/.

署该类协议，其他岛国也作为观察员参与了协议的签署。美国贸易代表罗伯特·莱特希泽（Robert E. Lighthizer）表示，这项协议有助于美国构建一个安全的印太地区。根据这项协议，美国和斐济将就与贸易和投资有关的广泛问题进行磋商。双方还将探讨增加商品和服务贸易的方式，并鼓励两国之间进一步投资。① 在军事方面，2020 年 8 月举行的印太防长线上会议有 29 个国家与地区参加，该会议由斐济军方和美国印太司令部在斐济首都苏瓦联合举办。斐济总理姆拜尼马拉马及时任美国国防部长马克·埃斯佩分别致辞。埃斯佩表示，无论印太地区的国家体量如何、军事力量强大与否，美国都将帮助它们参与国际事务，重塑国际关系体系。② 同年 8 月 10 日，美国与斐济正式签署了《国防合作协议》，美国答应为斐济提供国防资金以及相关培训，美国还提供价值近 400 万美元的巡逻艇和 175 万美元的国防设备套装。这是自 1986 年以来，斐济首次与美国签署同类协议。该协议还涉及后续提供军事设备或设施援助。协议中包含了维和行动、全球和平计划和国际军事教育培训等内容。③ 在其他方面，美国一直在斐济青年、妇女等合作计划中频频发声并予以资金支持。2020 年 7 月，美、日、新、澳四国驻斐济大使走访斐济维提岛西区的宗教组织、民间社团、当地企业和社区等，举行“友好的对话（Talanoa）活动”。④

同时，因斐济与澳、新两国同属英联邦，且二者仍然是斐济最重要的贸

① “United States And Fiji Sign Trade And Investment Framework Agreement,” U. S. Embassy in Fiji, October 16, 2020, https: // fj. usembassy. gov/united – states – and – fiji – sign – trade – and – investment – frame work – agreement/.

② “United States Hosts Indo-Pacific Military Leaders to Address Regional Security Challenges Via Virtual Conferencee,” U. S. Embassy in Fiji, September 1, 2020, https: //fj. usembassy. gov/unite d – states – hosts – indo – pacific – military – leaders – to – address – regional – security – challenges – via – virtual – conference/.

③ “Ambassador Cella Signs Defense Cooperation Agreement with Fiji,” U. S. Embassy in Fiji, August 10, 2020, https: //fj. usembassy. gov/ambassador – cella – signs – defense – cooperation – agreement – with – fiji/.

④ “Heads of Mission Visit Western Division for Talanoa Sessions,” U. S. Embassy in Fiji, June 29, 2020, https: //fj. usembassy. gov/heads – of – mission – visit – western – division – for – talanoa – sessions/.

易伙伴和援助国。根据《南太平洋区域贸易和经济合作协定》，斐济的农渔产品向澳大利亚、新西兰出口享受单向免税或无限制市场准入待遇。澳、新推出的“太平洋季节性劳工计划”也为部分斐济国民提供了重要的收入来源。2020 年 2 月，新西兰总理杰辛达·阿德恩正式访问斐济。①

第二，依靠文化认同感，寻求与美国“印太”战略相关国家日本、印度关系的稳步发展。由于斐济本土的印裔斐济人占全国总人口的 40% 以上，所以斐印两国一直以来都保持着紧密的联系。两国部分民众有共同的民族认同，文化交流活跃，印度除了向斐济免费捐赠印地语教科书外，在斐济抵抗热带气旋“亚萨”以及新冠肺炎疫情中同样给予了人道主义救援和救灾支持。印度作为印裔斐济人寻求高端医疗、探访亲属的目的国，一直与斐济保持着较为密切的往来，斐济航空中转新加坡的航线也为两国人民交流提供了便利。

近年来，日本一直强调“同属海洋民族”“海洋文化相通”等观点，与斐济外交关系进展较为稳健。自 2018 年起，斐济连续受邀参加东京防务论坛，这也凸显了日本开始布局南太岛国，而斐济作为该地区军事实力最强的国家，当为其首要合作的对象。此外，日本更加倾向于与斐济加强高校、智库等方面的文化合作。2020 年，日本表达了为斐济南太平洋大学太平洋文化中心相关科系建造一栋专属办公楼的意愿，这也是日本意图通过追求文化共鸣，进而加强与斐济文化交流与合作关系的表现。2020 年 2 月，日本国会众议院外务委员会副委员长中山展宏（Nakayama Norihiro）访问斐济，并与斐济总理姆拜尼马拉马举行会谈。②

第三，巩固与中国的贸易关系。作为传统合作伙伴，斐济与西方国家有着藕断丝连的合作关系，即便在近 10 年内双方出现过激烈的摩擦甚至是在

① Kumar Ronald, “New Zealand's Prime Minister Jacinda Ardern Official Fiji Tour: Day 2,” *Fiji Sun*, February 26, 2020, https: //fijisun. com. fj/2020/02 /26/new - zealands - prime - minister - jacinda - arderns - fiji - to ur - day - 2/.

② “PM Bainimarama Acknowledges Japan's Support At Bilateral Meet,” Fiji Government (Facebook), February 26, 2020, https: //www. facebook. com/FijianGovernment/posts/3068408959858685/.

国际会议上针锋相对，但鉴于贸易、政治体制和意识形态等方面的一致性，斐济无法放弃与西方发达国家的合作。虽然在姆拜尼马拉马执政后，其修正后的“向北看”政策使中国在南太地区的影响力迅速扩大，但2014年斐济外交政策的扭转从本质上来说是一种摇摆政策。通过不断的接触与磨合，斐济与西方国家达成了一种高度的默契，斐济的利益达到最大化。2014年习近平主席访斐将中斐关系全面带入一个更高的阶段，优先党第一任期内与中国关系迅猛发展，相比较而言2020年中斐关系的进展增速明显放缓。中国作为斐济不可替代的“三大贸易伙伴之一”以及“最大的投资来源国”，双方频繁的经济往来也使得斐济珍视与中国的关系。2020年，中斐贸易额为3.46亿美元，同比下降5.1%。斐方从中国进口3.22亿美元，同比下降7.9%；出口0.24亿美元，同比增长63.8%。① 2020年5月，斐济总理府代常秘卡兰代表斐济政府出席中国和太平洋岛国应对新冠肺炎疫情副外长级特别会议。②

结　语

2020年对斐济来说，安全平稳度过疫情的影响和在疫情防控常态化背景下迅速恢复经济为首要的发展方向。尽管澳、美等国家希望深化与斐济在军事和情报方面的合作，但是斐济同样重视与中国的关系，在中国关注的台湾问题上斐济一直坚定地与中国站在一起。作为太平洋岛屿国家，斐济和其他岛国一样，期待蓝色经济发展，国内政治稳定，以在社会福利、青年人就业和环境保护等方面有更大的进步。

---

① 《中国同斐济的关系》，中国外交部网站，2021年2月，https://www.fmprc.gov.cn/web/gjhdq_676201/gj_676203/dyz_681240/1206_681342/sbgx_681346/。

② Ravuwai Ilaijia, “Fiji, Pacific Nations Praise China's COVID-19 Approach,” *Fiji Sun*, May 15, 2020, https://fijisun.com.fj/2020/05/15/fiji-pacific-nations-praise-chinas-covid-19-approach/.

B.7

2020年萨摩亚政治、经济形势及中萨关系发展状况*

梁国杰　杨 茜**

摘　要：　2020年，萨摩亚政治、经济和外交形势总体稳定。然而，由于执政党推出“土地与头衔法庭法案”引发争议，以及2021年大选临近政党竞争加剧，萨摩亚的政治稳定受到影响，但由新冠肺炎疫情引发的公共卫生危机已逐渐得到缓解。虽然萨摩亚经济的多个部门在2020年遭受了沉重打击，但预计到2022年有望复苏。2020年中萨关系稳步发展，2021年的大选结果对中萨关系的未来走向影响不大。

关键词：　萨摩亚　政治　经济　中萨关系

2020年，萨摩亚国内最重要的事件莫过于执政党提出“土地与头衔法庭法案”并获得议会通过。该系列的三个法案将会改造萨摩亚的司法系统，

* 本文为山东省外事研究与发展智库重点课题“实施山东省与太平洋岛国民心相通工程”的阶段性成果。

** 梁国杰，博士，聊城大学太平洋岛国研究中心高级研究员，北京外国语大学人工智能与人类语言重点实验室博士后研究人员，聊城大学外国语学院副教授、硕士生导师，萨摩亚国立大学孔子学院中方院长。主要研究领域为应用语言学、区域国别问题（南太平洋方向）、语言政策与规划等。杨茜，硕士，聊城大学太平洋岛国研究中心研究员、聊城大学财务处会计师，主要研究领域为太平洋岛国社会与经济、公共外交与文化传播等。

并对宪法做出重要的修正，因此引发了强烈的社会反响。随着 2021 年萨摩亚大选的临近，2020 年萨摩亚国内反对派的活动大幅增多，加之 9 月政府内阁副总理菲娅梅（Fiame Naomi Mata'afa）的突然辞职引发社会舆论波动，也为 2021 年的大选增加了不确定因素。新冠肺炎疫情国际大流行使本就脆弱的萨摩亚经济遭受重创。在复杂的政治、经济形势下，2020 年中国同萨摩亚的关系保持稳定，发展较为顺利。

一　萨摩亚执政党推出“三大法案”，引发巨大争议

2020 年，执政党人权保护党（Human Rights Protection Party，HRPP）强势推动议会通过了三大法案。由于法案对萨摩亚的土地与头衔法庭、司法制度和宪法做出重大修改，在萨摩亚社会引起了巨大争议。关于三大法案的大讨论成为萨摩亚 2020 年的最热话题，主流媒体上的公共舆论呈现严重的两极分化。

2020 年 3 月，以总理图伊拉埃帕（Tuilaepa Sailele Malielegaoi）为首的人权保护党正式向议会提交《宪法修正法案 2020》、《土地和头衔法庭法案 2020》和《司法法案 2020》三大法案。① 其中最令人关注的是，如果这三个法案获得通过并成为法律，萨摩亚的土地和头衔法庭（Land and Titles Court，LTC）就会获得独立的司法地位，拥有自己的上诉和复审法庭，有权根据萨摩亚民族的习俗和惯例做出决定，而且其决定将不再受到最高法院的司法审议。② 因此，萨摩亚媒体一般用“土地和头衔法庭法案”来指代这三大法案。

土地和头衔法庭法案正式提交议会讨论之后，在萨摩亚社会引起了轩然大波，表示反对和赞成的政界人士和社会群体纷纷在媒体发声表态，

① Joyetter Feagaimaali'i，Independent Land and Titles Court Proposed，*Samoa Observer*，March 17，2020，https：//www. samoaobserver. ws/category/samoa/59947.

② Sapeer Mayron，L. T. C. Bills Published Online，*Samoa Observer*，January 13，2021，https：//www. samoaobserver. ws/category/samoa/77488.

公共舆论呈现“撕裂”之势。萨摩亚总理图伊拉埃帕表示，推动土地和头衔法庭自治是为了维护萨摩亚的传统。然而，时任萨摩亚副总理菲娅梅公开反对议会通过“三大法案”，认为这将“在司法系统内部建立一个混乱的系统”①，还指责人权保护党此举为“政治作秀”，意在为2021年大选铺路。部分反对派和独立议员、法官和律师、一些学者和村落领袖马他伊（Matai，即酋长）也在主流媒体公开表示反对。

2020年12月15日，《土地和头衔法庭法案2020》、《宪法修正法案2020》和《司法法案2020》在萨摩亚议会三读通过（41票赞成，4票反对），经国家元首图伊马莱阿利法诺二世（Tuimaelealiifano Valetoa Sualauvia II）签署批准。②

“土地和头衔法庭法案”顺利通过并成为法律，萨摩亚的司法系统将据此得以重组，独立的土地和头衔法庭也将设立。但一年来“三大法案”引起的巨大争议和遭到的反复质疑造成了执政党内部的分歧和社会舆论的撕裂，对2021年的大选选情产生重要影响。

二　新政党 FAST 的成立使2021年大选变数陡增

萨摩亚为议会民主制国家，议会实行一院制，每届议会任期五年，通常由49名议员组成。凡年满21岁的萨摩亚公民均享有选举权，但只有“马他伊”享有被选举权。本届议会于2016年3月选举产生，因女性议员未达到选举法规定比例而多补一名女性，共有50名议员。执政的人权保护党占议会35席，反对党服务萨摩亚党3席，独立议员12席。

① Samoa's Government May Be Facing the Biggest Challenge to Its Rule in 40 Years at April's Election, Post Courier, February 14, 2021, https://postcourier.com.pg/samoas-government-may-be-facing-the-biggest-challenge-to-its-rule-in-40-years-at-aprils-election/.

② Sapeer Mayron, L. T. C. Bills Signed into Law, *Samoa Observer*, January 6, 2021, https://www.samoaobserver.ws/category/samoa/77110.

2020 年，萨摩亚的政党格局发生了较大变化，直接影响了 2021 年的大选形势。当前影响力最大的主要政党有 2 个：一是执政党“人权保护党”，截至 2020 年已连续执政 38 年，以萨摩亚现任总理图伊拉埃帕为党首；二是新成立的反对党“萨摩亚信仰统一党”（萨摩亚语：Fa’atuatua i le Atua Samoa ua Tasi①，FAST），最初以拉乌利（La’auli）为领导人，后来萨摩亚前副总理菲娅梅加入该党担任党首。

萨摩亚反对党 FAST 发展极为迅速，成立不足一年就赢得了广泛的民意支持，对执政党 HRPP 构成了巨大挑战。2020 年萨摩亚国内对执政党的批评主要包括对宪法的争议性修改和应对 2019 年麻疹危机不力。反对党 FAST 承诺，如果当选将废除引起巨大争议的“土地与头衔法庭法案”。萨摩亚的政治形势发展仍有待进一步观察，主要取决于 2021 年的大选结果及其后续影响。②

自从 2020 年 3 月执政党提出“三大法案”以来，时任副总理菲娅梅一直公开表示反对，并于 9 月正式从内阁辞职，引起舆论哗然。菲娅梅指责“三大法案”是人权保护党的“政治作秀”，意在为 2021 年大选铺路。菲娅梅辞职在萨摩亚国内引发诸多猜测和讨论，媒体舆情显示她拥有较高的民意支持。辞职后不久，菲娅梅宣布加入新政党 FAST，使反对党在 2021 年大选中的竞争力大大提升。

从总体上看，萨摩亚政治形势仍比较稳定。根据化险咨询公司（Control Risks）发布的全球风险地图对政治风险的评估及预测，萨摩亚的政治风险为低等；根据达信（Marsh）2020 年国家风险地图的评估，萨摩亚短期政治风险指数评分为 67.9 分（分值越高，越稳定）。2016 年至 2020 年，萨摩亚的国家风险指数评分逐年升高，长期政治风险指数评分高达 80.4 分，说明萨摩亚国内政局基本保持稳定。

---

① 英文意为“Faith in One True God Samoa”，中文译名为“萨摩亚信仰统一党”。

② 2021 年 7 月 23 日，菲娅梅最终当选萨摩亚总理。

三　新冠肺炎疫情对萨摩亚社会经济造成沉重打击

新冠肺炎疫情发生以来，太平洋岛国高度重视疫情防控，纷纷宣布进入紧急状态，并根据各自国情采取了严格的防范应对措施。截至 2021 年 5 月，在 14 个太平洋岛国中，有 9 个国家零确诊（见表 1）。

表 1　2020 年以来太平洋岛国新冠肺炎疫情数据一览
（2021 年 5 月 12 日更新数据）

国家	确诊	死亡
巴布亚新几内亚	12493 例（治愈 10833 例）	130 例
斐济	152 例（治愈 101 例）	3 例
所罗门群岛	20 例（治愈 20 例）	0
马绍尔群岛	4 例（治愈 4 例）	0
瓦努阿图	4 例（治愈 3 例）	1
萨摩亚	0	0
汤加	0	0
纽埃	0	0
基里巴斯	0	0
密克罗尼西亚联邦	0	0
帕劳	0	0
图瓦卢	0	0
库克群岛	0	0
瑙鲁	0	0

资料来源：新冠肺炎疫情全球实时大数据平台（外交部地图事务办公室出品），http：//kmap. ckcest. cn/public/epidemic/index. html；同时参考世卫组织西太平洋地区官网统计数据，https：//who. maps. arcgis. com/apps/opsdashboard/index. html#/345dfdc82b5c4f6a815f1d54a05d18ec。

为了防控新冠肺炎疫情，萨摩亚政府长期关闭边境，对国际贸易和旅游往来等产生了巨大影响，本就十分脆弱的萨摩亚经济遭到沉重的打击。

一是新冠肺炎疫情引发太平洋岛国地区的“结构性”危机。无论太平洋岛国是否存在新冠肺炎病例，新冠肺炎疫情国际大流行都将在该区域演进成一场“结构性”危机，对这些岛国形成巨大冲击。① 萨摩亚地处南太平洋深处，地理位置孤立，自然资源较为匮乏，医疗卫生条件落后，经济不发达，主要依靠农业、渔业、旅游业和侨汇收入。萨摩亚的能源、基础设施、运输、通信和维修服务均价格不菲。由于国际物流受阻，航运业受到巨大影响，尤其是建材、日用品、电子产品、纺织品、五金产品等依赖进口的商品受到重大冲击。面临新冠肺炎疫情的持续影响，萨摩亚的社会经济变得更加脆弱。随着外国游客人数锐减，萨摩亚其他经济领域的下滑幅度甚至更大，其中商业下降了4.4%，制造业下降了12.8%。侨汇是少数几个保持强劲增长的经济部门之一，2020年侨汇收入增长了4.9%。②

二是萨摩亚的经济产出和出口贸易大幅下滑。萨摩亚中央银行2021年3月的报告数据显示，受新冠肺炎疫情重创的萨摩亚经济正在继续衰退。③ 截至2020年12月，萨摩亚年度国内生产总值（扣除通货膨胀因素）同比下降了9.2%。从季度报表来看，萨摩亚经济在经历了2020年前三个季度的大幅下滑后，在第四季度略有复苏，经济产出环比增长2.4%。萨摩亚的商业服务、住宿、餐饮和其他制造业等经济领域略有改善，出现了小幅反弹。根据萨摩亚中央银行发布的《2021年3月季度公报》，尽管外界援助水平不断上升，但萨摩亚经济产出的总体下滑趋势似乎将持续下去。萨摩亚中央银行表示，新冠肺炎疫情防控限制措施以及疫情导致的供应线路和运输中断是渔获量下降的原因。萨摩亚年度出口总额同比下降30.4%（为990万美元）。货物贸易逆差比上一季度增长21.1%，其中进口支付增长14.7%，出口收入下降21.4%。

---

① 《2019冠状病毒病大流行如何在太平洋岛屿国家演变成结构性危机》，联合国新闻网，2020年6月5日，https：//news. un. org/zh/story/2020/06/1059122。

② Marc Membrere, Economic Decline to Continue, *Samoa Observer*, May 2, 2021, https：//www. samoaobserver. ws/category/samoa/83344.

③ Adel Fruean, Economic Decline Continues: Central Bank, *Samoa Observer*, May 7, 2021, https：//www. samoaobserver. ws/category/samoa/83517.

三是萨摩亚旅游业受到沉重打击。由于国际旅行限制，高度依赖旅游业的太平洋岛国损失惨重。2020 年萨摩亚面临重大旅游业收入损失。萨摩亚中央银行发布的报告称，2020 年萨摩亚国民经常账户盈余缩小至占国内生产总值的 1.2%，旅游业收入和其他服务出口下降 20.4%，令商品进口 6.7% 的降幅相形见绌。[①] 据估计，萨摩亚 6000 名旅游工作者中有 3500 人转行从事其他工作。据预测，预计要等到 2022 年，在实现全面疫苗接种之后，萨摩亚才有可能再次吸引国际游客，萨摩亚经济才有望得到复苏。

萨摩亚的经济 20% 以上依赖外国游客带来的收入。在 2021 年启动的“萨摩亚 2040 计划”中，萨摩亚财政部发布了未来经济发展愿景，旅游业被列为未来几十年推动经济增长的四大支柱之一。该计划预计，到 2040 年，旅游业将成为萨摩亚经济增长的最大推动力。该计划提议到 2040 年将前往萨摩亚的国际游客人数从 30 万人次增加到 40 万人次，使该部门的价值增加超过 5 亿美元。但一些旅游业人士批评该计划过于乐观，认为萨摩亚旅游业在国际旅游市场复苏之前的生存能力不容乐观。

四　2020年中萨双边关系发展状况

近年来，中国与萨摩亚的双边关系稳步提升，中萨双边政治、经贸、旅游、文化合作不断取得新进展。2018 年 11 月，两国领导人一致同意将双方关系提升为相互尊重、共同发展的全面战略伙伴关系。2018 年 9 月，双方签署共建“一带一路”合作谅解备忘录。2019 年 4 月，“中国 – 太平洋岛国旅游年”开幕式在萨摩亚首都阿皮亚举行，习近平主席向旅游年开幕式致贺信。2019 年 10 月，第三届中国 – 太平洋岛国经济发展合作论坛在萨摩亚首都阿皮亚举行。习近平主席致贺信，国务院副总理胡春华出席开幕式并致

① Marc Membrere, Economic Decline to Continue, *Samoa Observer*, May 2, 2021, https://www.samoaobserver.ws/category/samoa/83344.

辞，与建交岛国领导人共同见证签署《中国－太平洋岛国经济发展合作行动纲领》。2018年9月，萨摩亚首所孔子学院正式成立，中萨教育文化交流揭开新篇章。①

新冠肺炎疫情发生之后，中萨双方互相支持，携手抗疫。中国同萨摩亚等太平洋岛国举行卫生专家视频会议，分享疫情防控经验；中国驻萨使馆、援萨医疗队协助萨方制定疫情防护指南；中方向萨摩亚提供医疗物资和技术支持。②

新冠肺炎疫情对中国与萨摩亚的交往产生重大影响，双方旅游往来、经贸合作、援助项目等受到冲击，近两年进展较快的“一带一路”合作脚步放缓。③ 2019年“中国－太平洋岛国旅游年”系列活动使中国成为太平洋岛国迅速增长的客源国。然而，新冠肺炎疫情的发生使得旅游年成果未能及时得到巩固，中萨旅游合作暂时陷入停摆。

2020年，受疫情影响，第三届中国－太平洋岛国经济发展合作论坛上签署的一系列经贸合作项目进展缓慢或近乎停滞，中萨相关企业蒙受了较大经济损失。虽然疫情对中萨人员往来影响巨大，但从中国与萨摩亚双边贸易情况来看，2019～2020年中萨双边贸易额基本保持稳定（见表2），这也从侧面说明了中萨双边贸易合作关系稳固。以山东省为例，根据山东省人民政府外事办公室的统计数据，2019年，山东省与萨摩亚贸易额为5091.4万元，增长36.3%。2020年1～8月，山东省与萨摩亚贸易额为8262.4万元，增长205%。其中出口额为8233.7万元，增长204%，进口额为28.7万元。中国出口萨摩亚的产品主要有水产品及制品、充气橡胶轮胎、运输工具、机械设备、洗衣粉等。

---

① 梁国杰：《萨摩亚首所孔子学院的实践》，《公共外交季刊》2019年第1期，第103～108页。

② 梁国杰：《萨摩亚，率先独立的南太平洋岛国》，《世界知识》2020年第14期，第64～65页。

③ 梁国杰：《新冠肺炎疫情对中国－萨摩亚关系的影响及疫后重建路径》，《公共外交季刊》2020年第1期，第102～105页。

表 2　2019～2020 年中国与萨摩亚双边贸易情况

	中国与萨摩亚双边贸易额(万美元)	中国对萨摩亚出口商品总值(万美元)	中国自萨摩亚进口商品总值(万美元)	中国与萨摩亚贸易差额(万美元)
2019 年 5 月	773	773	0	773
6 月	453	450	3	447
7 月	973	972	1	971
8 月	655	654	1	653
9 月	714	714	0	714
10 月	744	737	7	730
11 月	708	704	4	700
12 月	654	647	7	640
2020 年 1～2 月	904	897	7	890
3 月	657	643	14	629
4 月	652	647	5	642
5 月	879	868	11	857

资料来源：笔者根据中国海关总署、华经产业研究院数据整理，https：//www. huaon. com/channel/tradedata/630008. html。

结　语

从总体上看，由于 2020 年“土地与头衔法庭法案”的推出以及大选临近政党竞争两大因素，萨摩亚社会的整体稳定性呈现一定的下降趋势，由新冠肺炎疫情引发的公共卫生危机逐渐得到缓解。另外，虽然近年来萨摩亚的违法犯罪事件有所增加，但相对于域内其他国家而言，萨摩亚的社会治安状况仍然较好。萨摩亚经济预计到 2022 年有望复苏，而 2021 年的大选结果对中萨关系的未来走向影响不大。

B.8
2020年帕劳大选及其影响因素分析*

李德芳**

摘　要： 2020年9月至11月，帕劳共和国举行第十二次大选。在此次大选中，前参议员萨兰格尔·惠普斯当选总统。在同时进行的副总统角逐中，前参议员尤杜赫·森戈博胜出。在议会选举中，参议院13名议员中7人获得连任，众议院包括议长萨比诺·阿纳斯塔西奥在内的大多数现任议员都保住了自己的席位。大选结果表明，帕劳总统选举延续了独立候选人参选的政治生态，而缺席选票仍然是影响帕劳大选的重要因素。

关键词： 帕劳大选　萨兰格尔·惠普斯　缺席选票

帕劳实行总统制，因此严格意义上来讲总统选举是帕劳的"大选"。但是，帕劳大选年除了进行总统选举外，还同时举行副总统选举和议会参众两院议员选举。因此，事实上帕劳的"大选"由三场选举组成，由公民分别投票选出总统、副总统和议会参众两院的议员。帕劳总统选举每4年举行一

---

* 本文为教育部国别与区域研究中心太平洋岛国研究创新基金项目"帕劳史研究"（项目编号：31940210003）、2020年度教育部人文社会科学研究一般项目"19世纪以来日本对太平洋岛屿国家和地区战略与政策研究"（项目编号：20YJC770019）的阶段性成果。

** 李德芳，博士，聊城大学太平洋岛国研究中心高级研究员，聊城大学马克思主义学院副教授，研究方向为太平洋岛国外交及帕劳问题。

次，分别在大选年的 9 月和 11 月举行初选和终选。

1980 年，帕劳举行了第一次总统选举。1980～2016 年，帕劳已经举行了 11 次总统选举（1980 年、1984 年、1985 年[①]、1988 年、1992 年、1996 年、2000 年、2004 年、2008 年、2012 年和 2016 年）。2020 年大选是帕劳共和国举行的第 12 次总统选举。萨兰格尔·惠普斯（Surangel S. Whipps）在 2020 年帕劳大选中获得胜利，于 2021 年 1 月 21 日宣誓就职，成为帕劳新一任总统。

一　帕劳的选举制度

第二次世界大战结束后，帕劳长期受美国的托管。因此，帕劳从宪法到政治制度都受到美国较大的影响。帕劳宪法规定，总统是帕劳国家元首，任期 4 年，可以连任一次。帕劳大选有着比较完善的选举程序，有选举组织对选举的各项活动进行组织和监管。帕劳选举委员会（Palau Election Commission，PEC）是负责帕劳大选的选举组织。选举委员会一般由三名委员组成，还有若干工作人员，大选期间还会招募大约 100 名志愿者参与大选服务。

帕劳宪法对于帕劳公民的选举权和被选举权，以及选举权的行使都做出了明确规定。帕劳宪法规定，凡是年满 18 周岁的帕劳公民都有选举权，同时规定了选民登记制度。即拥有选举权的帕劳公民必须在选举前进行选民登记，才能在选举时自动获得选票进行投票。如果没有事先进行选民登记，则必须在选举前提交投票申请，才能获得选票进行投票。宪法对于候选人资格也做出了相应的规定，年满 35 周岁、在帕劳居住满 5 年以上的帕劳公民可以参与竞选总统和副总统，年满 25 周岁的帕劳公民可以参与竞选参议院议员和众议院议员。帕劳总统选举实行候选人登

① 1984 年大选中当选总统豪罗·雷梅利克于 1985 年 6 月 30 日被暗杀，帕劳于 1985 年又举行了一次总统大选。在 1985 年大选中，拉扎鲁斯·沙利依当选为新一任总统。

记制度，获得候选人资格后才可以参加包括发表竞选演说、辩论、与选民互动等竞选活动。一般在选举年的七八月，候选人要向帕劳选举委员会办公室提交正式的提名申请书。只有提交了提名申请书，才有资格参加正式的总统选举。

为保障选举的公平公正，帕劳还专门制定了《选举法》。《选举法》对于帕劳选举的程序、投票站的设立、选票计算方法等都做出了严格的规定。例如，《选举法》规定，投票站的设立必须遵循就近原则，以500英尺范围为限，保证拥有投票权的选民能够按时到投票站进行投票。《选举法》还规定，候选人的宣传也要遵循500英尺原则，包括宣传海报、传单、徽章等宣传材料要便于选民就近获取。此外，选民还可以通过广播电台、有线电视及社交媒体等获取有关候选人的信息。同样，为了防止选举舞弊事件的发生，候选人除了投出自己的一票之外，禁止进入距离任何投票箱500英尺内的区域。此外，法律还规定，在选举期间各州禁止出售酒精饮料，在投票期间禁止向任何人提供酒精饮料。

帕劳大选实行两轮选举制。总统和副总统选举分开举行[①]，都需要进行两轮投票。第一轮选举，也就是初选，一般定于选举年的9月，获得选票最多的两名总统候选人进入第二轮竞选。第二轮选举，一般于大选年的11月举行，第二轮选举是决出总统的终局选举，获得票数多的总统候选人当选新一届帕劳总统。

二　2020年帕劳大选进程及其结果

2020年帕劳总统选举从候选人获得竞选资格，到选举结果的最终公布，历时半年多的时间。2020年大选共有4名总统候选人参与角逐，他们是前总统约翰逊·托里比翁（Johnson Toribiong）、副总统雷诺·奥朗

① 帕劳总统选举和副总统选举在大选年分开举行。2004年帕劳举行宪法公投，将总统和副总统选举合并进行。但在2008年的宪法公投中又改回原来的总统与副总统分别选举的传统，因此2004年大选是帕劳唯一一次总统与副总统合并选举的大选。

奇（Raynold Oilouch）、前参议员萨兰格尔·惠普斯和商人艾伦·赛德（Alan Seid）。

在大选期间，总统候选人需要参加辩论、演讲等各种竞选活动。其中，辩论是竞选的主要环节，总统候选人在辩论中就国家经济社会发展中面临的重大问题阐述自己的主张，批驳其他候选人的主张，以此获取选民的支持。总统候选人的公开辩论一般举行三次，第一轮投票前举行两次，第二轮投票前举行一次。2020 年帕劳大选的三场辩论分别于 3 月、6 月和 10 月举行。在 3 月的首轮公开辩论中，4 名总统候选人就新冠肺炎疫情影响下的帕劳经济及今后帕劳经济恢复的措施进行了辩论。4 名候选人都认为帕劳需要实现经济多元化，如进行石油钻探开发、发展旅游业、开放金融中心等。但他们在恢复经济的具体措施方面也存在不同，如候选人艾伦·赛德提出了更多的非常规建议，比如种植大麻、允许在帕劳设立离岸公司以利用帕劳的主权来赚取收入等。而候选人萨兰格尔·惠普斯则提议将帕劳打造成金融中心，并主张改善和扩大帕劳社区学院以吸引更多国际学生，将教育打造为国家重要的收入来源。候选人雷诺·奥朗奇认为应该扩大旅游业，比如发展邮轮业务。候选人约翰逊·托里比翁则提出应调整帕劳的国家海洋保护区，允许帕劳人在目前禁止捕鱼的 80% 的区域内捕鱼。在 2020 年 6 月举行的第二场公开辩论中，4 名总统候选人分别阐述了他们的执政理念和政策之间的相同点与不同点，并就新冠肺炎疫情防控及未来恢复国家经济阐述了他们的立场。此外，帕劳巨大的海洋保护区问题也成为总统候选人辩论的中心议题。总统候选人约翰逊·托里比翁重申将帕劳 80% 的海域都划定为海洋保护区“理论上是一个好主意”，但现实是已经造成了当地金枪鱼供应不足，主张重新考虑海洋保护区的划定问题。其他三位候选人则认为鉴于帕劳面临的困难经济形势，主张重新评估海洋保护区，弥补其不足。此外，4 位候选人都提出了改善帕劳人民生活质量的建议，如萨兰格尔·惠普斯主张实行就业安置、增加青年人就业的机会、发放住房补贴等，并建议将帕劳社区大学升级为四年制大学。此后，4 名总统候选人还在 8 月 5 日前向选举委员会提交了正式的提名申请书，正式获得参加第一轮选举的资格。

（一）第一轮选举

2020年帕劳总统第一轮选举于9月22日举行，约翰逊·托里比翁、雷诺·奥朗奇、萨兰格尔·惠普斯和艾伦·赛德4名总统候选人参加了第一轮角逐。

为保障投票的顺利进行，选举委员会在帕劳各个州都设置了投票站，并遵循便利于选民投票的就近原则，投票站多设置在州政府的办公室、社区中心、文化中心等便于选民参与的地方。在第一轮选举中，帕劳全国共设置了30多个投票站，其中人口较多的科罗尔州设置了7个投票站。同时，选举委员会还安排了100名训练有素的志愿者为选民投票提供服务，并在投票站放置酒精等消毒用品，为选民提供防疫安全保障。

9月22日上午7时至下午7时，帕劳全国30多个投票站一起接受选民的投票。根据帕劳选举委员会的统计，帕劳注册选民共有25281人，其中有16420名选民进行了选民登记。在此次初选中，帕劳国内仅有不到8000名选民投票，占帕劳注册选民的30%。[①] 由于帕劳有许多公民在海外居住，因此，帕劳总统选举结果取决于候选人获得的国内投票的有效票数和海外寄回的有效缺席选票（Absentee Ballots）的总票数。不过，由于受到新冠肺炎疫情的影响，往来帕劳的国际航班减少，到9月22日第一轮选举投票日当天，帕劳选举委员会仅收到海外寄回的728张缺席选票。而第一轮选举中帕劳选举委员会办公室共寄出1978张缺席选票，收回的选票仅占寄出选票的36.8%。[②]

第一轮选举采用的是纸质选票，因此初选的计票工作也是人工进行的。9月25日，帕劳选举委员会公布了初选的结果，萨兰格尔·惠普斯以

① Bernadette Carreon, "Oilouch vs. Whipps in Race To Presidency," *Island Times*, September 25, 2020, https://islandtimes.org/oilouch-vs-whipps-in-race-to-presidency/?relatedposts_hit=1&relatedposts_origin=39235&relatedposts_position=0.

② Telbakes Yano, "Primary Election Underway to Decide 2 Presidential Candidates for General Election," *Island Times*, September 22, 2020, https://islandtimes.org/primary-election-underway-to-decide-2-presidential-candidates-for-general-election/.

3546 张选票位居榜首，雷诺·奥朗奇以 1984 票位居第二。另外两名候选人约翰逊·托里比翁和艾伦·赛德分别获得 1145 张和 983 张选票，无缘进入第二轮选举。虽然缺席投票的清点工作持续到 9 月 29 日，但候选人的排名已经没有悬念。据帕劳选举委员会统计，在后续的缺席选票的统计中，又收到了一些寄回的缺席选票，但总共不到100 张。[①] 最终，在第一轮选举中胜出的萨兰格尔·惠普斯和雷诺·奥朗奇获得了参与 11 月 3 日举行的第二轮竞选的资格。

（二）第二轮选举

2020 年帕劳总统第二轮选举于 11 月 3 日举行。在第二轮投票中，萨兰格尔·惠普斯击败雷诺·奥朗奇，当选帕劳新一届总统。萨兰格尔·惠普斯出生于美国，4 岁时跟随父母回到帕劳。青年时期，萨兰格尔·惠普斯先后在美国密歇根安德鲁斯大学和加州大学洛杉矶分校取得工商管理学士和硕士学位。回国后，萨兰格尔·惠普斯两度担任帕劳参议员，并且是一位成功的企业家。2016 年萨兰格尔·惠普斯在与小汤米·雷门格绍的竞争中落选，2020 年萨兰格尔·惠普斯参加第二轮总统选举。

帕劳选举委员会于 2020 年 11 月 17 日确认了此次大选结果，正式宣布了 11 月 3 日大选的获胜者。在 2020 年帕劳总统选举最后的角逐中，帕劳共有 16754 名选民进行了选民登记。最终，有 10204 名选民在第二轮选举中投了票。选举委员会最后统计的有效选票为 10050 张。其中，总统候选人萨兰格尔·惠普斯获得总选票数的 56.7%，以 5699 张选票当选帕劳总统。另一位总统候选人雷诺·奥朗奇获得 43.3% 的选票，以 4351 张选票的战绩无缘总统宝座。萨兰格尔·惠普斯于 2021 年 1 月 21 日宣誓就任帕劳新一届总统。帕劳历任总统（代总统）见表 1。

---

① Adam Somers, "Absentee Ballots Numbering 1, 029, to be Tabulated Tonight," *Island Times*, November 10, 2020, https://islandtimes.org/absentee-ballots-numbering-1029-to-be-tabulated-tonight/.

表1 帕劳历任总统（代总统）

任期	姓名	生卒年月	执政时间	党派	备注
1	豪罗·雷梅利克	1933～1985	1981.3.2～1985.6.30	无党派	遇刺身亡
2	托马斯·雷门格绍	1931～2019	1985.6.30～1985.7.2	无党派	代总统
3	阿方索·奥伊特龙	1924～1994	1985.7.2～1985.10.25	无党派	
4	拉扎鲁斯·沙利依	1936～1988	1985.10.25～1988.8.20	无党派	遇刺身亡
5	托马斯·雷门格绍	1931～2019	1988.8.20～1989.1.1	无党派	代总统
6	尼若凯尔·爱普森	1925～1997	1989.1.1～1993.1.1	无党派	
7	中村邦夫	1943～	1993.1.1～2001.1.1	无党派	
8	小汤米·雷门格绍	1956～	2001.1.1～2009.1.15	无党派	
9	约翰逊·托里比翁	1946～	2009.1.15～2013.1.17	无党派	
10	小汤米·雷门格绍	1956～	2013.1.17～2021.1.20	无党派	连任
11	萨兰格尔·惠普斯	1968～	2021.1.21～		

资料来源：根据帕劳官方网站、维基百科公布资料整理，http：//palaugov.pw；http：//en.wikipedia.org/wiki。

此外，在2020年副总统竞选中，参议员尤杜赫·森戈博（Uduch Sengebau）以5112张选票获胜。其竞争对手，参议员弗兰克·京田（Frank Kyota）获得4671张选票，与副总统职位失之交臂。在参议员选举中，梅森·惠普斯（Mason Whipps）以7099张选票高票当选。其他12位当选的参议员分别是史蒂芬·库尔泰（Steven Kuartei）、安德鲁·塔贝卢（Andrew Tabelual）、马克·鲁迪奇（Mark Rudimch）、卢克白·尹纳博（Rukebai Inabo）、霍肯斯·博勒（Hokkons Baules）、托普斯·苏吉诺（K. Topps Sungino）、小汤米·雷门格绍（Thomas Esang Remengesau，Jr.）、尤米奇·森戈博（Umiich Sengebau）、乔纳森·伊沙哈尔（Jonathan Isechal）、凯莱·马里乌尔（Kerai Mariur）、塞西利娅·艾尔比德切尔（Cecilia Elbedechel）和里吉斯·阿基塔亚（Regis Akitaya）。此次参议员选举预示着，在即将组成的新一届参议院中新增了6个新面孔，其他7名现任参议员赢得了连任。而在众议院选举中，包括议长萨比诺·阿纳斯塔西奥（Sabino Anastacio）在内的大多数现任议员都保住了自己的席位。

三 2020年帕劳大选的影响因素及其特点

2020 年帕劳大选是在全球新冠肺炎疫情大流行中举行的，尽管帕劳本土基本没有受到疫情的影响，但疫情直接影响了缺席选票的寄回率。同时，2020 年帕劳大选再次凸显了帕劳没有“党争”的政治生态。

（一）缺席选票对帕劳大选的影响

帕劳与美国是“自由联系国”，帕劳公民可以“自由”出入美国。许多帕劳人会选择到美国求学和工作。每次帕劳大选，选举委员会都需要为这些生活在关岛、马里亚纳群岛及美国本土的帕劳公民邮寄缺席选票。这些海外帕劳公民中拥有投票权的人数占帕劳选民总数的 15% 以上。因此，缺席选票成为影响帕劳大选的重要因素，甚至在很大程度上决定选举的结果。帕劳国内关于缺席选票的合法性问题一直存在争议，有民众认为应该禁止缺席投票，而居住在海外的帕劳公民则认为自己应该享有民主投票的权利。

认为应该取消缺席选票的一方强调，缺席选票是造成帕劳选举过程中“选民舞弊”的重要原因。在过去帕劳的总统选举中，曾出现多次关于操纵缺席选票和舞弊的诉讼。因为缺席选票一般会邮寄到海外帕劳人较为集中的地区，而在缺乏监管的情况下选民舞弊的机会大大增加。尤其是在现实生活中，出于经济成本的考量和海外帕劳人居住分散的现实，帕劳选举委员会不可能把选票邮寄给每一位海外帕劳选民。因此，一般是将选票邮寄到一个地址，由居住在这一地区的帕劳人填写选票，然后只需要在一名公证人的监督下将所有选票用一个邮包寄回帕劳即可。在这一过程中，有可能会出现选票集中的现象。同时，总统候选人为了获得海外选民的支持，往往需要前往海外开展竞选活动，从而造成竞选成本的增加。因为即使前往距离帕劳比较近的关岛，机票也需要上千美元，更不要说前往距离更远的美国本土了。而前往海外参加竞选活动，通常还包括总统候选人的随行人员、乐队以及携带的送给选民的礼物、食物等物品，对于候选人来讲是一笔不菲的花费。帕劳总统候选人基本上是独立候选人，大多依靠个人的财力支撑竞选。而高昂的海外竞选费用基本阻断了受过良好教育但没有经济能力的候选人的竞选之路，增大了有经济能力的人竞选成功的可能性，从而造成不公平的竞选结果。帕劳历任总统、副总统、参议员和众议员中，商人出身或具有商业家族背景的候选人占了很大比例，在一定程度上也反映了竞选对于候选人财力的要求。

2019 年 4 月，有选民就缺席选票问题发起请愿倡议。请愿者提出，宪法应禁止在选举期间向帕劳以外地区发送缺席选票。按照帕劳宪法，帕劳国家选举和州选举都禁止在海外设立投票站，但允许缺席投票。请愿书倡议修改宪法，禁止缺席投票。请愿者认为在国家选举和州选举中，只有在选举期间居住在国内的选民才有投票的权利，而“不在场”的公民不应该拥有投票权。请愿者倡议，除了在国外上学的帕劳公民、帕劳使领馆的公民雇员、接受医疗转诊的公民和在美国军队服役的帕劳公民外，应禁止其他在海外的公民进行缺席投票。

此次请愿倡议的提出，源自越来越多的帕劳民众对于缺席选票影响帕劳选举结果的担心。因为使用缺席选票的选民长期居住在海外，既不向国内纳税，也对帕劳国内的发展缺乏切身的感受。帕劳国内民众担心当投票行为与这些海外选民的利益不相关时，这些选票是否为这些海外选民真实意思的表达，或者说选举结果是否有利于帕劳的未来，跟海外选民没有太大关系。因此，请愿者认为允许缺席选票的存在是对国内选民和帕劳未来不负责任的行为。2019 年 12 月，帕劳法院受理了禁止使用缺席选票的请愿书。不过，禁止缺席选票的请愿书也引起了海外帕劳选民的不满，他们认为自己向美国纳税，而美国对帕劳提供援助，因此，他们也对帕劳经济社会发展做出了贡献，应该享有投票权。最后，尽管国内选民对于请愿书予以支持，但最终因为没有达到有效的签名数而没能在规定的大选前 6 个月发起宪法公投。因为未能提出关于修改缺席选票的宪法修正案，所以在 2020 年大选中缺席选票仍然合法有效。

2020 年总统选举的第一轮选举中，共寄出 1792 张缺席选票，在 11 月的第二轮选举中共寄出 2393 张缺席选票。这些缺席选票必须在选举日期之前盖章寄出，并且在选举结束后七日内收回的选票才能计入总选票，而由于帕劳与美国之间的航班较少，很多选票在邮寄途中花费的时间比较长，从而影响到缺席选票的收回率。帕劳选举委员会选举事务主任玛利亚·德切隆－西玛（Maria Decherong-Simar）曾指出，在大多数选举年，缺席选票的投票率通常在50%左右。[①] 但即使只有一半的收回率，对于帕劳大选中总计约一万张选票的争夺而言，也是一个重要的票源。2020年大选中，受新冠肺炎疫情大流行的影响，美国与帕劳之间货运航班减少，美国邮政服务削减，截至11月3日帕劳第二轮大选的投票日当天，帕劳选举委员会向海外选民寄出的2393张缺席选票中，仅仅收回825张，仅占寄出选票的34%左右。2020年大选中缺席选票的收回率较低，对于大选结果产生的影响相对较小。

（二）凸显了帕劳没有“党争”的政治生态

在当今世界各国的政治生态中，政党政治已经融入政治活动的方方面面。绝大多数国家的大选，几乎是政党之间的角逐。而帕劳自独立以来，所呈现出的则是一种没有政党竞争的政治生态。2020年帕劳总统选举再一次展现了没有“党争”的政治生态。相比较于世界上其他国家，帕劳政治生态中虽然也不乏不同政见者的“党争”，但总体而言，在帕劳政治生活中政党政治的影响不大。2020年总统大选中，4位总统候选人也都是以独立候选人的身份参加角逐。

事实上，在帕劳的政治生活中仅产生过两个政党。一个是为支持拉扎鲁斯·沙利依总统而成立的帕劳党（The Ta Belau Party），代表帕劳政界亲美派的利益，成立于1987年。不过，仅仅一年后帕劳党就因拉扎鲁斯·沙利依总统去世而消亡。另一个是成立于1996年的帕劳国家党（Palau National Party）。1996年9月，帕劳举行第六次总统选举。波利卡普·巴西利乌斯

---

① Adam Somers, “EC ‘Mandated By Law’ to Keep Absentee Ballot Deadlines,” *Island Times*, September 18, 2020, https://islandtimes.org/ec-mandated-by-law-to-keep-absentee-ballot-deadlines/?relatedposts_hit=1&relatedposts_origin=37494&relatedposts_position=1&relatedposts_hit=1&relatedposts_origin=37494&relatedposts_position=1.

（Polycarp Basilius）作为总统候选人角逐总统大选。为获得更多选民的支持，波利卡普·巴西利乌斯发起成立了帕劳国家党，为竞选奔走。在帕劳国家党的推动下，波利卡普·巴西利乌斯顺利进入总统第二轮竞选。在接下来举行的第二轮决胜选举中，包括波利卡普·巴西利乌斯在内的3名总统候选人参加了角逐，不过，最终中村邦夫（Kuniwo Nakamura）当选为总统。随着波利卡普·巴西利乌斯的落选，帕劳国家党事实上消亡。后来，波利卡普·巴西利乌斯又角逐2004年帕劳总统大选，但也没能当选。

此外，帕劳实行联邦制，共有16个行政州。除了科罗尔州之外，其他各个州常住人口非常少，如佩里琉州常住人口只有400人左右，居民以分散的村落生活为主，村落酋长在社会生活中发挥着重要作用，各州之间的联系也较少。在联邦政府内部，酋长委员会在国家政治生活中发挥着资政的作用。因此，帕劳基本没有形成全国性政党的条件和需求。从历届总统候选人和议员候选人的“出身”来看，商人占的比重比较大。2020年大选的胜出者萨兰格尔·惠普斯也是一名成功的商人，他曾将一个仅有50名员工的商店发展成为拥有600多名员工的多元化公司。因此，在帕劳大选中，独立候选人的财力及其影响力是决胜大选的重要因素，政党政治在帕劳既没有形成的条件，也没有存在的基础。

专 题 篇

Special Reports

B.9 2020年太平洋岛国海洋经济与海洋治理发展评析

林香红　魏　晋　李伟文*

摘　要：太平洋岛国大多国土面积狭小，海洋资源丰富，海洋为太平洋岛国带来了巨大的经济价值。本报告分析了太平洋岛国的海洋经济发展情况以及新冠肺炎疫情对主要海洋产业的影响，概述了巴布亚新几内亚、斐济和萨摩亚国家海洋政策的主要内容，提出了太平洋岛国当前发展面临的主要问题，总结了近期太平洋岛国促进海洋可持续发展的具体举措，以期为相关学者提供参考和借鉴。

关键词：太平洋岛国　海洋经济　海洋政策

* 林香红，博士，国家海洋信息中心副研究员；魏晋，硕士，国家海洋信息中心助理研究员；李伟文，博士，自然资源部第三海洋研究所助理研究员。

一　太平洋岛国的海洋经济

太平洋岛国海洋资源丰富，是世界著名的金枪鱼产地和旅游胜地。海洋经济活动包括海洋捕捞、滨海旅游、航运、海底采矿、离岸油气开发等。长期以来，太平洋岛国海洋产业结构相对单一，严重依赖海洋捕捞业和旅游业带来的经济收入。新冠肺炎疫情给全球经济社会发展带来巨大冲击，海洋经济领域亦是如此。疫情重创了太平洋岛国的海洋经济活动，大部分海洋产业陷入低迷或萧条状态，但各岛国也尽力采取措施，积极应对，降低影响。

（一）海洋渔业

全球金枪鱼罐头市场上的产品大约60%的原料来自太平洋中西部地区。巴新海域的金枪鱼资源占世界储量的20%，2018年巴新渔业出口总额为5.61亿基纳（约合1.67亿美元）。2020年2月，巴新国民议会通过《2019年经济特区管理局法》，拟在18个省（区）设立20个潜在经济特区，通过实施优惠政策吸引投资。[①] 2020年11月，中国福建中鸿渔业有限公司与巴新签署了建设综合多功能渔业园的备忘录。2020年巴布亚新几内亚渔业部同中国海关总署签署《巴新海捕水产品输华议定书》，批准77家巴布亚新几内亚企业向中国直接出口海产品。近年来萨摩亚渔业发展迅速，2019年渔业产值约合1685万美元，约占国内生产总值（GDP）的2%。[②] 2019年密克罗尼西亚联邦国内生产总值为3.65亿美元，同比增长3.3%，主要收入来源为《密美自由联系协定》中的援助资金和捕鱼许可证收入。[③] 瑙鲁政府每年通过发放捕鱼许可证获得600万~800万澳元收入。海上渔业观察员是应对非法、未报告和无管制捕捞活动（IUU）的第一道防线，因为新冠肺炎疫情不断蔓延，太平洋岛国的600多名渔业观察员按照要求都回国，一直

① 数据来源于商务部《对外投资国别（地区）指南——巴布亚新几内亚（2020年版）》。
② 数据来源于商务部《对外投资国别（地区）指南——萨摩亚（2020年版）》。
③ 数据来源于商务部《对外投资国别（地区）指南——密克罗尼西亚联邦（2020年版）》。

无法上船履行职责，多个环境保护非政府组织对此表示担忧。为降低疫情影响，汤加放宽海洋捕捞限制，允许2020年7月1日至9月30日捕捞和出口海参以增加国民收入。

（二）海洋旅游业

旅游业为太平洋岛国的经济做出了巨大贡献。2017年旅游业对瓦努阿图GDP贡献率为46.1%，就业贡献率为39.3%。2019年，瓦努阿图发布了《2019～2030年可持续旅游业政策》，并主办了可持续岛屿旅游会议。2020年，旅游业受到新冠肺炎疫情的严重冲击，许多国家封锁边境，禁止一切船舶停靠，直接阻断了人员的流动，往来国际航班和船只也大幅减少，旅游业就业人员收入大幅下降，部分人员转向了传统的种植业和捕捞活动。许多国家采取了积极的应对举措，例如斐济政府于2020年7月提出了"蓝色航线"倡议，但2020年接待外国游客数量仍出现大幅下滑，全年接待外国游客只有14.7万人次，同比下降83.6%。瓦努阿图旅游局针对新冠肺炎疫情大流行采取了新的应对措施，瓦努阿图旅游局发起了一系列活动，鼓励游客在取消旅行限制后返回该国。2020年4月，瓦努阿图还启动了旅游业复苏计划。

（三）海洋矿业

第一，海底采矿。加拿大鹦鹉螺公司在汤加海底1700米左右深处区域探测到较丰富的铜、镍等矿产资源。2020年，加拿大海底采矿开发商深绿金属公司（DeepGreen Metals Inc.）收购了汤加近海采矿有限公司，计划从海底提取钴和其他电池用金属。此外，为保护境内资源，2014年8月汤加出台了《海底矿产法》。2017年，库克群岛将其200万平方公里的专属经济区几乎全部划为毛利莫纳（Marae Moana）海洋保护区，禁止在岛屿周边进行大规模商业捕鱼和海底采矿。但根据2019年《海底采矿法》，政府又允许利益相关者在保护区内开展海底采矿。2020年8月，库克群岛政府重新开放了海底矿产勘探许可证申请，但规定相关勘探工作必须在确保对环境影响最低的前提下进行。总体来看，2020 年，深海矿产资源开发对环境的影响受到各方关注，例如，2020 年 9 月，世界自然基金会在《地球生命力报告 2020》中指出了深海采矿的潜在负面影响。

第二，离岸油气业。2020 年 10 月，巴新政府与外商就六个能源矿产资源开发项目进行谈判，帕斯卡海上石油项目（Pasca Petroleum）是其中之一。该项目是巴新第一个离岸油气项目，澳大利亚葵那（Twinza）石油公司在巴新海湾省附近开发油气资源，距离海湾省陆地约 90 公里，总投资预计为 3 亿美元。该项目建成后将生产天然气凝析液（Natural Gas Liquids，NGLs）、液化石油气（Liquefied Petroleum Gas，LPG）和伴生气，目前已开始钻井勘测，预计每年生产 20 万吨液化石油气。

二　太平洋岛国的海洋政策

（一）各国呼吁制定《蓝色太平洋2050战略》

太平洋地区的领导人已认识到太平洋岛国的生存和繁荣需要一个长期的规划，太平洋岛国论坛为区域制定了《蓝色太平洋 2050 战略》。该战略的愿景是建立一个和平、和谐、安全、包容和繁荣的区域，太平洋地区的人民可以过上自由、健康和富有的生活。该战略的相关工作由“蓝色太平洋 2050 战略”太平洋岛国论坛小组委员会负责，该小组由斐济和瓦努阿图担任主席，太平洋地区组织理事会（CROP）为观察员。

（二）三个岛国发布国家海洋政策

1. 斐济

2020 年 5 月 12 日，斐济经济部发布了该国首个《国家海洋政策》，提出当前该国海洋生态系统面临来自资源开采、污染、土地开发、气候变暖带来的多重压力，未来将增强对斐济水域及海洋资源的可持续管理。为此，斐济将设立国家海洋政策指导委员会，持续推进海洋政策的实施。同时，该政策还对斐济当前的海洋资源价值、海洋管理进行了梳理。在海洋资源价值方面，斐济以2014年海洋生态系统服务评估报告的数据为基础，指出海洋资源开发活动每年为该国GDP贡献11亿美元，滨海旅游业每年为该国GDP贡献5.31亿美元，其余海洋经济活动还包括海洋捕捞、海洋矿产开采等。斐济在2030年的目标是完全控制其129万平方公里的专属经济区。

2. 巴布亚新几内亚

2020年7月9日，巴布亚新几内亚司法和检察总署发布了《国家海洋政策（2020～2030）》，为可持续管理和保护该国丰富的海洋资源提供了明确的指导方针。该政策基于综合海洋管理的思路，并将政策适用范围拓展至国家管辖以外水域。此外，政策还对沿海和岛屿综合管理、海洋空间规划、海洋保护区、蓝色经济、基于生态系统的管理、海洋资源管理等多方面内容做出规定。在蓝色经济部分，政策指出海洋管理者当前面临的主要挑战，是海洋资源利用与海洋环境保护的平衡问题，要基于科学方法来管理海洋资源，并以国家综合能力来支持可持续海洋经济的发展。在海洋保护区部分，政策指出巴布亚新几内亚根据社会习俗，将传统土著居民部落列为“禁区”的水域划为海洋保护区，既保护了传统民族文化，又加强了对当地渔业资源的可持续管理。

3. 萨摩亚

2020年10月，萨摩亚自然资源与环境部发布了《萨摩亚海洋战略（2020～2030）》。该战略指出，萨摩亚的海洋当前面临塑料污染、不可持续发展、气候变化、物种入侵等严峻威胁。为此，应当以海事安全保障、海洋生态保护、海洋物种保护、海洋知识构建、粮食安全保障等领域为抓手，结合治理与协调、海洋财务可持续性、科学研究与数据收集、监测和控制、制定政策和立法等解决方案，加快推进海洋事务的综合管理。

三　当前面临的突出问题

太平洋岛国的海洋经济发展面临诸多挑战，从客观方面看，这些挑战主要来源于气候变化、海平面上升、海洋污染、海洋自然灾害等，以及部分金枪鱼资源遭到过度捕捞。从自身发展情况来看，太平洋岛国经济结构单一，科技水平不高，基础设施相对滞后，部分国家还存在财政赤字，这些导致太平洋岛国自身发展动力不足，高度依赖援助和单一产业的收入，海洋综合管理水平也有待提升。

（一）气候变化和海平面上升

《第四十六届太平洋岛国论坛公报》[①] 和2018年瑙鲁峰会通过的《博埃宣言》均指出气候变化是太平洋岛国面临的最大威胁。太平洋岛国海拔较低，气候变化导致海平面上升，海岸被侵蚀，部分低洼区域将被海水淹没，影响淡水供应，部分农田无法耕作，许多社区被迫搬迁。由全球气候变暖引起的海平面上升已经导致基里巴斯和图瓦卢的生活区域减少。图瓦卢位于中太平洋南部，被联合国视为全球受海平面上升威胁最大的国家之一。斐济正面临着气候变化带来的巨大挑战，诸如海岸侵蚀、渔业资源下降、粮食产量减少、大面积洪涝灾害、传染病暴发以及海平面上升等不利影响。[②]

（二）海洋污染

太平洋岛国的海洋污染主要来自航运相关的污染、有毒化学物质和废弃物等。[③] 由于生活方式的改变和城市地区人口的集中，太平洋岛国在管理逐渐增多的废弃物方面也面临着严峻挑战，包括地理上的分隔（岛屿散布在广阔的海洋中）、土地空间有限（小岛或环礁很多）、远离国际市场、依赖进口商品和外国援助等。一些太平洋岛国的垃圾，例如塑料、电子废弃物、

---

① Pacific Islands Forum Secretariat, Forum Communique, Fiji: Suva, September 2015.

② 黄博、邓云成、张相君：《中斐合作应对气候变化的路径与方向研究》，《南海学刊》2018年第4期。

③ 梁甲瑞：《德国参与南太平洋地区海洋治理：方式、动因及意义》，《国际论坛》2019年第1期。

报废车辆和医疗废物等日益增多，部分已进入海洋，并影响到珊瑚礁、红树林、鱼类、海鸟和海洋哺乳动物等。在太平洋岛国，管理不善的塑料废弃物总量为15.6万~32.7万吨，太平洋岛国塑料废弃物占全球塑料废弃物总量的1.3%~2.7%。在对所罗门群岛和瓦努阿图13处海滩上的海洋垃圾进行实地监测后发现，所罗门群岛和瓦努阿图每100米海滩分别记录有1053（±1017）和974（±745）件垃圾。科研人员在生物、水体和沉积物中检测到微塑料的存在。

（三）过度捕捞

许多太平洋岛国高度依赖海洋资源来获取食物和收入，并促进经济发展。全球约三分之二的金枪鱼捕获自太平洋岛国的专属经济区，太平洋岛国获得的捕鱼许可费超过3.4亿美元。联合国粮农组织对中西太平洋22个岛国（地区）的渔业资源进行调查，发现中西太平洋地区沿岸渔业资源被过度开发，有过度捕捞的迹象。① 斐济外海地区由于过度捕捞，鱼群的捕捞量损失明显。此外，该区域也存在非法捕捞现象，电子监控大规模应用一直进展缓慢。

（四）海洋自然灾害

太平洋岛国位于环太平洋火山地震带，同时还要应对热带气旋和海啸等自然灾害。2020年4月初，热带气旋“哈罗德”袭击了瓦努阿图、斐济、基里巴斯、所罗门群岛和汤加，损坏了房屋、供水设施和农作物。在瓦努阿图，热带气旋影响了超过半数的人口，严重破坏了耕地，并造成渔船损毁。“哈罗德”热带气旋摧毁了瓦努阿图的7个岛屿上的建筑物，对十几万人的生活产生了影响，造成的损失估计高达1亿美元。在斐济，气旋对耕地和农作物造成的损失估计超过1200万美元。联合国粮农组织向

---

① 丁琪、陈新军、耿婷、黄博：《基于渔获统计的太平洋岛国渔业资源开发利用现状评价》，《生态学报》2016年第8期。

瓦努阿图和斐济国内受灾最严重的社区提供种子、肥料和工具，并支持农民做好耕种土地的准备。

四　对太平洋岛国海洋可持续发展的深入探讨

（一）促进国家海洋政策实施，提升海洋综合管理水平

科学地管理对太平洋岛国的海洋发展十分有益。库克群岛、密克罗尼西亚联邦、斐济、马绍尔群岛、纽埃、萨摩亚、所罗门群岛、汤加、瓦努阿图已在专属经济区内的某一区域实施了海洋空间规划，巴新和基里巴斯在个别省实施了海洋空间规划。[①] 瓦努阿图、斐济、巴新、萨摩亚已经制定了国家海洋政策或战略，未来可能会有更多的国家制定自己的海洋战略，或者联合发布区域性海洋政策。现有政策都体现了海洋综合管理和联合国可持续发展目标的核心理念。实施国家海洋政策是创新海洋管理工具的重要体现，定期制订详细的行动计划，并对实施情况进行分析评估，以便及时调整和改进。在制订行动计划和开展专题评估时，应综合考虑保护海洋生物多样性、加强海洋认知、应对气候变化、降低污染和灾害风险、避免潜在冲突等因素。

（二）灵活运用金融工具，更好地服务于海洋可持续发展

金融已成为解决太平洋岛国海洋问题的有效工具，岛国政府已认识到金融工具在海洋经济可持续发展中的重要作用。太平洋海洋事务专员办公室（Office of the Pacific Ocean Commissioner）发布了 7 份“太平洋海洋金融报告”，分别为《太平洋海洋债券的分析及发展》《太平洋海洋金融项目：保险》《大规模的海洋保护资金筹措：大型海洋保护区融资现状及未来发展》《基于社区的区域海洋融资管理机制的分析及发展报告》《关乎太平洋海洋

---

① Office of the Pacific Ocean Commissioner, “Blue Pacific Ocean Report: A Report by the Pacific Ocean Commissioner to the Pacific Islands Forum Leaders,” Suva, Fiji, 2021.

健康的税收及补贴分析报告》《太平洋海洋金融研讨会报告》《太平洋海洋金融奖学金项目（2019~2020）报告》。上述报告由太平洋海洋事务专员办公室与世界银行、太平洋岛国论坛渔业局等共同编写，供太平洋岛国领导人用于海洋经济事务的决策参考。海洋金融作为新鲜事物，为域内国家提供了全新的经济发展方式，并完善了区域气候融资及灾害融资机制。未来太平洋岛国可通过加强与国际组织和国际金融企业的合作，拓宽海洋经济融资渠道，因地制宜创新海洋金融产品和服务，促进特色海洋产业有序发展，最大限度地降低海洋自然灾害、海洋污染、气候变化、海平面上升等带来的损失。

（三）持续关注和积极参与矿产资源开发

《“区域”内矿产资源开发规章》的制定是当前最重要的国际海洋立法进程之一。现阶段，《“区域”内矿产资源开发规章》草案历经三稿，结构趋近合理，内容不断完善，但是各国在部分核心议题上仍争议较大。2020年受新冠肺炎疫情影响，谈判节奏有所放缓，但国际海底管理局依然通过召开年度会议、举行相关研讨会、邀请各方提交书面意见等方式推进谈判工作。太平洋岛国是国际海底区域内矿产资源开发的重要利益攸关方，目前对是否开发深海矿产资源各国持不同的态度，部分岛国已开放海底矿产勘探许可，但开展深海矿产资源开发活动的可行性、最佳方式及对生态环境的影响仍有待进一步论证，太平洋岛国可通过积极参与《“区域”内矿产资源开发规章》谈判，探索保障环境利益的最佳技术与方式，在对环境影响最小化的前提下，改善国计民生，增进当地人民的福祉。

（四）构建国际合作伙伴关系，加强海洋领域国际合作

海洋联通了世界，海洋经济发展和区域海洋治理都需要多方参与，国际合作是解决海洋问题的有效方式之一。近年来太平洋岛国较为活跃，积极参与国际海洋事务。2018 年，14 个国家的领导人共同成立了可持续海洋经济高级别小组，希望通过这种方式重建人类与海洋之间的关系，并得到联合国

秘书长海洋问题特使的支持，这14个成员国包括南太平洋地区的斐济和帕劳。2020年6月8日，14个国家领导人以可持续海洋经济高级别小组的名义发表联合声明，提出将发展海洋经济作为一个更具复原力的解决方案。声明呼吁世界各国领导人必须重视海洋，在可持续的海洋经济中，有效保护、可持续发展和公平繁荣是相辅相成的。世界各国领导人应在今后更加重视可持续海洋经济，以促进全球经济增长、增加社会福祉。2019年英国倡议成立全球海洋联盟，截至2020年7月，已有22个国家加入，包括斐济、帕劳和瓦努阿图。未来，太平洋岛国可结合联合国海洋科学十年计划、联合国粮农组织批准的首份《可持续渔业和水产养殖宣言》等，在海洋科技、海洋产业、海洋金融、海洋贸易等领域不断拓展合作内容，创新合作模式，通过构建新的国际合作伙伴关系，促进太平洋岛国海洋及海洋资源的可持续利用。

结　语

总体来看，新冠肺炎疫情对太平洋岛国海洋渔业和旅游业的影响最大，而且疫情的影响难以在短期内完全消除，许多国家和地区都在努力采取各种举措，降低疫情对海洋经济的负面影响，积极谋求蓝色经济增长。各国对深海采矿态度不一，但都非常关注深海采矿对海洋生态环境的影响。过去的一年多，太平洋岛国进一步深化对海洋的认识，计划制定《蓝色太平洋2050战略》，巴布亚新几内亚、斐济、萨摩亚已制定和发布了国家海洋政策，致力于提升海洋管理水平。此外，太平洋岛国也意识到了海洋金融的重要性，太平洋海洋事务专员办公室助力太平洋岛国完成了首届海洋金融培训班，先后发布了7份太平洋海洋金融报告。当前太平洋岛国海洋面临的突出问题依然是气候变化和海平面上升、海洋污染、过度捕捞和海洋灾害等。未来，中国将在第76届联合国大会上提出的“全球发展倡议”同太平洋岛国可持续发展路线图和《蓝色太平洋2025战略》相结合，加强海洋合作，提升南太平洋海洋治理水平，推动海洋环境保护，共同推进海洋可持续发展。

B.10
2020年太平洋岛国旅游业发展形势*

王桂玉**

摘　要：　2020年，席卷全球的新冠肺炎疫情使国际旅游业陷入停滞，而对以国际旅游业为主的太平洋岛国造成的影响尤为深远。太平洋岛国政府对此采取了价格竞争、海外营销、业内整顿、安全保障等积极的应对策略，以迎接旅游业复苏。然而，由于疫情的不确定性，岛国国际旅游业的重启时间仍是未知数，其旅游业发展前景不容乐观。主要发展伙伴对太平洋岛国开展了旅游援助，以帮助其旅游业渡过难关。鉴于中国与建交岛国“相互尊重、共同发展的全面战略伙伴关系”，中国可对太平洋岛国特别是受灾严重的斐济和瓦努阿图，开展适应新形势下国际旅游业发展需要的数字技术援助和旅游发展经验对接等方面的旅游援助，以助力岛国国际旅游业重启后的经济社会发展。

关键词：　太平洋岛国　国际旅游业　新冠肺炎疫情　旅游援助

自2020年1月底世界卫生组织（WHO）宣布新冠肺炎疫情为“国际关注

---

* 本文系国家社科基金一般项目“中国旅游发展方案与太平洋岛国发展理念、发展战略对接研究”（项目编号：19BGJ017）、山东省社会科学规划项目智库专项“‘一带一路’倡议下山东省对接太平洋岛国旅游外交的战略对策研究”（项目编号：18CZKJ03）的阶段性研究成果。

** 王桂玉，中央民族大学管理学院2019级博士研究生，聊城大学太平洋岛国研究中心研究员，主要研究方向为太平洋岛国旅游、国际旅游合作。

的突发公共卫生事件”以来，受全面国际旅行限制和部分国家边境关闭等政策影响，2020年国际游客同比减少10亿人次（下降了74%），使该年成为全球旅游业发展史上最糟糕的一年。[①] 国际旅游业是多数太平洋岛国的支柱产业，其中帕劳、瓦努阿图、斐济这三个岛国位列世界上20个最依赖旅游业的经济体。[②] 2020年，新冠肺炎疫情使太平洋岛国国际旅游业陷入停滞，这一年成为岛国旅游业发展历史的分水岭，将其划分为疫情前的发展、疫情下的停滞和疫情防控常态化下的重振三个阶段。而岛国国际旅游业何时重启，还要看岛国、主要客源国以及全球疫情的控制程度，重启时间不确定性很大。

一 新冠肺炎疫情前的太平洋岛国旅游业

太平洋岛国的经济发展水平总体落后，多数是小岛屿发展中国家，图瓦卢、基里巴斯、所罗门群岛三国为“最不发达国家”。[③] 总体看来，太平洋岛国人口少、陆地面积小且分散在众多岛屿上，生产力水平较低，缺乏规模效应，经济总量小；[④] 工业落后，农业发展缓慢，服务业是其主导产业，市场较为开放，经济发展容易受到内外部市场环境、自然灾害等不确定因素的冲击，[⑤] 经济脆弱，波动较大；[⑥] 自主发展能力严重不足，经济社会发展普

① “2020: Worst Year in Tourism History with 1 Billion Fewer International Arrivals,” UNWTO, January 28, 2021, https://www.unwto.org/news/2020-worst-year-in-tourism-history-with-1-billion-fewer-international-arrivals.

② Terence Wood, “What Will COVID-19 Mean for the Pacific: A Problem in Four Parts,” Devpolicy, March 30, 2020, https://devpolicy.org/what-will-covid-19-mean-for-the-pacific-a-problem-in-four-parts-20200330/.

③ 瓦努阿图于2020年12月4日获联合国批准脱离最不发达国家行列，进入发展中国家类别，同时获准将所有国际支持措施再延续五年。

④ 参见The World Bank, https://data.worldbank.org/，访问时间：2020年12月16日。

⑤ Chloe K. H. Lau, et al, “Chinese Venturers to Pacific Small Island Developing States: Travel and Lifestyle”, *International Journal of Tourism Research*, Vol. 21, No. 1, 2019, p. 665.

⑥ 叶芳、吴高峰：《南太平洋岛国经济运行轨迹分析（2004~2013）》，《广东外语外贸大学学报》2016年第4期，第48~57页。

遍滞后①。一直以来，多数岛国的经济发展依赖海外侨民汇款和外国援助，其中10个太平洋岛国在世界援助依赖国排名中居前20位。② 如表1所示，2019年，12个太平洋岛国中只有帕劳的人均国内生产总值（人均GDP）达到世界平均水平（11433.2美元），9个岛国的人均GDP不足世界均值的一半，经济发展普遍落后；汤加收到的个人汇款占GDP的比重最高，为37.2%；岛国收到的官方发展援助（ODA）金额占国民总收入（GNI）的比重普遍超过13%，其中图瓦卢最高，占比为55.8%；巴布亚新几内亚、斐济、帕劳、所罗门群岛、瓦努阿图这5个岛国汇款流入占GDP的比重以及ODA净额占GNI的比重相对较小，在12个岛国中排后五位，更多自主发展本国经济。

表1　2019年太平洋岛国经济概况

太平洋岛国	人均GDP(美元)		已收到的个人汇款占GDP的比重(%)		已收到的官方发展援助(ODA)金额占GNI的比重(%)	
	数值	排名	数值	排名	数值	排名
巴布亚新几内亚	2829.2	10	0.01	12	2.8	11
斐济	6175.9	3	5.2	8	2.8	11
基里巴斯	1655.1	12	10.3	5	14.8	7
马绍尔群岛	3788.2*	7	14.2*	3	19.2*	5
密克罗尼西亚联邦	3568.3*	8	5.8*	6	24*	3
瑙鲁	9397.0	2	5.3*	7	31.2	2
帕劳	14902.0	1	0.8	11	8.7	10
萨摩亚	4324.0	5	17.2	2	15.2	6
所罗门群岛	2373.6	11	1.6	10	14.2	8
汤加	4903.2	4	37.2	1	20.1	4
图瓦卢	4059.0	6	10.8**	4	55.8	1
瓦努阿图	3115.4	9	3.8	9	13.8	9

注：由于部分太平洋岛国2019年数据缺失，采用发布的最近数据。*为2018年数据；**为2013年数据。数据不包含非联合国成员国库克群岛和纽埃。

资料来源：世界银行，https://data.worldbank.org/，访问时间：2021年4月26日。

① 周余义、杨阳、胡振宇：《2019年太平洋岛国经济形势》，载陈德正、吕桂霞主编《太平洋岛国发展报告（2020）》，社会科学文献出版社，2020，第25~30页。

② Stephen Howes, Sherman Surandiran, "COVID - 19: Economic Damage and Pacific Strengths," Devpolicy, August 18, 2020, https://devpolicy.org/covid - 19 - economic - damage - pacific - 20200818/.

1. 旅游业是多数太平洋岛国的支柱产业

(1) 入境游客接待量总体逐年增长

太平洋岛国旅游资源丰富，旅游业是多数太平洋岛国的支柱产业。据世界旅游组织统计，2015～2019年太平洋岛国接待的入境游客量总体持续增长，详见表2。

表2 2015～2019年太平洋岛国入境游客量

单位：人次，%

太平洋岛国	2015年	2016年	2017年	2018年	2019年	2019年相对2018年增长率	2019年岛国接待的入境游客人数与其人口的比值
巴布亚新几内亚	198685	197632	181840	194876	210980	8.26	0.02
斐济	754835	792320	842884	870309	894389	2.77	1.00
基里巴斯	3935	5736	5752	7076	7917	11.89	0.07
库克群岛	125130	146464	161358	168760	171550	1.65	9.56
马绍尔群岛	6311	5431	6034	6800	—	—	0.13 *
密克罗尼西亚联邦	31190	29625	—	19200	—	—	0.19 *
瑙鲁	—	—	—	—	—	—	—
纽埃	7707	8918	9805	—	—	—	6.06 **
帕劳	162192	138430	122566	106273	94030	-11.52	5.22
萨摩亚	139043	146089	157515	172496	180858	4.85	0.87
所罗门群岛	21623	23194	25709	27866	28930	3.82	0.04
汤加	53751	59130	62506	54048	67284	24.49	0.65
图瓦卢	2402	2465	2531	2700	—	—	0.25 *
瓦努阿图	89952	95117	109170	115634	120628	4.32	0.40

注：*为2018年该国接待的入境游客人数与其人口的比值；**为2017年该国接待的入境游客人数与其人口的比值。

资料来源：世界旅游组织电子图书馆，https://www.e-unwto.org/toc/unwtotfb/current，访问时间：2021年4月28日。

从表2可以看出，第一，14个太平洋岛国中9个岛国数据完整，其中除了帕劳的入境游客接待量逐年下降以外，其他8个岛国呈总体增长趋势；第二，2015～2019年斐济入境游客接待量一直遥遥领先，占已知9个岛国游客接待总量的一半，体现了其在太平洋岛国旅游业中的中心地位；第三，虽然单看太平洋岛国入境游客数量并不多，但由于岛国人口基数小，部分岛国的旅游业发展规模可观。例如，2019 年库克群岛接待的入境游客人数仅为 171550 人次，但是该国人口的 9 倍多；纽埃和帕劳入境游客数量均为其人口的 5 倍以上；斐济的入境游客与其人口数量相当。

（2）旅游业对 GDP 和就业贡献突出

从世界旅游业理事会报告来看，2019 年，瓦努阿图和斐济的旅游业对 GDP 的综合贡献率均超过 30%，旅游业直接和间接就业人数均占其全国总就业人数的四分之一以上，其中瓦努阿图旅游业对就业的综合贡献率高达 36.4%；多数岛国旅游业对 GDP 和就业的贡献率远超世界总体水平（10%）（见图 1）。另外，从世界旅游组织发布的 9 个岛国数据来看，6 个岛国的国际旅游业收入占其出口总收入的比重过半，9 个岛国国际旅游业收入占其出口总收入的比重均远超 2019 年世界总体水平（7%）（见图 2）。因此，旅游业是关乎太平洋岛国国计民生的支柱产业。

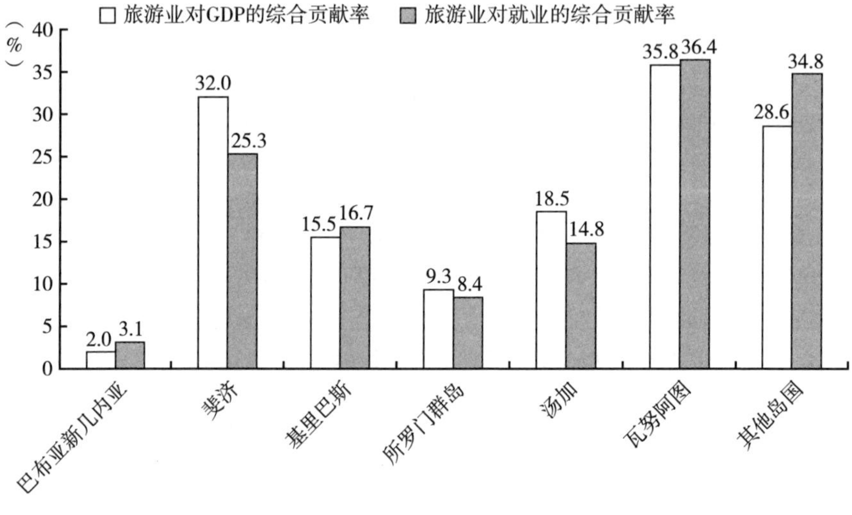

图 1　2019 年太平洋岛国旅游业对 GDP 和就业的综合贡献率

资料来源：世界旅游业理事会，https：//wttc.org/Research/Economic - Impact，访问时间：2021 年 6 月 12 日。

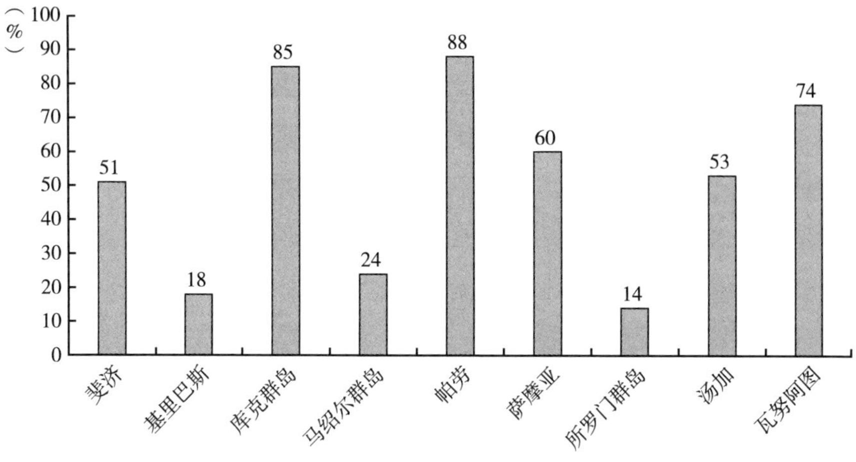

图2　2019 年太平洋岛国国际旅游业收入占出口总收入的比重

注：国际旅游业收入包括目的地旅游收入（国际游客在目的地的消费支出）和国际客运收入。由于部分岛国 2019 年数据缺失，采用发布的最近数据。其中，基里巴斯、库克群岛、马绍尔群岛为 2018 年数据，帕劳为 2017 年数据。

资料来源：世界旅游组织，https：//www. unwto. org/country – profile – inbound – tourism，访问时间：2021 年 6 月 12 日。

2. 中国客源市场作用明显

据世界旅游组织发布的 9 个太平洋岛国 2019 年入境游客接待量数据，澳大利亚和新西兰市场继续占据主导地位，市场份额分别占 35. 4% 和 25. 8%，两国市场份额占总体的 61. 2%；美国市场占 8. 5%；中国游客量共计 104083 人次，占 9 个岛国入境游客接待总量的 5. 9%，为太平洋岛国第四大旅游客源市场。与中国香港开通有直达航线的斐济、帕劳和巴布亚新几内亚接待的中国游客数量最多，分别为 47027 人次、30147 人次、14755 人次，分别占 9 个岛国接待中国游客总量的 45. 2%、29. 0%、14. 2%，此三国接待量之和占比高达 88. 4%。[①]其中，斐济接待的中国游客量遥遥领先。

① "Yearbook of Tourism Statistics Dataset [Electronic]," UNWTO，https：//www. e – unwto. org/toc/unwtotfb/current，访问时间：2021 年 4 月 30 日。

近年来，太平洋岛国入境游客量的总体逐年增长很大程度上归因于中国游客数量的快速增长。南太平洋旅游组织（SPTO）首席执行官克里斯·科克尔（Chris Cocker）在2019年8月表示，近5年来太平洋岛国接待的中国游客量年均增长13.36%，中国是太平洋岛国增长最快的新兴客源地，①中国客源市场发展潜力巨大，是太平洋岛国旅游业未来可持续发展的关键。②

位于赤道以北的帕劳，是太平洋岛国中最依赖旅游业的典型代表。然而，帕劳是近年来数据完整的9个岛国中唯一一个游客量逐年下降的国家，其下降原因亦是受中国游客量大幅减少的影响。由于帕劳与中国较近的地理位置优势、开通往返香港直航的交通便利以及对中国公民落地签的入境便利，自2014年中国成为帕劳第一大旅游客源市场，2015年中国大陆游客数量达到历史最高值（87424人），约占帕劳游客接待总量的53.9%。③然而，自2016年受中国与帕劳的政治环境影响，中国大陆游客逐年减少，至2019年降为30147人，约占该年帕劳游客接待总量的32.1%；尽管下降幅度较大，但中国仍是帕劳第一大客源市场。④可见，中国客源市场对太平洋岛国旅游业发挥着举足轻重的作用。

二 新冠肺炎疫情下的太平洋岛国旅游业

14个太平洋岛国从2020年1月29日至2月3日全部实施了入境限制措施，3月19日、20日斐济和巴布亚新几内亚相继出现新冠肺炎确诊病例以

① 郑昕、张永兴、郜背平：《综述："中国－太平洋岛国旅游年"成果显著》，新华网，2019年10月23日，http://www.xinhuanet.com/world/2019-10/23/c_1125141963.htm。

② 张永兴：《专访：中国游客是南太旅游业可持续发展的关键——访南太平洋旅游组织首席执行官科克尔》，新华网，2019年8月28日，http://www.xinhuanet.com/travel/2019-08/28/c_1124929689.htm。

③ "Yearbook of Tourism Statistics Dataset [Electronic]," UNWTO, https://www.e-unwto.org/toc/unwtotfb/current，访问时间：2021年4月30日。

④ "Yearbook of Tourism Statistics Dataset [Electronic]," UNWTO, https://www.e-unwto.org/toc/unwtotfb/current，访问时间：2021年4月30日。

来，太平洋岛国采取了更为全面、严格的边境封锁政策，关闭机场，停止航空及海上客运等。鉴于岛国自身医疗卫生系统基础薄弱以及全球疫情的迅猛蔓延，为遏制境外输入病例，岛国政府一再延长边境封锁时间，至2020年底太平洋岛国仍处于边境关闭状态。

1. 国际旅游业停滞重创太平洋岛国经济

（1）入境游客接待量断崖式跌停

边境关闭导致入境旅游完全停止，2020年太平洋岛国接待的入境游客数量主要为第一季度边境关闭之前的数据。从世界旅游组织发布的6个太平洋岛国2020年的入境游客量数据来看，均比2019年下降80%以上，其中斐济同比减少84%，库克群岛、帕劳、萨摩亚、所罗门群岛以及瓦努阿图分别同比减少85%、80%、88%、86%和82%。[①]

（2）旅游业对GDP和就业的贡献率大幅下降

因国际旅游业停滞，2020年，太平洋岛国旅游业对GDP的综合贡献率（见图3）较2019年大幅下降。其中，瓦努阿图2020年旅游业对GDP的综合贡献（0.736亿美元）比2019年（3.289亿美元）减少2.553亿美元，降幅高达77.6%；斐济2020年旅游业对GDP的综合贡献（4.535亿美元）比2019年（17.161亿美元）减少12.626亿美元，降幅高达73.6%。[②] 不过，多数岛国2020年旅游业对GDP的综合贡献率仍高于世界总体水平（5.5%）。另外，从世界旅游组织发布的3个岛国2020年国际旅游业收入数据来看，斐济、所罗门群岛、汤加的国际旅游业收入占其出口总收入的比重分别为17%、2%和1%，较2019年降幅明显，其中斐济远高于2020年世界总体水平(4%)。[③]

太平洋岛国国际旅游业停滞直接引发大量旅游从业人员失业、无薪休假

---

① "UNWTO Global Tourism Dashboard Country Profile - Inbound," UNWTO, https://www.unwto.org/country-profile-inbound-tourism，访问时间：2021年6月12日。

② World Travel & Tourism Council, https://wttc.org/Research/Economic-Impact，访问时间：2021年6月12日。

③ "UNWTO Global Tourism Dashboard Country Profile-Inbound," UNWTO, https://www.unwto.org/country-profile-inbound-tourism，访问时间：2021年6月12日。

或工作时间减少，不过在岛国政府的政策支持下，旅游业对就业的综合贡献率明显高于对 GDP 的综合贡献率。

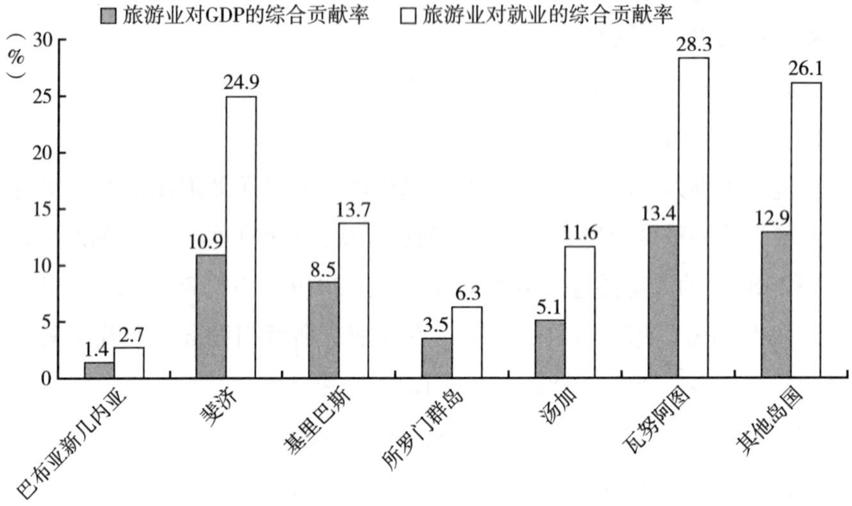

图 3　2020 年太平洋岛国旅游业对 GDP 和就业的综合贡献率

注：如果国家实施了就业支持计划并且支持性工作仍被国家统计部门记录为就业，则失业不包括那些支持性工作。

资料来源：世界旅游业理事会，https：//wttc. org/Research/Economic - Impact，访问时间：2021 年 6 月 12 日。

（3）太平洋岛国经济遭受重创

太平洋岛国对国际旅游业的依赖导致其经济发展遭受重创。亚洲开发银行（ADB）发布的《太平洋经济监测》（Pacific Economic Monitor）报告预测，2019 ~ 2020 财年（2019 年 8 月至 2020 年 7 月）10 个太平洋岛国的 GDP 为负增长，其中对国际旅游业依赖程度最高的三个国家降幅最大，分别是斐济（ - 19. 8% ）、帕劳（ - 13. 8% ）和瓦努阿图（ - 9. 8% ）。[①] 疫情导致本已无力偿还债务的太平洋岛国债务不断增加，帕劳、瓦努阿图等国领导人已于 2020 年 9 月向亚洲开发银行等多边金融机构呼吁减免太平洋岛国债务。

① “Pacific Economic Monitor，” ADB，December，2020，http：//dx. doi. org/10. 22617/SPR200390 - 2.

2. 太平洋岛国政府的应对策略

疫情下太平洋岛国及时制订旅游危机应对和复苏计划，采取积极的应对策略，主要集中在确保价格优势、对外积极营销、对内借机整顿以及注重安全保障等方面。

（1）价格竞争策略：税收减免和财政支持

为应对新冠肺炎疫情对经济的冲击，多数太平洋岛国政府及时做出政策应对，推出经济刺激方案，包括对受灾严重的旅游业的政策支持。斐济、瓦努阿图、汤加等岛国均向旅游企业和旅游从业者发放了刺激拨款或失业救济金。斐济、汤加和萨摩亚等国还针对旅游业出台税收减免和财政支持政策。[①] 其中以经济收缩幅度最大的斐济对旅游业的支持力度最大。斐济2020~2021年度财政预算对税收制度进行全面改革，大幅削减税收；尤其对旅游业的财政支持力度最大，确保大幅降低机票、住宿和餐饮价格，以提高旅游业的价格竞争力，确保旅游业能够在边境开放之后快速复苏；同时通过这些措施刺激国内旅游市场和国内消费。与旅游业相关的举措主要包括以下方面。第一，减税方面，取消6%的服务周转税；环境与气候适应税从10%降至5%，调整后对中小型旅游运营商来说基本不需缴纳；酒类消费税降至原来的50%，这将促使酒店、度假村、酒吧和餐厅降低酒类价格；离境税降至原来的一半，即减少100斐济元（1斐济元=3.16元人民币）；1000多种商品的关税降至5%或零，500多种商品的关税从32%降至15%，其中包括大量与旅游服务相关的食品和设备等。第二，斐济政府专门划拨约6000万斐济元的旅游补贴，为边境开放后的前15万名游客提供有吸引力的度假套餐，即每位游客将得到约400斐济元用于支付机票和酒店费用等。[②]

① "Pacific Island Countries in the Era of COVID－19: Macroeconomic Impacts and Job Prospects," The World Bank, December, 2020, http://documents1.worldbank.org/curated/en/835131608739709618/pdf/Pacific－Island－Countries－in－the－Era－of－COVID－19－Macroeconomic－Impacts－and－Job－Prospects.pdf.

② "Economic and Fiscal Update Supplement to the 2020－2021 Budget Address," The Fijian Government, July 17, 2020, https://www.economy.gov.fj/images/Budget/budgetdocuments/supplements/2020－2021_Budget_Supplement_22_07_20_Final.pdf.

这将有助于快速振兴斐济旅游业，也将帮助旅游从业者的家庭。第三，创造有利的营商环境吸引外国投资，继续吸引澳大利亚、新西兰、美国、中国、日本和印度等传统发展伙伴对包括旅游行业在内的多个领域的直接投资。斐济还特别开辟了“避税天堂计划”，以吸引大型资本进驻斐济。[①] 在经济紧缩的背景下，太平洋岛国政府推出强劲的税收减免和财政拨款政策来降低商品和服务价格，即使将导致政府损失大量收入甚至可能需要大量借款，[②] 也要让利于旅游行业和消费者，来重建旅游业的竞争力，表明太平洋岛国对旅游业作为未来经济增长优先领域的重视，表明其重振经济的决心。

（2）海外营销策略：线上线下联动新模式

疫情前，太平洋岛国十分重视在主要目标市场的旅游营销。疫情对岛国旅游业造成的沉重打击促使其更加重视旅游营销，并根据疫情发展和控制情况推出全球营销活动，为吸引国际游客重返太平洋岛国积极做准备。

斐济旅游局出台了四个阶段的全球营销和市场复苏计划，截至 2020 年底进行到了第二个阶段。第一阶段主题为“愿安好，盼重逢”，主要传递斐济正能量并宣传旅游产品。第二阶段（启动于 2020 年 5 月 29 日）主题为“相约斐济，下一次心动旅行”，重点营销斐济度假旅游产品并预售酒店。疫情前，斐济只占澳大利亚出境市场的 4%，占新西兰出境市场的 6%，所以营销重点是这两个主要客源市场，同时兼顾其他目标市场。[③] 2020 年，斐济旅游局对中国市场的营销力度较以往有所增加。第一阶段，积极利用疫情催生的新技术新模式进行广泛市场营销，面向潜在游客推出明星直播云旅

① 《斐济 20－21 财政预算案，绝地求生 or 画饼充饥?》，《斐济日报》2020 年 7 月 19 日，http：//apps. southpacificnews. net/static/content/FJ/2020－07－18/app_ 734311299990953984. html。

② “Economic and Fiscal Update Supplement to the 2020 – 2021 Budget Address,” The Fijian Government, July 17, 2020, https://www. economy. gov. fj/images/Budget/budgetdocuments/supplements/2020－2021_ Budget_ Supplement_ 22_ 07_ 20_ Final. pdf.

③ “Economic and Fiscal Update Supplement to the 2020 – 2021 Budget Address,” The Fijian Government, July 17, 2020, https://www. economy. gov. fj/images/Budget/budgetdocuments/supplements/2020－2021_ Budget_ Supplement_ 22_ 07_ 20_ Final. pdf.

行，宣传斐济旅游亮点，提升知名度；面向中国旅游合作商开展云课堂，全面介绍斐济概况、旅游资源、酒店和度假村、旅游线路以及合作事宜，观看量近万次。第二阶段，斐济旅游局组织当地酒店于2020年6月至7月面向中国市场开展为期2个月的“灵活入住酒店套餐”预售活动（即先购买后定出行日期），共售出超过437套酒店套餐，酒店预售间夜数超1748间，成交总额高达数百万元人民币，反响热烈；联合携程集团推出携程BOSS直播带货和斐济酒店预售活动，通过携程集团线上和线下多种渠道进行全面推广和销售，为市场重建和复苏积极准备；2020年下半年，斐济旅游局积极参加中国国际服务贸易交易会、广东国际旅游产业博览会、苏州国际旅游博览会、澳门国际旅游（产业）博览会、中国－东盟博览会旅游展等，展会上多迎合市场需求采取线上线下一体化办展的方式，采用AR（增强现实）、全息影像、同步直播、360°VR（虚拟现实）云漫游等科技手段，营造“身临其境”的虚拟旅游，增强参与者体验，促进斐济旅游知名度和影响力的提升。

2020年4月初，瓦努阿图旅游局针对疫情发生以来实施的国际旅行限制，发起一场名为“我们将为您保持美丽”的营销活动。该活动也标志着瓦努阿图旅游局对新冠肺炎疫情的市场反应和恢复计划的开始。疫情促使瓦努阿图加快推进与中国开通直航协议，并取得重大进展。2020年7月，瓦努阿图驻上海总领事馆与海南联合航空旅游集团有限公司、中青旅遨游国际旅游有限公司及上海轩雍餐饮管理有限公司签订旅游合作备忘录，为推进双方旅行限制取消后的直航便利、游客增长及海产品进出口贸易做好准备。

疫情下，汤加旅游部将营销重点放在带领旅游业界打造汤加最全面的旅游网站“汤加袖珍指南”（Tonga Pocket Guide）上，通过此网站全方位宣传汤加旅游并推广业务，吸引潜在旅游者，以帮助旅游企业在危机后快速重启。

（3）业内整顿策略：人才培训和设施翻新

2020年太平洋岛国国际旅游业有至少9个多月时间处于停滞状态，

岛国旅游部门充分利用行业空闲时间，进行业内整顿以夯实行业基础，为日后更好地吸引和服务国际游客做准备。此方面主要表现在人才培训和设施翻新两个方面。疫情下，汤加旅游部首次举办导游培训，塑造汤加旅游大使。另外，汤加旅游部还重建了汤加国家博物馆，升级改造哈派群岛、埃瓦岛等多处旅游景点的阶梯、解说牌、游客休息座椅等硬件设施，美化瓦瓦乌群岛的旅游景点，以及启动“美丽汤加”行动方案，开展村庄竞赛，推动村庄保持清洁和绿色，促使清洁和绿色成为当地的生活方式。

（4）安全保障策略：关怀承诺和安全运营

安全问题是新形势下各岛国重启国际旅游业所面临的最大问题。

斐济推出“斐济关怀承诺”项目，针对边境开放后的游客安全保障做出承诺，致力于将斐济打造成为安全出行的旅游目的地，以增强国际游客出游斐济的信心。项目包括面向国际游客的边境安全入境措施，面向当地旅游行业的安全防护措施，面向斐济全境的防疫健康卫生措施，面向一线工作人员的安全防疫措施培训，执行符合国际标准的防疫措施，以及推荐下载使用“斐济关怀”行程追踪应用程序。

瓦努阿图旅游危机应对和恢复计划的第一阶段（截至2020年12月）确定了通过恢复国际准入和旅游业开展经济复苏工作的五大核心支柱，包括保障瓦努阿图公民和游客的健康，重启适当和有效的运输部门确保人员国际流动，确保旅游企业已做好准备并能够接待国际游客，确保国际市场对瓦努阿图旅游产品的高需求等。受限于全球疫情蔓延导致的旅行限制和边境关闭政策，2020年瓦努阿图政府对旅游业的主要优先事项是培训旅游企业实施新的健康和安全程序，落实《瓦努阿图企业安全运营指南》，审计完成“清洁、关爱和检查－CCC”认证，以使旅游企业能够在游客到来后安全运营。

值得关注的是，新冠肺炎疫情催生了安全旅行区建设，为受灾严重的太平洋岛国旅游业带来一丝希望。自2020年5月澳大利亚和新西兰讨论共建

“跨塔斯曼旅行泡泡”（Trans-Tasman Travel Bubble）[①] 以来，位于赤道以南的斐济、瓦努阿图、库克群岛、纽埃、所罗门群岛、巴布亚新几内亚等岛国借助区位便利积极对话澳新，表示期望加入安全旅行区。例如斐济政府试图推进斐济与澳新的“布拉泡泡”（Bula Bubble），瓦努阿图研究考察与澳新等的“塔姆泡泡”（Tamtam Bubble），库克群岛积极推进与新西兰的“旅行泡泡”。然而，受澳新疫情反复的影响，“跨塔斯曼旅行泡泡”直到同年 10 月 16 日才正式落地，仅启动“分阶段实施”的第一步，即单向的旅游协议，且要求条件繁多，[②] 导致太平洋岛国的加入时机不成熟，至 2020 年底涵盖岛国的“跨太平洋旅行泡泡”（Trans-Pacific Bubble）没有实质性进展。另外，位于赤道以北的帕劳利用中国台湾地区的客源市场基础[③]和区位便利，亦计划通过“旅行泡泡”重振帕劳旅游业。台湾于 2020 年 10 月正式将帕劳纳入其“旅行泡泡”名单，但受制于台湾地区疫情和帕劳有限的医疗能力，截至 2020 年底仍处于筹备阶段，并未落地。

① “旅行泡泡”，又称共同安全旅行区/圈或旅游走廊，指在全球疫情导致边境封锁的大环境下，疫情控制较好、互相信任检疫措施的国家或地区之间相互解除旅行禁令，开放边境、交通和旅游往来（游客入境不需要进行隔离），以重新建立国家间的联系以及重振旅游业和经济。“旅行泡泡”最初源自 2020 年 4 月欧洲的“波罗的海三国”爱沙尼亚、拉脱维亚、立陶宛在建立三边伙伴关系基础上提出的合作区，合作区内国家的公民可以自由进入彼此的领土，而不需要被隔离，这种自由的通道后来被称为“旅行泡泡”。“跨塔斯曼旅行泡泡”又称“跨塔斯曼海峡安全旅行区”或“澳新安全旅行区”。

② 该阶段的“澳新安全旅行区”协议规定：在新西兰已停留 14 天或以上且未去过“疫情热点地区”（指三天内平均每天发生 3 起以上新冠肺炎确诊病例的地方）的民众（指新西兰境内的新西兰公民或其他国籍公民，前者不需要签证，后者需要有效签证），从新西兰乘坐“免检航班”（指只搭载符合上述要求的乘客，没有其他地区的乘客）前往澳大利亚指定地区（仅限于新南威尔士州、北领地和澳大利亚首都领地），可免于检疫。但是，新西兰人旅行过后，在返回入境新西兰时，须进行 14 天的隔离（费用自理）。另外，澳大利亚民众在该阶段无法前往新西兰。

③ 2019 年，中国台湾地区是帕劳第三大入境旅游客源市场，占有 16.5% 的市场份额，仅次于中国大陆（32.1%）和日本（21.0%）。“Yearbook of Tourism Statistics dataset [Electronic],” UNWTO, https://www.e-unwto.org/toc/unwtotfb/current，访问时间：2021 年 4 月 30 日。

三　新冠肺炎疫情下太平洋岛国旅游业发展前景展望

2020 年 5 月，世界卫生组织警告，新冠病毒可能永远不会消失，即使研发出了疫苗，病毒也可能需要四五年才能得到控制。这对依赖国际旅游业的太平洋岛国极为不利。

从旅游业发展的历史基础来看，亚太地区的旅游业对于世界发展意义重大，旅游业仍将是新冠肺炎疫情后太平洋岛国可持续发展的驱动力。① 2019 年，亚太地区旅游业产值占全球旅游业产值的三分之一（34%）；旅游业产值增长 5.5%，是全球增长最快的地区。② 世界旅游组织研究指出，亚太地区的国际旅游业预计将最快复苏。③ 另外，2020 年 6 月联合国亚洲及太平洋经济社会委员会（UNESCAP）的研究报告《亚太有特殊需要的国家发展报告：利用海洋资源促进小岛屿发展中国家的可持续发展》（The Asia-Pacific Countries with Special Needs Development Report：Leveraging Ocean Resources for the Sustainable Development of Small Island Developing States）强调，尽管旅游业和渔业易受冲击，但由于它们对产出的贡献和对生计的重要性，旅游业和渔业仍将是亚洲及太平洋小岛屿发展中国家可持续发展的驱动力。在短期内，疫情导致旅游业遭受重创，但长期的全球背景将迎来一个支持亚太小岛屿发展中国家旅游业发展的时代。这是由于亚洲发展中新兴中产阶级和环太平洋发达国家老龄化社会的旅游需求不断

① Armida Salsiah Alisjahbana, "Sustainable Tourism and Fisheries Key to Growth in Post-COVID Pacific," UNESCAP, June 30, 2020, https://www.unescap.org/op-ed/sustainable-tourism-and-fisheries-key-growth-post-covid-pacific.

② "Travel & Tourism Global Economic Impact & Trends 2020," World Travel & Tourism Council, June, 2020, https://wttc.org/Research/Economic-Impact.

③《世界旅游组织：新冠肺炎疫情或将导致今年国际旅客锐减 80%》，联合国新闻，2020 年 5 月 7 日，https://news.un.org/zh/story/2020/05/1056832。

增加。[1]

从太平洋岛国自身发展的现实条件来看，疫情下岛国国际旅游业发展面临严峻的挑战。一个国家执行新冠病毒检测、治疗和追踪（Testing，Treatment and Tracing，3Ts）的能力直接影响其向国际旅行开放速度和广度的决策。[2] 太平洋岛国医疗卫生系统相对薄弱，新冠肺炎快速诊断检测设备、治疗设备以及新冠病毒疫苗主要依靠发展伙伴援助；而且岛国智能手机普及率低，[3] 单靠数字追踪系统进行接触追踪远远不够。[4] 这都严重制约岛国边境的开放进程以及国际旅游业的重启计划。2020 年底，世界银行预测太平洋岛国恢复国际旅行的三个潜在阶段，提出第二阶段以旅游为目的的跨国出行预计从 2021 年 7 月以预先确定区域内“旅行泡泡”的形式开始运作，而第三阶段发展到全面国际旅行新常态的时间则在同年 10 月之后，且全程均需加强执行 3Ts。[5] 然而，从全球、太平洋岛国及其主要客源国的疫情控制情况综合考虑，该时间表的预测较为乐观，岛国恢复国际旅行可能需要更长的时间。

从 2020 年太平洋岛国对新冠肺炎疫情的防控效果可见，岛国防控措施越严格，疫情控制则越好，国际旅游业受影响也越大，反之亦然。然而，国

① Armida Salsiah Alisjahbana，“Sustainable Tourism and Fisheries Key to Growth in Post-COVID Pacific，” UNESCAP，June 30，2020，https：//www. unescap. org/op – ed/sustainable – tourism – and – fisheries – key – growth – post – covid – pacific.

② “How Could the Pacific Restore International Travel?” The World Bank，2020，http：//documents1. worldbank. org/curated/en/303971611070755211/pdf/How – Could – the – Pacific – Restore – International – Travel. pdf.

③ 2018 年太平洋岛屿地区的手机普及率为 38%，低于最不发达国家的平均水平（44%）；而智能手机的使用率仅为 30%。“The Mobile Economy Pacific Islands 2019，” Global System for Mobile Communications Association，April 2019，https：//www. gsma. com/mobileeconomy/pacific – islands/.

④ “How Could the Pacific Restore International Travel?” The World Bank，2020，http：//documents1. worldbank. org/curated/en/303971611070755211/pdf/How – Could – the – Pacific – Restore – International – Travel. pdf.

⑤ “How Could the Pacific Restore International Travel?” The World Bank，2020，http：//documents1. worldbank. org/curated/en/303971611070755211/pdf/How – Could – the – Pacific – Restore – International – Travel. pdf.

际旅游业是太平洋岛国的重要生命线，重启旅游业是各岛国经济发展的迫切需要。因此，开放边境和国际旅游是把双刃剑，岛国政府既要谋求经济利益，也要充分考虑可能带来的境外输入病例的风险。尽管疫情下太平洋岛国为旅游业复苏积极准备，但受制于岛国自身的经济发展水平，其应对能力有限，还需要域内外国家对其旅游业进行有针对性的援助。

2020 年，太平洋岛国的主要发展伙伴中，澳大利亚和新西兰除了捐款帮助岛国升级改造旅游景点的硬件设施等，还借助区位便利试图通过“旅行泡泡”的方式帮助岛国恢复旅游业；美国和中国主要采取向南太平洋旅游组织捐款的方式帮助岛国旅游业；日本出资支持联合国开发计划署（UNDP）向斐济、基里巴斯、瑙鲁、所罗门群岛、汤加、图瓦卢和瓦努阿图等岛国因受疫情影响而失业或无薪休假的 3000 多名旅游从业人员提供免费的在线培训课程，以帮助其找到其他就业机会，甚至开办微型企业，力求解决部分岛国旅游从业者疫情下的谋生问题。

疫情下，在中国经济增长的背景下，在太平洋岛国最困难的特殊时期，中国对岛国开展旅游援助，对推进双方“相互尊重、共同发展的全面战略伙伴关系”，共建“21 世纪海上丝绸之路”以及推动岛国国际旅游业重启后的经济复苏发展具有重要意义。① 在 2019 年“中国－太平洋岛国旅游年”的合作基础上，在疫情下双方国际旅游未开通的行业储备阶段，中国可重点对依赖国际旅游业而导致经济社会发展受疫情冲击最大的建交岛国斐济和瓦努阿图开展数字技术援助和旅游发展经验对接等方面的旅游援助。

① 刘建峰、王桂玉、李巧巧：《中国与太平洋岛国旅游外交：历史基础、现实动力与路径选择》，《太平洋学报》2021 年第 2 期，第 83～94 页。

B.11
太平洋岛国次区域主义及其最新进展

陈晓晨*

摘　要：近年来，包括美拉尼西亚、波利尼西亚和密克罗尼西亚在内的太平洋岛国次区域主义发展显著，美拉尼西亚先锋集团、波利尼西亚领导人集团和密克罗尼西亚总统峰会这三个主要的次区域组织机制都取得了一系列成绩。2020年，受多方面因素影响，三大次区域组织机制都面临新挑战、出现新变化、取得新进展。与此同时，三大次区域之间的矛盾也进一步凸显，尤其是2020年10月举行的密克罗尼西亚总统峰会特别领导人会议形成并表达了新一任太平洋岛国论坛秘书长必须来自密克罗尼西亚的强硬立场。

关键词：太平洋岛国　次区域主义　美拉尼西亚　波利尼西亚　密克罗尼西亚

太平洋岛国地区（Pacific Islands Region，PIR）由美拉尼西亚、密克罗尼西亚和波利尼西亚三个次区域（sub-region）组成。当前国内学界对太平

* 陈晓晨，法学博士，华东师范大学亚洲和太平洋地区研究中心执行副主任、澳大利亚研究中心副主任，聊城大学太平洋岛国研究中心特约高级研究员，主要研究方向为全球治理、亚太研究与太平洋岛国研究等。

洋岛国次区域主义（sub-regionalism）的研究还不够丰富。[①] 本报告对近年来太平洋岛国次区域主义的发展进行了梳理，重点聚焦2020年美拉尼西亚先锋集团（MSG）、波利尼西亚领导人集团（PLG）和密克罗尼西亚总统峰会（MPS）这三个主要的次区域组织机制在各种特殊因素下的最新进展。

一　美拉尼西亚先锋集团

（一）情况简介

美拉尼西亚先锋集团（下称“先锋集团”）是美拉尼西亚最重要的次区域组织，也是太平洋岛国地区最为活跃、影响力最大的次区域组织。其成员包括巴布亚新几内亚（巴新）、所罗门群岛、瓦努阿图、斐济和主张新喀里多尼亚独立的卡纳克社会主义民族解放阵线（FLNKS，简称“社民解阵”）。2008年，先锋集团成为一个受联合国认可的正式的国际组织。

随着先锋集团越来越受各方重视，人员规模不断扩大，秘书处支出不断增加，加上卡纳克社民解阵的会费缴纳出现问题，秘书处一度面临入不敷出的境况乃至面临停摆威胁。[②] 不过，在阿梅纳·尧沃利（Amena Yauvoli）担任先锋集团秘书长期间，先锋集团的财务境况好转，到2017年底整个组织重新步入正轨。[③]

---

① 在国内学者中，沈予加和笔者分别对美拉尼西亚次区域主义进行过专门研究，参见沈予加《美拉尼西亚国家面临的发展机遇与挑战》，载喻常森、费晟主编《大洋洲发展报告（2019～2020）：地区治理的契机与挑战》，社会科学文献出版社，2021，第113～122页；陈晓晨《美拉尼西亚先锋集团：一个次区域组织的发展探析》，《区域与全球发展》2020年第5期，第51～67页。论及美拉尼西亚先锋集团的研究文献还参见汪诗明《开放的区域主义与中澳在南太平洋岛屿地区的合作》，《国际问题研究》2019年第1期，第54～74页；刘卿《澳大利亚强化南太政策：措施、动因及制约因素》，《国际问题研究》2019年第4期，第64～81页；等等。当前国内学界对波利尼西亚和密克罗尼西亚次区域合作尚无较深入的专门研究。

② MSG Secretariat, “The Melanesian Spearhead Group Secretariat: Annual Report 2017,” pp. 8－9, https://www.msgsec.info/wp－content/uploads/annualreports/2017－Annual－Report.pdf.

③ “MSG Undergoes Structural Re-organisation,” https://www.solomonstarnews.com/index.php/news/regional/item/11016－msg－undergoes－structural－re－organisation.

（二）主要成绩

先锋集团最成功的成果体现在《美拉尼西亚自由贸易协定》（MFTA）的最终达成。该自贸协定采取“边谈边做”的方式，在谈判期间即已启动了若干早期收获。例如，2013 年 1 月起，随着斐济、瓦努阿图和巴新开始逐步落实贸易协定，三国之间的贸易开始大幅度增长。2015 年，“美拉尼西亚旅行卡”正式启动，促进了美拉尼西亚国家之间的旅行便利化。①

在政治上，新喀里多尼亚的去殖民化问题是先锋集团着重关注的政治议题，核心是围绕关于新喀里多尼亚自治进程的《努美阿协定》。2018 年 11 月，在先锋集团的协助下，新喀里多尼亚举行第一次公投，支持独立的选民为 43%，超出了预期。②

在气候变化领域，先锋集团致力于维护本次区域在应对气候变化中的利益。针对长期以来存在的气候融资难的问题，2019 年 9 月，先锋集团向联合国提交了《美拉尼西亚先锋集团气候融资战略（2019 ~ 2021）》，成为全球第一个提交“基于需求的气候融资”具体方案的地区组织。③

（三）2020年新进展

2020 年 4 月，先锋集团秘书长更迭，尧沃利结束任期，原先锋集团副秘书长、所罗门群岛外交官乔治·豪阿奥（George Hoa'au）出任代理秘书

---

① Dionisia Tabureguci，“Intra-MSG Trade Grows，” http：//www. islandsbusiness. com/archives/item/537 – intra – msg – trade – grows. html.

② 参见陈晓晨《美拉尼西亚先锋集团：一个次区域组织的发展探析》，《区域与全球发展》2020 年第 5 期，第 51 ~ 67 页。

③ “Needs-based Finance（NBF）Project-Regional Projects，” https：//unfccc. int/NBF%20Project/Regions#eq – 6. 关于美拉尼西亚先锋集团已取得的成绩，另参见沈予加《美拉尼西亚国家面临的发展机遇与挑战》，载喻常森、费晟主编《大洋洲发展报告（2019 ~ 2020）：地区治理的契机与挑战》，社会科学文献出版社，2021，第 113 ~ 122 页。

长。上任伊始，面对新冠肺炎疫情带来的各方面冲击，他带领的秘书处一方面转向疫情应对与疫情防控常态化背景下的恢复，另一方面以线上方式继续按照《先锋集团 2038 年为了所有人的繁荣计划》推进日常工作。考虑到美拉尼西亚岛国在疫情下面临的实际经济与社会困难，先锋集团秘书处以电子商务为抓手，促进疫情防控常态化背景下的恢复。5 月，先锋集团贸易、投资与经济发展项目经理索瓦伊亚·马拉瓦（Sovaia Marawa）与太平洋岛国论坛秘书处（PIFS）举行线上会议，商讨疫情下促进电子商务项目的协调工作。[①] 6 月，先锋集团秘书处为巴新政府举办了关于《巴新国家电子商务评估报告》初稿的咨询会，协助巴新政府在疫情背景下发展线上经济。[②] 下半年，先锋集团着手制定《美拉尼西亚先锋集团电子商务评估报告》，于 11 月形成初稿，并召集贸易、信息技术、教育、物流和政府部门等各方面相关人士进行线上讨论。[③] 此外，针对疫情背景下美拉尼西亚各岛国加强边境管制的措施，先锋集团试图创建一个"美拉尼西亚旅行泡泡"，在医药卫生、社会与家庭联通、经济恢复、体育与娱乐、传统农业与粮食安全五个领域建立美拉尼西亚次区域内部的便捷跨国旅行机制。[④]

先锋集团继续推动其他既定工作，包括继续支持新喀里多尼亚独立运动。10 月，新喀里多尼亚举行第二次全民公决，有 46% 的选民投票支持独立，高于第一次全民公决的 43%。先锋集团对此表示祝贺，并鼓励卡纳克人继续争取新喀里多尼亚独立。[⑤]

---

① "MSG Secretariat Meets Online with PIFS on E-commerce Project," *Melanesian Tok*, No. 11, 2020, p. 5.

② "MSG Secretariat Hosts Consultative Meeting on Preliminary Draft of 'National E-commerce Assessment of PNG'," https://www.msgsec.info/msg-secretariat-hosts-consultative-meeting-on-preliminary-draft-of-the-national-e-commerce-assessment-of-png-report/.

③ "MSG E-commerce Assessment Workshop, A Success," *Melanesian Tok*, No. 13, 2020, p. 11.

④ "MSG Secretariat's 5-Point Sustainability Plan on Melanesian Bubble," *Melanesian Tok*, No. 11, 2020, p. 12.

⑤ "MSG Secretariat Hosts Congratulates FLNKS for Peaceful Conduct of Independent Referendum," *Melanesian Tok*, No. 12, 2020, p. 8.

二 波利尼西亚领导人集团

（一）情况简介

波利尼西亚次区域合作的代表性机制是波利尼西亚领导人集团（下称“领导人集团”）。2011 年 11 月，领导人集团在萨摩亚首都阿皮亚正式成立并签订谅解备忘录，创始成员为库克群岛、纽埃、萨摩亚和汤加，成员很快扩大到图瓦卢、托克劳、美属萨摩亚和法属波利尼西亚。萨摩亚总理图伊拉埃帕·萨依莱莱（Tuilaepa Sailele）称，集团的目的是“发展、促进和保护成员的共同利益与目标”，以及“提供一个波利尼西亚国家之间的系统化的合作方式”。[①]

自建立伊始到 2018 年，领导人集团每年召开一次峰会作为最高决策机制，包括接受重要事项汇报、讨论行动和审查成员等。[②] 2018 年，在图瓦卢举行的第 8 届领导人集团峰会上，集团成员进一步扩大到法国的太平洋岛屿领地瓦利斯与富图纳群岛、新西兰“毛利王国”（Māori Iwi）[③]、美国夏威夷群岛和智利复活节岛“拉帕努伊”（Rapa Nui），其成员范围超出了太平洋岛国地区和政治实体范畴。[④]

不过，截至 2020 年底，波利尼西亚次区域机制组织相对松散，凝聚力相对较弱，政治重要性较低，其更多强调的是文化交流合作。澳大利亚学者、政治咨询师特丝·牛顿－凯恩（Tess Newton-Cain）认为，波利尼西亚是三大次区域机制中最不活跃的一个。[⑤]

---

① Marieta Heidi Ilalio, “Polynesian Leaders Group Formed in Samoa,” *Samoa Observer*, November 21, 2011, http://www.pireport.org/articles/2011/11/21/polynesian-leaders-group-formed-samoa.

② 2019 年和 2020 年，波利尼西亚领导人集团峰会分别因荨麻疹疫情和新冠肺炎疫情推迟。

③ “Iwi” 毛利语意为“部落”，中文已习惯译为“毛利王国”，本报告采用习惯译法。

④ “Polynesian Leaders Group Grows,” *Samoa Observer*, July 4, 2018, https://www.samoaobserver.ws/category/samoa/21955.

⑤ Tess Newton Cain, “Rebuild or Reform: Regional and Subregional Architecture in the Pacific Island Region,” *Le Journal de la Société des Océanistes* [*En ligne*], Vol. 140, No. 6, 2015, p. 54.

（二）主要成绩

应对气候变化是领导人集团的关键议题。与其他太平洋岛国特别是美拉尼西亚岛国相比，波利尼西亚岛屿众多，但普遍海拔极低，大部分为珊瑚岛礁，受海平面上升的威胁最为直接。领导人集团尤其反映了这一特殊关切。如波利尼西亚领导人在2012年第二届峰会上表示，“要与波利尼西亚当地科学家、社区成员、教育工作者、领导人和决策者合作，把应对气候变化作为珊瑚礁管理的最重要问题，制定减少温室气体排放的立法、改善污染治理、评估和监测珊瑚礁以及建设有韧性的生态系统和社区”。[①] 2015年7月，在巴黎气候大会前，领导人集团通过了《塔普塔普阿特阿宣言》（Taputapuatea Declaration），表示“强烈支持1.5℃控温目标”，为当时即将召开的太平洋岛国论坛就气候变化问题造势。[②] 2016年，领导人集团在全境最高海拔仅1米的托克劳举行特别领导人会议，总结了巴黎气候大会经验，展望了2016年马拉喀什气候大会，并着重讨论了海洋与气候变化问题，为2017年的联合国海洋大会做准备。[③]

2018年7月，领导人集团在图瓦卢召开第8届峰会，正值联合国气候变化政府间专门委员会（IPCC）草拟《关于全球升温1.5℃的IPCC特别报告》，其中特别比较分析了升温1.5℃与升温2℃对小岛屿带来的风险，包括海洋生态系统受到冲击、海平面上升与出现极端天气事件等。[④] 在这个背景下，波利尼西亚领导人发布了《阿玛图库宣言》（Amatuku Declaration），特别关注气候变化与海洋问题，重申升温1.5℃对岛屿社区尤其是珊瑚岛礁居

---

① Iati Iati, “Pacific Regionalism and the Polynesian Leaders Group,” *The Round Table*, Vol. 106, No. 2, 2017, p. 177.

② Polynesian Leaders Group Taputapuatea Declaration, Papeete, July 16, 2015.

③ PMC Editor, “Polynesian Leaders Group Gathers in Tahiti for Climate Change Update,” June 29, 2016, http://asiapacificreport.nz/2016/06/29/polynesian-leaders-group-gather-in-tahiti-for-climate-change-update/.

④ Catherine Benson Wahlén, “Polynesian Leaders Issue Declaration on Climate Change and Oceans,” July 5, 2018, https://sdg.iisd.org/news/polynesian-leaders-issue-declaration-on-climate-change-and-oceans/.

民的生存造成的威胁。针对海平面上升带来的领土面积缩小问题，波利尼西亚领导人提出，在《海洋法公约》框架下，即使在海平面上升的情况下，这些岛国的领土边界也应当保持不变。这对岛屿众多但海拔普遍极低的波利尼西亚次区域来说尤为重要。这份宣言还关注了气候移民搬迁问题，支持东道国图瓦卢向联合国大会呼吁通过一个决议来保护气候移民，并呼吁联合国秘书长任命一个气候变化与安全特别顾问和一个驻联合国安理会特别报告员就气候变化带来的安全威胁做报告。此外，该宣言还特别对气候融资、海洋环境和金枪鱼资源保护提出了关切。①

（三）2020年新进展

由于2019年底在波利尼西亚传播的荨麻疹疫情和2020年的新冠肺炎疫情，本来计划由美属萨摩亚主办的领导人集团峰会两次推迟，最终没能在2020年内举行。② 不过，2020年波利尼西亚次区域合作得到了实质推进，其中最重要的项目当属马纳图阿（Manatua）海底光缆建成并投入运营。

马纳图阿海底光缆全长3634公里，主要呈东西走向，西起萨摩亚首都阿皮亚，东到法属波利尼西亚的托阿霍图，并建有连接纽埃首都阿洛菲和库克群岛首都阿瓦罗阿等地的南北走向支线，由两根光纤组成，每根能承载10Tbps数据。这条海底光缆由萨摩亚海底电缆公司（SSCC）、纽埃电信（TNL）、库克群岛阿瓦罗阿海底电缆公司（ACL）和法属波利尼西亚邮局和电信局（OPT）四家波利尼西亚本地公司组成的马纳图阿联合体共同所有和运营。③

波利尼西亚领导人对这个项目给予高度评价。法属波利尼西亚政府主席爱德华·弗里奇（Edouard Fitch）表示，这条海底光缆合作是波利尼西亚区

---

① Amatuku Declaration on Climate Change and Oceans: by the Polynesian Leaders Group, Tuvalu, June 29, 2018.

② "Polynesian Leaders' Group Meeting Cancelled Again," https://www.samoaobserver.ws/category/article/55700.

③ 《Manatua 海底光缆系统建成投产》，搜狐网，2020年9月7日，https://www.sohu.com/a/416910424_249929。

域互联互通的一个里程碑，“使得我们可以联通更大的世界”。他还表示，这体现了在波利尼西亚领导人集团的带领下合作的决心与采取的实质行动。萨摩亚总理图伊拉埃帕·萨伊莱莱表示，这条海底光缆是波利尼西亚领导人关于太平洋地区互联互通共同愿景的一个实体，将促进波利尼西亚国家的经济发展和就业，并为数字转型奠基。时任库克群岛总理亨利·普纳（Henry Puna）将此项目形容为“波利尼西亚合作新时代的黎明”。纽埃总理多尔顿·塔格拉吉（Dalton Tagelagi）则称赞这条海底光缆是纽埃联结世界的关键。①

与美拉尼西亚次区域相比，波利尼西亚次区域合作进展相对迟缓，尚缺乏一个地区组织常设秘书处是其中一个重要原因。奥利塔·图普（Olita Tupou）考察了波利尼西亚领导人集团的“数字化外交”，认为可以通过网上办公和远程外交等手段在一定程度上代替一个常设秘书处。② 不过，电信基础设施的缺乏是制约因素。也正因为如此，马纳图阿海底光缆的投入运营不仅对改善波利尼西亚次区域的电信网络，也对促进次区域合作机制发展意义重大。

三　密克罗尼西亚次区域机制建设

（一）情况简介

与其他次区域不同，密克罗尼西亚次区域的国家和地区主要是美国自由联系国或属地，历史上受美国影响很大。因此，密克罗尼西亚次区域机制的一个重要议题就是处理与美国的关系以及由此衍生出来的问题。此外，由于该次区域都是小岛屿国家或领地，应对气候变化与海洋治理成为

① Natalie Bannerman, “The Manatua-One Polynesia Cable Now RFS,” July 23, 2020, https://www.capacitymedia.com/articles/3826021/the-manatua-one-polynesia-cable-now-rfs.

② Olita Tupou, Digital Diplomacy As a Foreign Policy Statecraft to Achieving Regional Cooperation and Integration in the Polynesian Leaders Group (Ph. D. Dissertation, the University of Malta, 2018).

突出议题。

密克罗尼西亚次区域机制建设从21世纪初开始，主要机制为2001年建立的密克罗尼西亚总统峰会（下称“总统峰会”）和2003年建立的西密克罗尼西亚行政首脑峰会（2008年更名为“密克罗尼西亚行政首脑峰会”）。前者成员限于主权国家，后者则包括关岛等岛屿领地和波纳佩等次国家政治实体。截至2020年底，总统峰会成员国包括密克罗尼西亚联邦（密联邦）、马绍尔群岛、帕劳、基里巴斯和瑙鲁五国。

（二）主要成绩

实现生态环境保护领域的“密克罗尼西亚挑战”是密克罗尼西亚次区域合作的主要成绩之一。这是2006年由时任帕劳总统小汤米·雷门格绍在总统峰会上倡议的，由密联邦、马绍尔群岛、帕劳、关岛、北马里亚纳群岛组成，重点是应对气候变化、开展环境与海洋资源保护等，整体目标是在2020年前将至少30%的近岸水生生物资源和20%的陆生生物资源纳入有效的自然保护。①此后，“密克罗尼西亚挑战”不断取得进展。2015年4月，密克罗尼西亚自然保护信托基金（MCT）成为《联合国气候变化框架公约》（UNFCCC）下的适应基金（AF）授权的首个国家执行实体，前者可以向后者申请最高1亿美元的项目资金，支持密克罗尼西亚次区域的气候适应工作。2015年7月，在巴黎气候大会召开前，第15届总统峰会召开，重点讨论了巴黎气候大会召开前在气候变化问题上协调立场与联合举行活动等问题，其中包括共同在巴黎气候大会会场组织“密克罗尼西亚馆”活动，展示这个次区域在气候变化威胁下的脆弱性和应对气候变化的领导力。②

2020年9月，密联邦总统戴维·帕努埃洛（David Panuelo）在2020年

---

① “Declaration of Commitment: ‘The Micronesia Challenge’,” https://tnc.app.box.com/s/h3280v80fc2547kanz7mybkpi86g2tqj.

② Boknake Haus Communiqué, 15th Micronesian Presidents’ Summit, Majuro, Marshall Islands, July 14-15, 2015.

岛屿视频峰会（VIS）上代表密克罗尼西亚次区域宣布，经过多方努力，“密克罗尼西亚挑战”已经得以实现。[①] 关岛总督卢·里昂·格雷罗（Lou Leon Guerrero）高度评价了“密克罗尼西亚挑战”在实现可持续发展目标中的作用，并表示将与其他密克罗尼西亚岛国和岛屿领地共同启动“密克罗尼西亚挑战 2030”。[②]

表 1 “密克罗尼西亚挑战”的基本数字、含义及单位

670 万平方公里——陆海总面积
66 种——濒危生物
1300 种——鱼类
483 种——珊瑚礁
1400 种——植物
85 种——鸟类

资料来源：“密克罗尼西亚挑战”网站，“About the Challenge”，http：//themicronesiachallenge. blogspot. com/p/about. html。

在贸易领域，2014 年 9 月，帕劳、马绍尔群岛和密联邦三国签订《美拉尼西亚贸易与经济条约》（MTET），授权建立美拉尼西亚贸易委员会，公开主动地动员资金和其他资源。时任密联邦总统伊曼纽尔·莫里（Emmanuel Mori）将这个条约形容为“密克罗尼西亚协作精神的真正体现”，还表示条约为基里巴斯、瑙鲁、关岛和北马里亚纳联邦的加入做了预留。时任马绍尔群岛总统克里斯托弗·洛亚克（Christopher J. Loeak）表示，条约如《太平洋地区主义框架》拟想的那样，是这三个国家在太平洋地区、亚洲和全球经济中更大整合的有机组成部分。条约显示，这三个国家将“通过促进次区域贸易和经济合作与一体化，为建成密克罗尼西亚贸易

① “A Pacific Success Story – The Micronesia Challenge Reaches 2020 Milestone Year,” https：// www. sprep. org/news/a – pacific – success – story – the – micronesia – challenge – reaches – 2020 – milestone – year.

② “September 9，2020：What a Success！ – MC2030 Leaders at VIS2020 Grand Opening Speech，” http：//themicronesiachallenge. blogspot. com/p/communications – and – media. html.

与经济共同体（MTEC）努力”[①] ——当然，这距离真正意义上的自由贸易区还有很大一段距离。

总体来说，密克罗尼西亚次区域各国都非常依赖与美国之间的关系。2017～2020年特朗普担任美国总统期间，在气候变化问题上持极为消极的立场，并大幅度削减了对外援助，尤其是与气候变化、环保相关的援外经费，给密克罗尼西亚次区域机制带来了重大挑战，但也反过来促使这些国家不得不重新调整外交政策，进一步加强次区域内部的联系与协调。[②]

（三）2020年新进展

除了前文提到的“密克罗尼西亚挑战”的达成、“密克罗尼西亚挑战2030”的提出外，2020年密克罗尼西亚次区域主义最重要的进展就是2020年10月总统峰会举行特别领导人会议（“mekreos”），主要就抗疫和经济恢复、次区域航运航空合作以及新一任太平洋岛国论坛秘书长人选三个议题进行讨论并达成共识。这次会议是2020年太平洋岛国地区最大规模的线下线上结合的会议，但最引人关注的是会后的联合公报以强硬措辞提出必须根据三大次区域轮流执掌太平洋岛国论坛秘书处的“君子协议”，由密克罗尼西亚人士出任秘书长，否则密克罗尼西亚五国将集体退出太平洋岛国论坛。

在抗疫与经济恢复方面，密克罗尼西亚领导人在闭门环节讨论了封境措施、新冠病毒检测、疫苗获取与分配等抗疫合作，以及应对疫情背景下经济下滑和债务压力增加的问题，并集中讨论了创建“密克罗尼西亚旅行泡

① “The Federated States of Micronesia, the Republic of the Marshall Islands, and the Republic of Palau Sign a Landmark Establishing the Micronesian Trade and Economic Community (MTEC)," September 3, 2014, http://www.fsmrd.fm/the-federated-states-of-micronesia-the-republic-of-the-marshall-islands-and-the-republic-of-palau-sign-a-landmark-establishing-the-micronesian-trade-and-economic-community-mtec/.

② Suzanne Lowe Gallen, “Micronesian Sub-regional Diplomacy," in Greg Fry and Sandra Tarte, eds., *New Pacific Diplomacy*, Canberra: Australian National University Press, 2015, pp. 175-188.

泡”。密克罗尼西亚五国由于地理位置偏远，与外界人员往来较少，加之采取封境措施，在2020年均无新冠肺炎确诊病例①。但是，封境措施和跨境旅行的骤减给这些国家的经济和就业带来了严重冲击。所谓“旅行泡泡”，就是在密克罗尼西亚次区域保持无疫情的情况下，打通五国之间不受防疫隔离限制的旅行，但继续保持对“泡泡”外的旅行限制与隔离措施。会议公报决定建立一个“旅行泡泡”工作组商讨具体实施方案。②

“密克罗尼西亚旅行泡泡”与次区域航运航空合作密切相关。这次会议讨论了由瑙鲁航空公司（Air Nauru）负责提供“泡泡”内航空服务的方案。会议公报决定正式邀请瑙鲁和基里巴斯加入密克罗尼西亚航运委员会（MSC）——由帕劳、密联邦和马绍尔群岛创建的次区域航运合作项目。③此外，这次会议还讨论了在瑙鲁建立总统峰会永久秘书处等事宜。④

四　次区域之间矛盾凸显

当然，密克罗尼西亚领导人在疫情期间举行的这次会议最受外界关注的还是密克罗尼西亚五国在太平洋岛国论坛秘书长人选问题上的强硬立场，凸显了太平洋岛国三大次区域之间的矛盾和太平洋岛国论坛的内部裂痕。

按照太平洋岛国论坛内部不成文的“君子协议”，太平洋岛国论坛秘书长应在三大次区域之间轮流产生。不过，密克罗尼西亚人士上一次也是唯一一次担任秘书长还是在20世纪90年代。此后的20多年里，秘书长一职相继由来自美拉尼西亚的诺埃·列维（Noei Levi）、澳大利亚的格雷格·厄尔文（Greg Erwin）、波利尼西亚的费雷提·特奥（Feleti Teo）、波利尼西亚的

---

① 笔者注：2021年1月该次区域出现了第一例新冠肺炎确诊病例。

② “MPS Special *Mekreos* Communique,” *Nauru Bulletin*, No. 17, 2020, pp. 4 - 5.

③ “MPS Special *Mekreos* Communique,” *Nauru Bulletin*, No. 17, 2020, pp. 4 - 5. 关于瑙鲁航空公司和密克罗尼西亚航运委员会的历史和运行成效，参见陈晓晨《南太平洋地区主义：历史变迁的逻辑》，社会科学文献出版社，2020，第142、238页。

④ Louella Losinio, “Micronesian Presidents Hold Historic Summit,” October 5, 2020, https://www.pncguam.com/micronesian-presidents-hold-historic-summit/.

图伊洛马·斯拉德（Tuiloma Slade）和美拉尼西亚的达梅·梅格·泰勒（Dame Meg Taylor）担任，因为各种原因一直没轮到密克罗尼西亚，这让密克罗尼西亚五国的不满日益积累。当然，秘书长国籍问题仅仅是表象，更为实质的问题是密克罗尼西亚国家在太平洋岛国论坛内部决策影响力一直逊于美拉尼西亚和波利尼西亚国家。为了提前锁定秘书长一职，密克罗尼西亚方面早在 2019 年 10 月就联合推选了马绍尔群岛驻美大使、前外交部长杰拉德·札其奥斯（Gerald Zackios）作为太平洋岛国论坛秘书长候选人，原本希望他能得到其他方面的认可，成为各方一致同意的唯一候选人。不过，随后又有 4 位候选人参选，而且都获准在太平洋岛国论坛秘书处完成参选登记，有的候选人还得到了太平洋岛国论坛成员国的官方支持，尤其是普纳在卸任库克群岛总理后再出任太平洋岛国论坛秘书长得到了多方支持，呼声很高。这让密克罗尼西亚方面的不满在 2020 年的总统峰会特别领导人会议上全面爆发。

密克罗尼西亚领导人在会上对他们认定的秘书长候选人札其奥斯表达了一致力推的态度，并威胁称若他不能当选，他们将集体退出太平洋岛国论坛。在领导人闭门讨论环节，远程参会的密联邦总统帕努埃洛表示，札其奥斯是符合次区域轮流当选这一“君子协议”的合适人选，并表示这是“不可谈判”的，“我不想因此事导致太平洋岛国论坛的分裂，但（分裂）是可能的”。[①] 针对札其奥斯“在复杂环境下欠缺领导力”的声音，瑙鲁总统莱昂内尔·安吉米亚（Lionel Aingimea，又称“安格明”）对札其奥斯的能力表示力挺。[②]

最后，会议公报明确表示：“总统们同意‘君子协议’加强了太平洋岛国论坛的团结与完整，同意此事（秘书长人选问题）有关尊重和太平洋联

① “President Panuelo Questions FSM Remaining in the Pacific Island Forum If the Micronesia Subregion Not Given Fair Opportunity to Lead,” https：//gov. fm/index. php/component/content/article/35 – pio – articles/news – and – updates/367 – president – panuelo – questions – fsm – remaining – in – the – pacific – island – forum – if – the – micronesia – subregion – not – given – fair – opportunity – to – lead.

② “Micronesia Will Disengage from PIF,” *Nauru Bulletin*, No. 17, 2020, p. 3.

合，并同意此事对总统峰会成员国来说是不可谈判的。”会议公报还明确表示：“如果‘太平洋方式’（Pacific Way）和‘君子协议’得不到尊重，他们将视继续留在太平洋岛国论坛为无益。”①

总之，这次会议是密克罗尼西亚领导人不满的一次集中爆发，以最强烈的措辞和以退出太平洋岛国论坛为威胁力挺密克罗尼西亚人士成为新一任太平洋岛国论坛秘书长。这为 2021 年 2 月札其奥斯最终落选后密克罗尼西亚五国集体宣布启动退出太平洋岛国论坛程序，将次区域之间的矛盾显性化埋下了前因。

① “MPS Special *Mekreos* Communique,” *Nauru Bulletin*, No. 17, 2020, p. 4.

B.12

从特朗普到拜登：美国太平洋岛国政策的演进与逻辑

吴 艳*

摘 要： 近年来，随着美国亚太政策的不断调整，太平洋岛国在美国外交政策中的地位和价值日益提升。尽管美国的太平洋岛国政策经历了从特朗普政府以“安全利益”为核心目标到拜登政府以“重塑地区影响力”为首要任务的转变和调整，但其始终维护美国在太平洋岛国地区霸权地位的政策逻辑和传统并未改变。在亚太地区安全战略格局发生深刻变化的背景下，梳理美国太平洋岛国政策的变化趋势和政策逻辑，有助于进一步加深对美国亚太战略和政策手段的认知。

关键词： 美国 太平洋岛国 特朗普 拜登

一 特朗普政府：以安全利益为核心推进战略合作

由于奉行“美国优先”和“单边主义”原则，特朗普上任后立即宣布退出《巴黎协定》，这一举措令太平洋岛国大失所望，也给特朗普执政时期美国与太平洋岛国的合作带来负面影响。然而，特朗普政府在气候问题上的

---

* 吴艳，博士，广东外语外贸大学太平洋岛国战略研究中心副主任。

态度，并未影响其对太平洋岛国地区战略价值的认知。相反，在“印太”战略背景下，太平洋岛国地区安全格局发生深刻变化，为了巩固美国对该地区的影响力，特朗普政府分别从外交、发展援助和安全三个方面强化其太平洋岛国政策，具体措施如下。

（一）加强高层互动，将太平洋岛国纳入“印太”战略框架

“印太”战略是特朗普政府发布的最重要的国家安全战略方针，《美国印太战略框架》明确提出，美国国家安全面临的首要挑战就是“如何保持美国在印太地区的战略优先地位，防止中国建立势力范围……”① 从地理位置看，太平洋岛国位于美国“印太”战略范围规划的中心区域，是联通印度洋和太平洋的关键，战略价值重要。因此，保持美国在太平洋岛国地区的安全优势，就成为特朗普政府太平洋岛国政策的核心。

为了获得太平洋岛国对美国“印太”战略的支持，特朗普政府多次派出高官对太平洋岛国进行访问。2018 年 9 月，时任美国内政部长瑞安·津克（Ryan Zinke）出席在瑙鲁举行的第 50 届太平洋岛国论坛，此举被视为特朗普政府强化其太平洋岛国政策的开始，这也是自 2012 年希拉里·克林顿出席太平洋岛国论坛之后，美国高层领导人首次出席太平洋岛国论坛。在此次会议上，瑞安·津克借机向太平洋岛国宣扬“美国承诺”：“美国曾在这个区域打过仗、流过血，所以，美国一直在这里，我们的承诺也一直在这里。”② 不久，特朗普又先后派出总统特别助理、国家安全顾问委员会东亚高级主任马修·波廷格（Matthew Pottinger）、国防部印太安全事务助理薛瑞福（Randy Schriver）、美国国务院亚太事务首席副助卿墨菲（Patrick Muerphy）等重要的外交和安全事务高级官员多次访问太平洋岛国，向各岛

① U. S. Strategic Framework for the Indo-Pacific，https：//fas. org/sgp/news/2021/01/indopac – framework. pdf，访问时间：2021 年 3 月 14 日。

② Remarks by Ryan Zinke，Secretary of the Interior 30th PIF Forum Partners Dialogue，https：//www. forumsec. org/wp – content/uploads/2018/09/United – States – PIF – FDP – Remarks – As – Delivered. pdf，访问时间：2020 年 11 月 23 日。

国宣传“印太”战略。

2019 年 5 月 21 日，特朗普在白宫会见帕劳、密克罗尼西亚联邦和马绍尔群岛国家领导人，这是美国总统历史上首次同时会见三个自由联系国的领导人。会后，特朗普与三国领导人共同发表声明：“美国、帕劳、马绍尔群岛和密克罗尼西亚联邦作为太平洋国家，共同重申在自由、开放、繁荣的印太地区的共同利益。”①

经过与太平洋岛国领导人多轮会晤后，2019 年 6 月 1 日特朗普政府发布《印太战略报告》，首次明确将太平洋岛国作为“印太”战略的重要组成部分。“我们将激活与太平洋群岛的接触以维护印太地区的自由和开放，保持航道通畅，提升我们作为岛国安全伙伴的地位……我们承诺将通过不断确认和不断更新伙伴关系保持对太平洋群岛的持续接触。”② 这表明在“印太”战略背景下，特朗普政府将美国在太平洋岛国地区的安全利益置于突出的位置，太平洋岛国在美国外交政策中的地位和价值也随之得到显著提升。

（二）以自由联系国为重点，加大对太平洋岛国的发展援助

发展援助是美国太平洋岛国政策的主要抓手，虽然特朗普政府大规模缩减全球发展援助预算，但是美国国际开发署数据统计显示，2017～2020 年特朗普政府对太平洋岛国的发展援助达到年均 2.4 亿美元③，创下了历届政府的最高值。这些援助资金主要用于公共卫生、救灾反应、文化教育、应对极端气候、珊瑚礁保护、增进海事安全、打击非法捕鱼等领域，目的在于提升美国在太平洋岛国民众中的认可度。新冠肺炎疫情发生后，特朗普政府又额外拨款 2770 万美元帮助太平洋岛国地区的疫情防控。在文化教育方面，特朗普政府还设立了保护太平洋文化遗产、培养未来太平洋地区青年领导

---

① https：//www. abc. net. au/news/2019 －05 －22/donald － trump － hosts － pacific － leaders － at － white － house/11138356.

② U. S Department of Defense，Indo-Pacific Strategy Report，June 1，2019. https：//www. defense. gov/Newsroom/Releases/Release/Article/1863396/dod － releases － indo － pacific － strategy － report/，访问时间：2020 年 1 月 16 日。

③ https：//explorer. usaid. gov.

人、支持青年海洋外交等重点项目，以增进太平洋岛国政治精英和民众对美国的了解和认同。

但是，从援助资金的地缘分布看，特朗普政府对太平洋岛国的援助90%以上都集中在自由联系国，其他的太平洋岛国获得援助的比例少之又少。这在一定程度上反映出特朗普政府发展援助的首要目的在于强化其在太平洋岛国地区的安全利益。

（三）推进安全合作，确保美国在太平洋岛国地区的长期军事存在

二战以来，以美国为首的西方国家一直竭力掌控太平洋岛国地区的安全体系，绝不容许太平洋岛国与任何非西方国家建立军事和安全合作。[①] 安全利益是美国在太平洋岛国地区的首要关切，在“印太”战略背景下，特朗普政府采取了一系列措施推进与太平洋岛国的安全合作。

首先，特朗普上任不久就专门设立大洋洲及印太安全主管部门，并任命亚历山大·葛雷（Alexander Gray）担任主任，全面负责澳新南太地区的安全事务，在机构设置上提升了太平洋岛国事务的层级。

其次，美国通过安全援助介入太平洋岛国军事能力建设。2018 年 8 月，美国国务卿蓬佩奥宣布面向巴布亚新几内亚、斐济和汤加三国的海外军事安全援助（Foreign Military Financing，FMF），总额为 7000 万美元。2019 年 4 月，美国军方代表与密克罗尼西亚联邦政府商讨启动新的海军设施，以强化美国在太平洋岛国地区的战略基地部署。

再次，通过频繁的互动，强化安全承诺。2018 年 9 月，美国海军作战部副部长托马斯·莫迪（Thomas Modly）访问瓦努阿图，就双方军事合作议题展开讨论，并强调加强与太平洋岛国合作是为了保障太平洋地区“自由航行、自由贸易和自由发展”。[②] 同年 7 月在 APEC 领导人非正式会议期间，

① 于镭、赵少峰：《“21 世纪海上丝绸之路”开启中国同太平洋岛国关系新时代》，《当代世界》2019 年第 2 期，第 29 ~ 34 页。

② U. S. Department of the Navy，Under SECNAV Visit Vanuatu，https：//www. cpf. navy. mil/news. aspx/110577，访问时间：2020 年 3 月 5 日。

时任美国副总统彭斯对外界表示，美国将参与马努斯岛的海军基地建设，与澳大利亚和巴布亚新几内亚一起保护太平洋岛国的国家主权和海洋权利。[①] 2020 年 1 月，美国国防部国民警卫局局长约瑟夫·伦吉尔（Joseph Lengyel）在对斐济进行访问时强调，美国与斐济长期保持伙伴关系，双边关系仍有巨大提升空间，美国国民警卫队致力于与斐济为实现和平与安全目标携手努力。

最后，通过联合行动，强化美国对太平洋岛国的军事介入。2020 年 8 月，美国与斐济签署了《国防、国际军事教育和培训协定》（IMET），旨在加强双边国防和安全领域的合作。

综上所述，“安全利益”是特朗普政府太平洋岛国政策的首要目标，这既是对自二战以来美国在该地区核心利益的继承，也是美国推进“印太”战略的现实需要。但在“印太”战略的作用下，特朗普政府仅将太平洋岛国视为在亚太地区巩固其霸权的着力点，而对关系到太平洋岛国可持续发展目标的相关议题则采取了选择性忽略的态度。这种做法不仅导致太平洋岛国地区军事化趋势加速，也使得原本极具“脆弱性”的太平洋岛国面临更大风险。

二　拜登政府：以重塑地区影响力为首要任务，谋求多边合作

2021 年 1 月，拜登作为美国第 46 任总统入主白宫。4 月 28 日，在即将执政满百日的前夕，拜登对国会两院发表了首次演说。拜登在发言中多次宣称“美国回来了”，这不仅是向美国公众表明该届政府应对新冠肺炎疫情、重振经济、推进移民改革和促进民族平等的决心，也是向国际社会传递重建盟友关系、恢复多边合作机制、重塑美国国际领导力的信号。

拜登政府“百日新政”中的太平洋岛国政策是其“谋求美国全球领导

① U. S. to Join Australia in Papua New Guinea Naval Base Plan，https：//www. bbc. com/news/world - asia - 46247446，访问时间：2020 年 3 月 5 日。

力回归”这一总体外交战略的组成部分。与特朗普政府不同的是，拜登政府首先以气候问题作为切入点，增进美国与太平洋岛国之间的利益认同，并在此基础上逐渐提升美国在太平洋岛国地区的影响力。具体来说，拜登政府“百日新政”中的太平洋岛国政策的主要措施如下。

（一）积极回应太平洋岛国关切，重塑美国在全球气候治理中的影响力

气候问题是太平洋岛国实现可持续发展的最大威胁，一直以来，太平洋岛国都在努力寻求国际社会的关注和共同行动。2015 年，太平洋岛国与美国积极合作推动首个全球气候条约《巴黎协定》的签署。2016 年，在夏威夷举行的美国与太平洋岛国领导人会议上，奥巴马谈道：“没有太平洋岛国的巨大努力和辛勤工作，我们就不可能达成《巴黎协定》……太平洋岛国发挥了巨大的作用。”但是，特朗普政府在气候问题上的态度和做法，不仅令原本期待借助美国领导力推动全球减排协议的太平洋岛国深感失望和忧虑，更使得美国在气候问题上的影响力迅速下降。2019 年，第 50 届太平洋岛国论坛在富纳富提举行，太平洋岛国领导人对他们的集体未来表示严重关切与担忧，呼吁国际社会加强领导力，采取紧急行动，积极应对全球气候变化问题。

于是，重新建立与太平洋岛国在气候问题上的合作信心成为拜登政府太平洋岛国政策的首要举措。为了恢复美国在气候议题上的影响力，拜登在上任后的几小时内就重新加入《巴黎协定》，并任命美国前国务卿约翰·克里担任总统气候事务特使。2021 年 4 月，拜登发起首次全球领导人气候峰会，希望借此机会使美国回归应对气候变化引领者的位置。在会议上拜登政府宣布了新的气候目标，即扩大美国政府的减排承诺，到 2030 年将美国的温室气体排放较 2005 年减少 50%，并在 2050 年实现碳中和。这一目标几乎是奥巴马执政时期减排目标的两倍，目的在于向国际社会表明拜登政府应对全球气候问题的决心。

随后，克里在多个外交场合表达了对太平洋岛国面临的气候威胁的关

切。他谈道："气候问题对于岛屿国家而言是超越生存的挑战，只有果断的行动和充足的资金才能确保实现《巴黎协定》为避免气候变化带来的严重后果而设立的目标。"① 同时，克里还表示美国将通过气候融资计划帮助发展中国家保护生态系统，提升气候适应能力，并计划向国会请求在新的年度预算中为绿色气候基金提供 12.5 亿美元资金支持。

（二）推出新的合作倡议，意在向太平洋岛国提供"一带一路"替代方案

2021 年 3 月，美国外交关系委员会发表了《"一带一路"对美国的影响》的研究报告，报告指出："美国知道在亚洲建设的重要性，但没有试图满足该地区的需求……中国'一带一路'倡议为许多国际项目提供了资金，项目覆盖公路、铁路、电力和电信系统，而美国的资金却是有限的，并且正在下降。"报告建议，"美国政策决策者需要在能力所及的范围内为'一带一路'倡议提供替代方案"。②

事实上，在"一带一路"倡议在太平洋岛国地区不断推进的过程中，美国政府一直极力试图找到替代方案。2019 年 11 月 4 日，美国商务部长罗斯在印太商务论坛上正式推出"蓝点计划"，并随后由美国海外私人投资公司（OPIC）宣布启动。该计划旨在以高质量基础设施建设和投资为目标对冲"一带一路"倡议的全球影响力，但由于缺乏足够的资金支持，该项目并未实现预期目标。

拜登政府的"百日新政"延续了美国在太平洋岛国地区对冲"一带一路"倡议的做法，这在一定程度上反映出国会两党在太平洋岛国地区进行战略博弈的共识和决心。2021 年 3 月，拜登政府提出"规模较小、人口较

① U.S Climate Envoy Kerry Says Islands Face "Beyond Existential Threat", https://pacificenvironmentweekly.com/2021/05/04/us-climate-envoy-kerry-says-islands-face-beyond-existential-threat/，访问时间：2021 年 5 月 4 日。

② China's Belt and Road: Implications for the United States, https://www.cfr.org/report/chinas-belt-and-road-implications-for-the-united-states/，访问时间：2021 年 3 月 5 日。

少的岛屿经济倡议”（SALPIE），主要针对加勒比、北大西洋和太平洋地区的小岛屿国家，“旨在通过双边、多边和区域性的经济合作深化美国与这些国家的关系，并在国际组织中强化合作”。[①] 拜登政府推出的合作领域主要有：促进经济增长；应对气候变化和实现可持续增长；发展金融服务业；加强外交、文化和教育往来；促进和平、安全、稳定和良好的民主制度和机制。虽然，这些倡议能否得到持续的政策和资金支持还存在不确定性，但拜登政府力图通过以加强与太平洋岛国合作的方式重塑地区影响力的做法已经非常明确。

（三）推动双边、多边合作，强化安全承诺

在安全合作领域，拜登政府一方面继续加强对自由联系国的影响力，另一方面则联合区域大国共同构建区域安全框架。

与特朗普政府一样，拜登政府也非常重视对自由联系国的援助，正如国会议员艾米·贝拉所言：“加强对该地区的发展援助不仅是美国对该地区持续和可见的承诺，同时也成为美国应对大国崛起、塑造地区安全格局、维护领导地位、扩大安全存在的有效工具。”[②] 然而，美国与三国的《自由联系条约》将在2024年到期，为了维持在太平洋岛国地区的军事存在，美国已经启动与三个自由联系国的续约谈判。虽然美国下一阶段对三国的援助计划尚未明确，但拜登政府已在公共卫生领域加强对三国的援助。早在2019年选举期间，拜登就承诺为居住在美国的自由联系国居民恢复医疗资金并最终获得国会的批准，这一承诺得到三国民众的欢迎。新冠肺炎疫情全球大流行以后，美国又向三国提供了1.03亿美元的额外资助。截至2021年2月，拜登政府向三国提供了数千剂美国莫德纳公司生产的新冠肺炎疫苗。

---

① Fact Sheet: Small and Less Populous Island Economics (SALPIE) Initiative, https://www.whitehouse.gov/briefing-room/statements-releases/2021/03/22/fact-sheet-small-and-less-populous-island-economies-salpie-initiative/，访问时间：2021年3月22日。

② Ami Bera, Representative Bera Chairs House Foreign Affairs Subcommittee Hearing on Pacific Islands, https://bera.house.gov/media-center/press-releases/representative-bera-chairs-house-foreign-affairs-subcommittee-hearing-0，访问时间：2020年11月13日。

此外，拜登政府还以“四方安全对话”（QUAD）为机制，深化与澳大利亚、印度和日本在太平洋岛国地区的战略合作。目前，四方安全对话成员已经将战略合作的内容从海上安全扩大到产业工业链、公共卫生和减灾救灾等关系到太平洋岛国居民安全和人道主义援助的领域，以此构建以美国为首的“多边合作”。

虽然拜登政府“百日新政”中的太平洋岛国政策很大程度上还处于谋划阶段，但是拜登政府与特朗普政府在太平洋岛国政策上的共性和差异已经显现。从共性来说，主要有两点，一是维护并巩固美国在太平洋岛国地区的安全利益是历届政府共同的追求，二是与中国在太平洋岛国地区展开全面竞争的态势已经很难改变。从差异来说，气候议题、多边主义已经成为拜登政府太平洋岛国政策的主要元素，这与特朗普政府截然不同，但需要明确的是，这些差异只是手段和措施上的，其中所包含的政策目标并未改变。

三　从特朗普到拜登：美国太平洋岛国政策的逻辑

从特朗普到拜登，美国外交政策从“美国优先”“单边主义”转向“领导力回归”和“多边主义”，美国太平洋岛国政策也进入新的调整期。虽然两届政府的政策表现各有不同，但美国在太平洋岛国地区的政策逻辑具有延续性和一致性，具体来说，主要体现在三个层面。

首先，在安全层面，长期保持在太平洋岛国地区的军事存在是美国太平洋岛国政策的首要目标。历史上，太平洋岛国地区就曾是美日争夺海上霸权的关键战场。二战结束后，该地区被联合国纳入国际托管，美国获得了对太平洋岛屿的托管统治以及在该地区自行划定军事基地的“国际法权利”。获得托管权后，美国对太平洋岛屿地区实行封闭式统治，使该地区成为保障所谓区域安全的前哨，并成为美军进行大规模核武器试验的军事基地。1947～1958 年，美国在马绍尔群岛进行了 67 次原子弹和氢弹爆炸试验，其中 1954 年引爆的“喝彩城堡”是迄今为止美国引爆过的最强大核武器，也是美国开展的首次氢弹试验。美国核试验对该地区环境和居民造成的危害至今仍在延续。

20世纪，随着资本的全球扩张，太平洋岛国地区的航道安全成为关系到美国经济发展的命脉。美国的全球进出口贸易很大程度上依赖于在太平洋岛国地区的中部和南部航线，其中中部航线主要面向东南亚地区出口机械、汽车、石油产品，主要进口橡胶、锡矿、锌矿等战略物资，南部航向主要面向澳大利亚、新西兰出口工业制品和军事物资。美国海军在太平洋岛国地区的重要任务之一就是维护该地区美国商船的自由与安全。

近年来，在美国全球战略重点聚焦印太地区的背景下，太平洋岛国对于美国的安全价值和地位日益凸显。2019年6月，美国参议院军事委员会关于2020年《国防授权法》的报告中指出，加强太平洋岛国地区的联盟与合作是在印太地区执行美国国防战略的关键因素。此外，美国还积极利用太平洋四方防务协调集团（PQDCG）机制，与法国、澳大利亚和新西兰，加强与太平洋岛国的安全关系。

其次，在地区博弈层面，太平洋岛国地区是美国维护和巩固其同盟体系的重点区域。历史上，美国及其盟友都与太平洋岛国有着较深的渊源，同时，澳大利亚、日本、韩国和印度也不断扩大在太平洋岛国地区的参与度，这在一定程度上有利于巩固和提升美国的地区影响力。

近年来，随着中国与太平洋岛国全面战略伙伴关系的加强，美国感到长期以来其主导的地区力量格局正在发生变化。太平洋岛国地区在美国政策制定者眼中的价值不再局限于传统的安全利益，而是成为力量博弈的重点地区。2019年美国知名外交智库战略与国际问题研究中心发布了《加强美国与太平洋岛国伙伴关系》的政策报告，其中就把中国在该地区影响力的上升作为美国强化其政策的最主要因素。报告指出："中国在太平洋岛国地区外交和经济的措施正在迅速改变地区力量格局……而要保持美国传统的有利地位，美国必须在该地区寻求更加广泛的参与。"①

① Amy Searight, Strengthening the U. S. -Pacific Islands Partnership, May 15, 2019, https: //www. csis. org/analysis/strengthening – us – pacific – islands – partnership.

为了维护美国在太平洋岛国地区的传统利益，美国一方面加强与三个自由联系国以及拥有军队的巴布亚新几内亚、斐济和汤加之间的军事合作。另一方面，则通过多边机制强化同盟关系，推动建立“富有目标的伙伴关系”的安全关系。其中美日澳印组成的四方安全对话曾多次谈及在太平洋岛国地区的安全合作，而其最终目的就是构建一个以美国为中心的地区安全网络。

最后，在国际秩序层面，太平洋岛国对于美国维护由其塑造并主导的规范和规则具有重要的作用。虽然太平洋岛国在20世纪70年代前后才纷纷走向独立，但是这些国家作为国际秩序的规则接受者和依赖者，在全球气候治理、海洋治理、国际海洋秩序等领域都发挥着重要的作用。同时，太平洋岛国还通过《太平洋愿景》、《蓝色太平洋》、《波伊宣言》和《凯那基宣言》等重要文件在国际社会阐明自己的态度和立场，已经成为不容忽视的政治力量。但无论是特朗普政府倡导的“自由和开放的印太”，还是拜登政府在全球气候治理领域的回归，都是为了维护二战以来以实现并巩固美国安全利益为核心而建立起来的一系列国际规则、规范和制度。

结　语

如前所述，虽然特朗普政府和拜登政府太平洋岛国政策的重点和措施有所不同，但美国对其在太平洋岛国地区的利益界定具有相对的稳定性。在变化的政策和不变的利益之间，不仅反映出不同执政党在理念和措施上的差异，也同时反映出长期以来美国太平洋岛国政策本身的局限。

其一，美国太平洋岛国政策在目标与手段之间存在不匹配。尤其在美国太平洋岛国政策在战略地位和作用上升的过程中，美国国内政策支撑的匮乏愈加明显。无论是特朗普政府还是拜登政府，美国国内由于失业问题、种族问题、新冠肺炎疫情等造成的社会割裂都对其推进外交政策形成掣肘，美国政府在经济、安全、外交等各领域能够支持其实现太平洋岛国政策目标的资源和手段都非常有限且充满不确定因素。

其二，美国太平洋岛国政策与太平洋岛国实现可持续发展的需求不匹配。长期以来，美国在太平洋岛国地区的政策目标都以追求自身利益为出发点，对太平洋岛国实现可持续发展目标面临的挑战和诉求则采取选择性弱化和忽略的态度。美国对太平洋岛国地区发展援助在地缘上的不均衡，进一步扩大了该地区国家之间的国民发展水平的差异，同时增大了部分太平洋岛国对发展援助的依赖，削弱了这些国家谋求自主发展的动力。

其三，美国扩大地区力量博弈的态势与太平洋岛国地区谋求和平与发展的趋势不匹配。随着美国针对中国实施战略竞争的长期化和复杂化，美国将太平洋岛国视为进行力量博弈的“第三方”，并积极巩固安全同盟，不断加深地区军事化程度。然而，无论是从太平洋岛国谋求可持续发展的愿望看，还是从中国与太平洋岛国深化合作的实践看，和平与发展已经在各岛国形成共识。美国以其自身利益作为政策出发点的做法显然无法得到太平洋岛国的积极回应。

B.13

2020年日本与太平洋岛国关系回顾与展望*

林　娜**

摘　要： 2020年，随着国际局势与国内形势的变化，日本对太平洋岛国的外交政策与外交定位进行了一些调整。在政治领域，日本进一步获得了太平洋岛国的信任，但对象有所侧重。在经济领域，日本进一步与太平洋岛国加强了合作，但合作的方式更加多元。在援助外交领域，日本进一步满足了太平洋岛国的诉求，但援助类别发生了变化。2021年，日本继续在原基础上加强与太平洋岛国的合作与交流。但受内外因素的影响，日本更偏重从地缘安全的角度考虑对太平洋岛国的外交策略。

关键词： 太平洋岛国　日本　公共卫生　国际援助

2020年是不平凡的一年，“世界处于百年未有之大变局”。新冠肺炎疫情的强烈冲击加速了世界政治经济格局的变化，同时也强化了世界经济大变局已经显现出来的主要趋向：加速了中、美、日三个大国实力对比变化；加

---

* 本文系2020年度教育部人文社会科学研究一般项目“19世纪以来日本对太平洋岛屿国家和地区战略与政策研究”（项目编号：20YJC770019）、2019年聊城大学校级社科项目“19世纪以来日本对太平洋岛国的战略与政策研究”（项目编号：321021952）的阶段性研究成果。

** 林娜，博士，聊城大学外国语学院讲师，聊城大学太平洋岛国研究中心研究员。

速了多边治理机制变革；加速了区域合作格局重构；加速了全球产业链条重组；加速了世界经济中心转移；加速了中国发展格局转型。[①] 疫情也对日本政治、经济、社会等方面产生了严重影响：自民党政权更迭，安倍因“健康原因”卸任，菅义伟任新一任首相；经济大幅下滑；奥运会延期，国民士气、国际形象受损。这种复杂多变的国际局势与国内形势，也促使日本对太平洋岛国的外交政策、外交定位发生了一些变化。具体而言，在地缘政治外交、经济外交、援助外交方面进一步加强了与太平洋岛国的联系，尤其在公共卫生等非传统安全领域实现了外交新突破。2021 年，日本在和美国、印度、澳大利亚的合作机制下发展与太平洋岛国的关系；在公共卫生等非传统安全领域加深与岛国的交流；在节能环保等优势产业领域扩大在岛国的影响。

一　日本对太平洋岛国外交的微调整

2020 年发生的两件大事对日本的外交政策产生了直接影响。一是 8 月 28 日，安倍晋三因健康问题突然宣布辞去首相职务，结束了长达七年零八个月之久的“安倍时代”。原官房长官菅义伟继任新首相，“后安倍时代”逐渐拉开序幕。二是新冠肺炎疫情在全球大规模发生，世界各国都采取不同的措施应对此次疫情。

安倍晋三在长期执政的过程中提出了“自由开放的印太构想”“俯瞰地球仪”“积极和平主义”等诸多新的外交路线与理念，但基本方针仍是在日美同盟框架内强调不断提高外交自主性，在地区甚至全球范围内夺取主导权。[②] 作为安倍路线“继承者”上台的菅义伟在自民党总裁竞选演讲中明确表示，要坚持安倍的“积极和平主义”外交政策。但菅义伟接手的日本政府不仅需要应对国内严峻的新冠肺炎疫情与疲软不振的经济，

① 江瑞平：《疫情加速世界经济变局》，《日本学刊》2021 年第 1 期，第 43 ~45 页。

② 杨伯江等：《后安倍时代的日本》，《日本学刊》2020 年第 5 期，第 17 页。

还须应付复杂多变的国际局势，单单完全延续安倍既定的外交路线是很难支撑的，还需进行一定程度的微调。2020 年，日本在发展与太平洋岛国的外交关系时亦遵循了此策略。新冠肺炎疫情不仅给日本的政治经济生活带来了极大的影响，也使经济基础、卫生保健本就脆弱的太平洋岛国雪上加霜，旅游业等行业严重受损。日本对当前国际形势下的太平洋岛国进行了角色再定位，并在政治、经济、援助领域采取了相应的新措施。

日本长期以来将太平洋岛国视为“同在海洋生存”的“重要伙伴”，强调双方共享同一片太平洋，有着共同的传统文化等。① 为了寻求太平洋岛国的政治支持与经济合作，巩固自己的这片“后花园”，实现本国的“海洋强国”目标，日本从 1997 年起举办三年一届的日本与太平洋岛国首脑峰会（PALM），截至 2018 年已成功举办了八届，得到了太平洋岛国在联合国对日本诉求的支持，成功收获了岛国的信任。

为了确保 2021 年在日本三重县举办的第九届日本与太平洋岛国首脑峰会顺利召开，外务省及相关省厅分别在 2020 年 4 月、7 月与 11 月召开了“太平洋岛国合作推进会议”第四次、第五次、第六次会谈。会议决定将贯彻 2019 年 5 月第二次会谈确立的“关于今后对太平洋岛国政策的方向”议案，即确保太平洋岛国地区的稳定与安全，包括强化该地域的海上安保能力；确保巩固可持续发展的基础，实现该地域独立稳定的开发与发展；通过活跃人文交流与往来，加强日本与太平洋岛国的关系；强化对保障日本渔船稳定作业，以及顺利实施阵亡者遗骸收集工作等的重视。与会者共同商讨了进一步合作的措施，力争实现第九届首脑峰会的圆满召开。

另外，2020 年 11 月，日本还举行了四次专家会谈。外务省部分官员成立了讨论委员会，邀请智库学者分别就气候变化、环境、防灾、海洋、渔业、贸易投资、旅游、基础设施、社会开发（保健、教育、人才培养、人

① 外務省：「パンフレット　日本と太平洋の島国」，日本外務省網，https：//www. mofa. go. jp/mofaj/files/100194513. pdf，访问时间：2021 年 7 月 5 日。

际交流）等方面展开讨论，为加强日本与岛国的合作献计献策，这是历届首脑峰会召开前一年都会进行的环节。

2020年恰逢日本与巴布亚新几内亚（以下简称“巴新”）建交45周年，日本与斐济、汤加分别建交50周年。为了表示庆祝，日本专门请三位著名设计师分别设计了三款纪念徽章，设计理念无不彰显日本与这些岛国的深切友谊与密切联系。8月21日，在巴新疫情尚未得到有效控制的背景下，日本外长茂木敏充亲自访问巴新，对同年4月巴新遭遇热带气旋“哈罗德”，巴新政府利用专机将在其境内的日本人送回国一事表示感谢。茂木敏充与巴新总理马拉佩在应对新冠肺炎疫情、早日恢复与巴新的经济关系、收集遗骨、国际环境中的合作等方面展开了讨论。值得注意的是，双方还就关于朝鲜在内的地区形势交换了意见，达成今后更加紧密合作的共识，签署了《促进日本与巴新两国关系的意向声明》。由此可以看出，日本同太平洋岛国的会谈议题从该地区问题为主扩展至与日本相关的多数国际热点问题。此举被视为日本正在谋求更广泛的政治认同伙伴，为解决本国棘手的国际问题寻找背书。

10月22日，由日本驻斐济大使馆主办的日斐建交50周年庆祝活动在南太平洋大学日本太平洋现代通信技术中心（Japan-Pacific ICT Center）举行。日本外务大臣政务官中西哲发出祝贺视频，表示坚信在菅义伟首相新政府的领导下，日本与斐济的友好关系会进一步深化。同时表示由于疫情原因，无法亲临现场，谨呈献和太鼓演奏视频表示祝贺。强调和太鼓演奏曲目中包含受斐济文化启发的表演内容，从两国共同拥有相似的文化角度拉近彼此的距离。另外，斐济在同年4月遭遇了“哈罗德”热带气旋，斐济政府护送包括在斐济留学的日本学生在内的日本人回国，中西哲对此也表示了感谢。

2020年4月以来，由于新冠肺炎疫情全球蔓延，几乎所有国家都采取了减航限航、限制人员出入境的措施。各国之间的面对面交流被迫暂停，改为以线上视频的方式进行洽谈。但日本政府多次表示，其仍然视太平洋岛国为“自由开放的印太”战略中的重要伙伴，今后会继续交换意见、增进彼此的理解，进一步加强联系。①

但从细节也能看出区别。同样都是庆祝建交，但日本对巴新的重视程度要明显高于对斐济，更甚于对汤加。在巴新疫情严重的状况下，日本外长亲自访问祝贺，回国后还在两国的主流报纸上分别发表文章，回顾两国在人员往来、经济技术交流等领域的友好历史，并介绍了在应对疫情方面日本对巴新提供的援助等，充分展示了日本高度重视巴新的态度。② 而对斐济，日本政府仅仅是由外务大臣政务官发视频以示祝贺，并无其他表示。对汤加，日本外务省甚至未发布庆祝与汤加建交的相关报道。究其原因，笔者认为恐怕是由于巴新在国际上越发重要的战略地位。近年来，巴新不断调整发展理念与思路，迅速加强与各大国的合作，尤其 2018 年加入中国的“一带一路”倡议之后，日益成为亚太乃至全球合作链条中的重要环节。③

二　经济上继续打“共赢牌”，进一步加强合作，但合作方式更加多元

太平洋岛国拥有丰富的矿产资源、林业资源及渔业资源。长期以来，日本与图瓦卢、所罗门群岛、瑙鲁等岛国签订有金枪鱼等渔业协定，基里巴斯还建有日本鲣鱼、金枪鱼业协同联合会援助运营的渔业培训学校。日本从巴布亚新几内亚、所罗门群岛与新西兰三个国家进口的木材，约占日本木材进口总

---

① 外務省：「中山外務大臣政務官と駐日フィジー、 パラオ及びトンガ大使との懇談」，日本外務省網，https：//www. mofa. go. jp/mofaj/a_ o/ocn/page3_ 002858. html，访问时间：2021 年 7 月 5 日。外務省：「中西外務大臣政務官と駐日大使 （ミクロネシア、 フィジー、 マーシャル、 パラオ、 サモア、 トンガ） との昼食会」，日本外務省網，https：//www. mofa. go. jp/mofaj/a_ o/ocn/page3_ 002961. html，访问时间：2021 年 7 月 5 日。

② 外務省：「ナショナル紙及びポスト・クリエ紙（パプアニューギニア）への茂木外務大臣寄稿」，日本外務省網，https：//www. mofa. go. jp/mofaj/a_ o/ocn/pg/page3_ 002869. html，访问时间：2021 年 7 月 5 日。

③ 沈予加：《巴布亚新几内亚的战略重要性》，《现代国际关系》2019 年第 5 期，第 54 页。

量的 20%。[①] 日本尤其重视与巴新的合作关系，巴新是日本重要的液化天然气提供地之一。自 2014 年两国签署的投资协定生效后，巴新向日本输出的天然气数量逐渐增多，2018 年，从巴新进口的天然气数量占日本天然气总进口量的 4%。[②]

2020 年 2 月 26～27 日，以日本外务大臣政务官中山展宏为团长，由外务省、日本贸易振兴机构（JETRO）、国际协力机构（JICA）、国际机构太平洋诸岛中心（PIC）等组成的官民共同经济使团访问斐济。此次访问为 2018 年在福岛县磐城市举办的第八届日本与太平洋岛国首脑峰会上日本提出的"促进与岛国的贸易、投资、观光"计划的一部分。中山展宏一行拜访了斐济总理姆拜尼马拉马，与斐济外长塞鲁伊拉图、工业贸易和旅游部长库马尔等政要人士举行了会谈。斐方对日方一直以来提供的经济援助表示感谢，日方表示希望以两国建交 50 周年为契机，双方能够继续加强各个领域的合作。会谈后，中山展宏一行视察了斐济议会议事堂、日本无偿援助的"斐济新医药品供应中心"以及日本开展自来水合作项目的实施。

日本一直以来都在向太平洋岛国提供高质量的基础设施方面与美国、澳大利亚开展紧密的合作。2020 年 10 月28～29 日，第三届印度洋－太平洋工商年度论坛在越南河内举行。该论坛展示了有影响力的私营领域投资和与会国家采取的举措，目的在于支持市场竞争、就业增长和高标准经济发展，从而为印太地区带来更大的繁荣。日本外长茂木敏充出席会议，与美国、澳大利亚两国外长宣布了三国将共同合作，协助帕劳建设海底电缆。该合作是"印太战略下三国关于基础设施投资合作伙伴"下实施的首个项目，将从美国与新加坡两国新铺设的海底电缆总线分出一支，铺设到帕劳的海底电缆分线。该项目若实现，将进一步扩充帕劳的通信容量，提升帕劳对通信基础设

① 外務省：「日本にとって太平洋諸島諸国って？ —日本と太平洋諸島諸国の関係、日本の協力」，日本外務省網，http://www.mofa.go.jp/mofaj/area/ps_summit/pif_3/kankei.html，访问时间：2021 年 7 月 5 日。

② 外務省：「ナショナル紙及びポスト・クリエ紙（パプアニューギニア）への茂木外務大臣寄稿」，日本外務省網，https://www.mofa.go.jp/mofaj/a_o/ocn/pg/page3_002869.html，访问时间：2021 年 7 月 5 日。

施的信赖度，同时可促进民间团体的发展，吸引新的投资项目。该项目还获得了国际协力银行（JBIC）与日本贸易保险（NEXI）的援助。日本加强与太平洋岛国的经济合作，既为岛国的经济发展提供了资金等帮助，同时也拉动了本国的贸易经济。多年常驻巴新的澳大利亚资深媒体人肖恩·多尼将巴新近些年的经济社会发展和外交活跃称为“觉醒”，并明确认为，中国发挥了直接和间接的作用。[①] 尤其是2012年彼得·奥尼尔再次当选巴新总理后，凭借着依靠石油、天然气与矿产资源积累起来的资本，巴新转变发展理念，大力改善基础设施建设，着手解决长期以来的治安痼疾，并试图妥善解决布干维尔等敏感问题；大力开展太平洋岛国地区外交，扩大对外投资与对外援助，巴新的规模和体量优势日益显现出来，作为“地区老大哥”的形象开始深入人心。[②] 由于巴新国际地位的日益上升，日本加强对其的关注与合作。2020年，日本不仅在经济上加大投入力度，还在基础设施、卫生保健领域提供了超出其他岛国同等比例的援助（见下文）。日本对巴新的官方发展援助总额连续三年居岛国首位，且数额不断增加（见表1、表2、表3）。

表1　2017年日本对太平洋岛国地区的援助实绩

单位：百万美元

顺序	国名或地区名	赠予			政府贷款	合计（支出纯额）	合计（支出总额）
		无偿资金援助	技术协力	合计			
1	巴布亚新几内亚	2.16	12.04	14.20	6.99	21.19	37.37
2	瓦努阿图	0.77	3.99	4.76	25.20	29.97	29.97
3	萨摩亚	17.01	5.31	22.32	6.27	28.59	29.48
4	汤加	19.44	3.48	22.92	—	22.92	22.92
5	斐济	12.86	6.70	19.56	-1.08	18.48	19.56
6	帕劳	8.32	4.66	12.97	—	12.97	12.97
7	所罗门群岛	7.88	4.81	12.69	—	12.69	12.69
8	基里巴斯	5.73	1.14	6.87	—	6.87	6.87
9	密克罗尼西亚联邦	2.77	2.38	5.15	—	5.15	5.15

① Sean Dorney, “The Papua New Guinea Awakening: Inside the Forgotten Colony,” *Australian Foreign Affairs*, Vol. 3, No. 6, 2019, pp. 71 - 87.

② 沈予加：《巴布亚新几内亚的战略重要性》，《现代国际关系》2019年第5期，第56页。

续表

顺序	国名或地区名	赠予			政府贷款	合计（支出纯额）	合计（支出总额）
		无偿资金援助	技术协力	合计			
10	马绍尔群岛	0.78	3.92	4.69	—	4.69	4.69
11	图瓦卢	0.34	1.16	1.50	—	1.50	1.50
12	库克群岛	0.42	0.09	0.51	—	0.51	0.51
13	瑙鲁	0.31	0.13	0.44	—	0.44	0.44
14	纽埃	—	0.10	0.10	—	0.10	0.10

注：表中数据为日本外务省原始统计数据，个别数据因四舍五入略有出入，此处维持原统计数据，不做修改。

资料来源：外務省：「2018 年版開発協力白書」，日本外務省網，https：//www.mofa.go.jp/mofaj/gaiko/oda/press/shiryo/page22_ 001143.html，访问时间：2021 年 10 月 28 日。

表 2　2018 年日本对太平洋岛国地区的援助实绩

单位：百万美元

顺序	国名或地区名	赠予			政府贷款	合计（支出纯额）	合计（支出总额）
		无偿资金援助	技术协力	合计			
1	巴布亚新几内亚	22.31	13.39	35.71	8.39	44.10	60.53
2	萨摩亚	24.72	3.32	28.04	-1.80	26.24	28.04
3	所罗门群岛	18.66	5.51	24.18	—	24.18	24.18
4	基里巴斯	20.46	1.20	21.66	—	21.66	21.66
5	帕劳	12.84	1.99	14.82	—	14.82	14.82
6	密克罗尼西亚联邦	12.33	2.15	14.49	—	14.49	14.49
7	汤加	11.46	2.07	13.54	—	13.54	13.54
8	瓦努阿图	0.92	4.25	5.16	7.92	13.09	13.09
9	斐济	1.81	5.45	7.26	-1.10	6.16	7.26
10	马绍尔群岛	3.00	1.07	4.07	—	4.07	4.07
11	库克群岛	2.07	0.04	2.11	—	2.11	2.11
12	图瓦卢	0.36	1.71	2.06	—	2.06	2.06
13	纽埃	0.91	0.05	0.96	—	0.96	0.96
14	瑙鲁	0.23	0.07	0.30	—	0.30	0.30

注：表中数据为日本外务省原始统计数据，个别数据因四舍五入略有出入，此处维持原统计数据，不做修改。

资料来源：外務省：「2019 年版開発協力白書」，日本外務省網，https：//www.mofa.go.jp/mofaj/gaiko/oda/press/shiryo/page25_ 000299.html，访问时间：2021 年 10 月 28 日。

表 3　2019 年日本对太平洋岛国地区的援助实绩

单位：百万美元

顺序	国名或地区名	赠予			政府贷款	合计（支出纯额）	合计（支出总额）
		无偿资金援助	技术协力	合计			
1	巴布亚新几内亚	20. 92	7. 91	28. 82	24. 17	52. 99	64. 94
2	萨摩亚	34. 12	3. 15	37. 26	-1. 83	35. 44	37. 26
3	帕劳	11. 84	2. 34	14. 18	4. 22	18. 40	18. 40
4	汤加	15. 23	1. 55	16. 78	—	16. 78	16. 78
5	斐济	4. 42	7. 19	11. 61	-1. 11	10. 49	11. 61
6	基里巴斯	10. 81	0. 76	11. 57	—	11. 57	11. 57
7	密克罗尼西亚联邦	9. 29	2. 12	11. 41	—	11. 41	11. 41
8	马绍尔群岛	9. 38	1. 03	10. 41	—	10. 41	10. 41
9	瑙鲁	8. 33	0. 06	8. 39	—	8. 39	8. 39
10	所罗门群岛	1. 84	6. 31	8. 15	—	8. 15	8. 15
11	瓦努阿图	2. 66	3. 32	5. 98	1. 12	7. 10	7. 10
12	图瓦卢	3. 38	0. 12	3. 50	—	3. 50	3. 50
13	库克群岛	0. 39	0. 07	0. 46	—	0. 46	0. 46
14	纽埃	0. 16	0. 10	0. 26	—	0. 26	0. 26

注：表中数据为日本外务省原始统计数据，个别数据因四舍五入略有出入，此处维持原统计数据，不做修改。

资料来源：外務省：「2020 年版開発協力白書」，日本外務省網，https：//www. mofa. go. jp/mofaj/gaiko/oda/press/shiryo/page22_ 001366. html，访问时间：2021 年 10 月 28 日。

三　援助上继续打“友情牌”，进一步满足需求，但援助领域有所变化

日本在 2018 年 5 月召开的第八届日本与太平洋岛国首脑峰会上强调了日本与太平洋岛国之间悠久的历史联系，明确了双方基于相互信任建立的稳固的伙伴关系，承诺在最反映岛国需求的领域利用自身优势，继续为太平洋岛国提供支持与援助。2020 年，日本不仅继续在构建“自由开放且可持续性海洋”及强化“强劲且可持续发展的基础设施”等领域为太平洋岛国提供援助，基于新冠肺炎疫情蔓延的国际环境，还在援助领域进行了一些微调整，加大了在公共卫生领域的援助力度。

（一）公共卫生领域

随着新冠肺炎疫情在日本及全球的扩散，日本外务省于2020年3月25日发布了《对全世界发布危险信息情报》，宣布日本暂时采取限制外国人入境的措施。在疫情下，日本外交大幅增加了关于加强合作、抗击疫情的内容，并有条不紊地推行符合本国自身利益的外交政策与活动。①

新冠肺炎疫情的影响逐渐波及太平洋岛国。虽然大多数岛国国内并未出现新冠肺炎确诊病例，巴布亚新几内亚、斐济由于前期入境限制措施的作用，两国国内的新冠肺炎确诊人数也已被控制在极少数范围内，但“所有岛国由于人员、物资等往来被限制，经济上遭受极大损失。今后在缓解入境限制的同时，有必要加强预防感染、防止扩大等措施。而岛国基础性保健医疗体系不完备，相关卫生医疗器械也严重不足”。② 为了增强岛国的医疗防控能力，帮助岛国抑制疫情传播，自2020年6月起，日本外务省陆续与14个太平洋岛国签署了无偿资金援助协议，向各岛国免费提供大量医疗设备与物资等（见表4）。此外，日本还通过联合国儿童基金会（UNICEF）等国际机构提供了价值近600万美元的技术支持与医疗用品，并表示将另外向这些国家提供紧急援助贷款，以缓解其由于疫情造成的旅游收入急剧下降的困境。

表4　2020年日本外务省对太平洋岛国提供的抗疫物资援助

协议签署日期	援助对象国	援助物资	物资相当的金额（单位:亿日元）
2020年6月11日	马绍尔群岛	X射线拍摄设备、CT扫描仪等	3.31
2020年6月11日	萨摩亚	远心分离机、超低温制冷器等	1.5
2020年6月12日	密克罗尼西亚联邦	移动式体检设备、ICU病床等	3.82

① 周永生：《新冠疫情下的日本外交及其特点与影响》，《日本问题研究》2020年第5期，第3页。

② 外務省：「ソロモン諸島に対する感染症対策及び保健・医療体制整備のための支援（無償資金協力）に関する交換公文の署名」，日本外務省網，https：//www.mofa.go.jp/mofaj/press/release/press4_008493.html，访问时间：2021年7月5日。对其他岛国的援助公告中也是此类内容。

续表

协议签署日期	援助对象国	援助物资	物资相当的金额（单位:亿日元）
2020 年 6 月 15 日	帕劳	CT 扫描仪、ICU 病床等	3
2020 年 6 月 17 日	所罗门群岛	小型急救车、患者监视器等	3
2020 年 6 月 17 日	库克群岛	便携式超声波扫描仪等	1
2020 年 6 月 18 日	纽埃	患者监视器、超声波图像诊断装置等	1
2020 年 6 月 18 日	图瓦卢	医疗巡诊车、储水槽等	1
2020 年 6 月 22 日	瓦努阿图	CT 扫描仪、X 射线拍摄设备等	3
2020 年 6 月 23 日	瑙鲁	ICU 病床、X 射线拍摄设备等	1
2020 年 6 月 25 日	巴布亚新几内亚	CT 扫描仪、X 射线拍摄设备等	9
2020 年 6 月 29 日	斐济	CT 扫描仪、X 射线拍摄设备等	5
2020 年 7 月 6 日	汤加	红外热像仪、便携式超声波扫描仪等	1.5
2020 年 7 月 23 日	基里巴斯	X 射线拍摄设备、患者监视器等	2.5

资料来源：笔者根据日本外务省网站资料整理。

10 月 8 日，在联合国举行的“全民健康覆盖”（Universal Health Coverage, UHC）部长级会议上，日本外务大臣茂木敏充强调，为应对新冠肺炎疫情大流行，基于“人类安全保障”原则实现“不让任何人的健康落后”的“全民健康覆盖”是必要的，并概述了日本参与国际合作的三大支柱：提高该国应对疫情的能力，包括确保公平获得疫苗；加强卫生系统以应对未来的健康危机；共享日本在创造有利的健康环境方面采取的经验措施。茂木敏充表示，日本将继续与国际社会一道努力促进全民健康覆盖的实现，同时宣布日本将向新冠肺炎疫苗实施计划（COVAX）预先市场承诺（Advance Market Commitment，AMC）捐款 1.3 亿美元，以确保各国能够公平获得疫苗。这笔捐款是日本在 2020 年 6 月全球疫苗峰会上宣布的 3 亿美元承诺的一部分。

（二）海上安保领域

加强海上防务安全一直是日本外交政策的重要部分，既能实现日本提出的“海洋强国”战略目标，也可增强日本与美国在“印太构想”上的共识与互信。日本时任首相安倍晋三在 2018 年召开的第八届日本与太平洋岛国首脑峰会上表示，未来三年将在构建“自由开放、可持续的海洋”环境、强化“可持续发展的基础设施建设”方面提供必要的援助，包括为太平洋岛国培养大量海上安保专业人员，提供岛国与日本海上保安厅联合训练的机会以及海上防务装备等。2019 年 8 月，日本外务大臣河野太郎访问太平洋岛国时提出了“河野主义”，即确保该地区安全与稳定，深化双方合作，推动该地区强韧与可持续发展。2020 年 1 月 13 日，日本太平洋岛国地区事务特使高田稔久在出席马绍尔群岛新总统的就任仪式时，针对日本强化太平洋岛国政策进行了说明，并在加强日本与太平洋岛国的联系以巩固海上安保与地区局势等方面交换了意见。3 月 12 日，日本外务省与帕劳签署了援助金额为 3.5 亿日元的无偿资金援助协议，用于帮助帕劳加强海上安全及改善基础设施等。3 月 19 日，在马绍尔群岛首都马朱罗，日本驻马绍尔群岛大使斋藤法雄同该国外交与贸易部长卡斯滕·内姆拉签署了援助额为 4.5 亿日元的无偿资金援助协议，帮助马绍尔群岛修建海上安保训练中心。6 月 25 日，日本与巴新签署援助总额为 10 亿日元的无偿资金援助协议，为该国国家海上安全局免费提供救助艇、无线通信系统等与海上安保相关的器材，用于提升该国的海上安保能力。日本对太平洋岛国海上安保的维护不断加强与深化。与此同时，太平洋岛国支持日本提出的“自由开放的印太构想”，表示将与日本携手加强海上安全与防灾领域的全方位合作，以实现互利共赢的目标。

（三）环境基建领域

由于地理位置原因，自然灾害、气候环境一直是关系太平洋岛国存亡的问题。尤其近年来随着气候变化加剧，海平面上升，太平洋岛国地区的环境脆弱性愈加严重。2020 年 7 月，笹川和平基金会海洋政策研究所、日本基金会和相关经济学家联合举办了“确保亚洲和太平洋强劲的‘蓝色’复苏”在线研讨会。帕劳时任总统雷门格绍在会上表示，尽管新冠肺炎疫情给世界造成了重大损失，但也不能忽视气候变化的影响。他呼吁各国领导人继续围绕气候变化这一迫在眉睫的危机开展讨论并采取行动。9月联合国大会召开期间，萨摩亚总理图伊拉埃帕与帕劳时任总统雷门格绍分别就全球环境问题发表讲话。图伊拉埃帕指出，尽管目前世界各国被迫封锁入境，但气候变化不会受边界的限制。他敦促各国要遵守《巴黎协定》的承诺，并在一系列气候行动中采取积极的态度。雷门格绍表示在当今国际体系中，没有一个国家是能独善其身的，全世界都需要通过解决海洋污染、防止过度捕捞、应对气候变化与保持生物多样性等方面改善人类与自然的关系，这是不容忽视且刻不容缓的课题。①

2020年，日本在帮助太平洋岛国治理环境与改善基建方面采取了一系列措施。2月14日，日本驻所罗门群岛大使远山茂在会见所罗门群岛总理索加瓦雷时重申了日本对基础设施发展的支持。远山茂强调，日本在基础设施领域的承诺仍然是重中之重，在援建所罗门群岛基础设施方面，日本将始终站到领先位置。他还向索加瓦雷总理介绍了日本在技术领域的计划及援助资金，同时表示，日本政府一直致力于扩大库昆公路项目。他说："预计日本政府将在今年9月签署该项目的下一阶段合作计划。"索加瓦雷对此表示感谢并期待与日本在基础设施领域的进一步合作。② 12月12日，由英国、法国与联合国主办，智利、意大利协办的2020年气候雄心峰会以视频方式举行，日本首相菅义伟声明将采取更加有力的政策和措施，争取于2050年前实现碳中和。并且强调加强日本对发展中国家的支援，共同应对气候变化。2020年，日本外务省政府开发援助执行机构——日本国际协力机构在能源供应、灾害防治等领域为太平洋岛国提供了具体、精准的援助项目，投资总额约达35亿日元（见表5）。

---

① Jennifer Peltz, "At UN, Island Nation of Palau Speaks to Interconnected World," Associated Press, September 23, 2020, https://www.usnews.com/news/world/articles/2020-09-23/at-un-island-nation-of-palau-speaks-to-interconnected-world/.

② PM Press Secretariat, "Japanese Envoy Reaffirms Commitment in Infrastructure Support to Solomon Islands," *Solomon Times*, February 17, 2020, https://www.solomontimes.com/news/japanese-envoy-reaffirms-commitment-in-infrastructure-support-to-solomon-islands/9572.

表 5　2020 年日本外务省在能源供应、灾害防治等领域为太平洋岛国提供的援助项目

援助领域	援助国家	具体措施
灾害防治，应对气候变化	萨摩亚	帮助建立太平洋气候变化中心；派遣专家辅助培养相关领域的人才
	斐济	提供海啸早期预警系统、无线防灾系统等增强防灾性能的装置；提供整修道路的相关器材，提高路基路面的强度
	帕劳	提供警备车辆、通信机等与防灾减灾有关的器材
	汤加	提供整修道路的相关器材
供应能源、资源	汤加	帮助完善可伸缩式风力发电设备等，促进可再生资源的使用，稳定电力供应
	斐济	稳定电力供应
	马绍尔群岛	稳定电力供应；在首都马朱罗新设储水池用于净化水
节能减排	帕劳	继续实行联合信贷机制（JCM）

资料来源：笔者根据相关资料整理。

（四）人员交流领域

日本自第二次世界大战结束后开展国际援助以来，一直致力于与发展中国家在人员技术方面的交流合作。作为对日理解促进交流项目（JENESYS 2019）① 的一部分，2020 年 1 月 11 日至 18 日，来自新西兰、斐济、巴布亚新几内亚、密克罗尼西亚联邦、所罗门群岛的 47 位大学生访问日本，在“构筑和平、历史文化”及“日语语言、日本文化”两方面加深对日本的理解。具体内容包括与日本学生交流、家庭寄宿、参观和平祈念馆及日本文化体验设施等。参加者称通过此次机会了解了日本的发展历程及日本的传统文化，多角度感受了访问地的魅力，加深了对日本生活的

① 对日理解促进交流项目是每年分批从大洋洲各国及地区邀请具有宣传能力的优秀人才到日本进行为期十天左右的参观，促进其加深对日本的政治、经济、社会、文化、历史、外交政策等方面的理解。被邀请者回国后一般会积极宣传日本的魅力，扩大日本的外交影响。

理解与关注，表示回国后会积极宣传日本魅力。①

太平洋岛国领导者教育支援项目（Pacific Leaders' Educational Assistance for Development of State，Pacific-LEADS）是日本于2016年面向太平洋岛国年轻行政官开启的。2015年5月，第七届日本与太平洋岛国首脑峰会举行，会议确定了日本与岛国将在防灾、应对气候变化、人员交流、可持续发展（包含人才培育）等七个方面开展合作。其中，日本国际协力机构从可持续发展的角度，实施2016～2018年“太平洋岛国领导者教育支援项目”（Pacific-LEADS phase 1），招收大洋洲各国的行政官员、研究者等（3年合计100名），作为研修员到日本指定大学接受硕士课程等教育培训，根据需要还会提供实习等机会，培训内容涵盖防灾、应对气候变化、环境保护、可持续开发、发展渔业、促进贸易旅游等与大洋洲各国的发展有关的领域。2019年起该项目被并入“SDGs Global Leader”计划中，作为“大洋洲可持续发展全球领导者教育支援项目”（Pacific-LEADS phase 2）的组成部分，继续招收来自大洋洲，尤其是太平洋岛国的研修员（每年计划20名），目的是帮助太平洋岛国应对全球化带来的各种复杂多变的发展课题，从而实现该国的可持续高质量发展。参加者多数对此项目给予高度评价，并向日方表示感谢。② 日本此举虽然旨在帮助岛国培育可为本国发展做贡献的年轻人，但也彰显了其政治意图，即输出日本的意识形态，培养一批对日本有好感的亲日派与知日派，达到宣传日本，提高日本的国际地位与国际影响的目的。

在加强岛国的信息通信技术方面，亚太电信组织（Asia-Pacific

① 外務省：「対日理解促進交流プログラム JENESYS2019 大洋州第5陣の訪日」，日本外務省網，https：//www.mofa.go.jp/mofaj/press/release/press4_008222.html，访问时间：2021年7月5日。

② 「2020年10月：キリバスの帰国生からニュースレターが届きました」，日本国際協力機構網，https：//www.jica.go.jp/regions/oceania/ku57pq00001qsemy-att/newsletter_25.pdf，访问时间：2021年7月5日。「2020年4月：トンガの帰国生からニュースレターが届きました」，日本国際協力機構網，https：//www.jica.go.jp/regions/oceania/ku57pq00002mxzsl-att/newsletter_18.pdf，访问时间：2021年7月5日。

Telecommunity，APT）[①] 每年都会开展数次研修活动，从各加盟方招收研修人员，由日本提供场地及技术培训。2019 年，亚太电信组织共开展了宽带网络及网络安全等相关内容的五项研修活动，共约 50 人参加。研修员通过理论学习与现场参观了解日本的先进技术，从而能发展本国或地区的信息通信技术。2020 年 12 月 3～5 日，亚太电信组织在线举行了三年一次的 APT 大会（此次为第十五届），审议通过了 2021～2023 年 APT 战略规划与财务预算等，并选举产生了新一届秘书长与副秘书长。[②]

四　日本与太平洋岛国关系的新走向

2020 年，新冠肺炎疫情的发生进一步打破了旧有的国际秩序，加速了新的国际格局的形成。世界政治经济中心向亚太的转移、美国向印太地区的势力扩张、中国"一带一路"倡议的逐渐深化都导致了太平洋岛国在国际环境中的战略地位不断提升，迫使日本对太平洋岛国的外交政策在以往的基础上扩展新的措施，呈现出更多元化、更具实用性的特点。2021 年，日本继续以自己与太平洋岛国同为海洋国家、共享太平洋为由加强与岛国的合作与交流。但受外部各方因素与日本自身原因的影响，日本对岛国采取的外交策略会更带有政治考量，地缘安全意识会更趋浓厚。

（一）在美日印澳"四边对话"机制下发展与岛国的关系

2020 年，美日印澳"四边对话"举行了多次电话会议，规格从司局级

---

① 亚太电信组织于 1979 年成立，是负责亚太地区信息通信事务的国际组织，总部设在泰国曼谷。现有 38 个成员，包括太平洋岛国的斐济、基里巴斯、马绍尔群岛、密克罗尼西亚联邦、瑙鲁、帕劳、巴布亚新几内亚、萨摩亚、所罗门群岛、汤加、图瓦卢、瓦努阿图，库克群岛与纽埃为准成员，无投票权。亚太电信组织致力于促进该地区电信及信息基础的均衡发展，主要活动有制定或协调本区域信息通信发展的标准及政策，通过研修及举办讲座等方式培育信息通信方面的人才，开展项目合作和能力建设等。

② 外務省：「2020 年版開発協力白書 日本の国際協力」，日本外務省網，https://www.mofa.go.jp/mofaj/gaiko/oda/files/100157805.pdf，第 38 页，访问时间：2021 年 7 月 5 日。

对话升级为部长级会议，并逐渐显现出向“4+4”即四国外长对话与四国防长对话同步进行的模式，讨论内容几乎涵盖了共同防疫在内的各类地区事务。这些新变化表明“四边对话”正在加速从非正式的合作组织迈向正式的“四国联盟”，逐渐成为美国主导下的地区秩序新方案——“印太”战略的重要依托。尤其在11月，美日印澳四国再次联合举行“马拉巴尔”军事演习。这标志着“四边对话”开启了实质性的安全合作，“四边对话”的机制化与实心化建设逐步加强。[①] 2020年7月，澳大利亚政府发布《2020年国防战略更新》，继续将印太地区视为未来国防规划的重点方向，并把美日印澳“四边对话”看作实施本国2020年国防战略的新平台。[②]

日本也已将“印太构想”视为其外交战略的基本支柱之一，并把以印太区域为重心，以现实利益与意识形态为纽带的美日印澳双边、多边合作看作其试图充分“活用”的主要战略工具，以谋求在印太从协调者成为领导者的目的。这反映了日本不断增强的战略自信与外交雄心。[③] 2021年1月1日，日本首相菅义伟发表新年感想称：“即使国际形势日益不明朗，日本的外交方针仍不动摇。将以日美同盟为基础，为实现‘自由开放的印太’而推进战略行动，同时也将与周边邻国构建稳定的关系。”1月3日，菅义伟在记者会上表示，将“重视多边主义，期望在‘后新冠时代’国际秩序建构中发挥领导作用”。他表示：“（日本）最重要的伙伴是美国。（我）希望在拜登新总统就任后，尽早与之见面，进一步强化日美同盟纽带。与此同时，还将与澳、印、欧洲与东盟等国家及地区强化合作，为实现‘自由开放的印太’共同行动。”[④]

日本与太平洋岛国的关系也在这种外交理念下持续推进。在“美国优先”的战略影响力收缩的背景下，日本推进其“自由开放的印太构想”的

① 张洁：《“四边对话”将显著影响地区秩序重构》，《世界知识》2021年第2期，第15页。

② 方晓志：《进攻色彩浓厚的澳大利亚〈2020年国防战略更新〉》，《解放军报》2020年7月16日，第11版，http://www.81.cn/jfjbmap/content/2020-07/16/content_266142.htm。

③ 卢昊：《日本的角色：日益走上前台的推手》，《世界知识》2021年第2期，第16~17页。

④ 卢昊：《日本的角色：日益走上前台的推手》，《世界知识》2021年第2期，第18页。

实现不仅需要印、澳等中等强国的合作，也需要获得太平洋地区众多小岛国的支持。可以说，小国外交是日本在印太地区开展外交的主要内容。[①] 虽然日本在太平洋岛国扩大外交影响力会在一定程度上动摇澳大利亚在该地区的霸权地位，影响日澳之间的“准军事同盟”关系，但其还将继续在不触及澳根本利益的前提下，与太平洋岛国在统一的战略共识基础上加强合作。

（二）在公共卫生等非传统安全领域继续刷新本国的存在

日本一直认为，脆弱的医疗体系、不完善的保健服务、恶劣的卫生环境与欠缺的保健教育会导致人们的健康水平下降，从而带来整个国家劳动力减少、医疗负担加大、教育水平降低、贫困程度加剧。因此，日本长期以来非常重视包括应对传染病在内的医疗保健领域的对外援助。为消除太平洋地区的淋巴丝虫病，2000 年起，日本国际协力机构开始向 14 个岛国提供抗丝虫药物与血液检测试剂盒。2005 年 6 月 21 ~ 22 日，日本参加了与联合国千年发展目标保健相关的亚太高层论坛。该论坛通过了“健康与发展倡议”（Health and Development Initiative，HDI），公布了面向大洋洲 13 个国家的项目——“援助改善孤岛的预防接种工程项目”（2005 ~ 2010 年），即为了给大洋洲离岛儿童提供高效的预防接种服务、提高预防接种率，与会国家将帮助对象国对实行预防接种的保健人员开展管理疫苗、管理低温运输系统方面的培训，建立一套在不影响疫苗质量的前提下，能够在离岛安全运输疫苗的体制。同年 6 月 28 日，时任日本首相小泉纯一郎基于该倡议，声明在此项目周期内计划对太平洋岛国提供总额为 50 亿美元的援助。2006 年起，日本国际协力机构联合日本南太平洋医疗队持续对汤加开展加强该国小学生牙齿保健的活动。2019 年 5 月 17 日，在首相助理薗浦健太郎与和泉洋人的主持下，日本召开了“太平洋岛国合作推进会议”第二次会谈。相关省厅表示今后将在确保稳定安全、巩固可持续发展、活跃人文交流与往来等方面加强

---

① 孟晓旭：《软制衡：日本“印太战略”下的小国外交》，《日本学刊》2020 年第 6 期，第 54 页。

合作，从各个环节加强与太平洋岛国的关系。其中，在巩固可持续发展方面，提到从日本派遣医疗人员以及接收岛国医务人员赴日培训等保健医疗方面的交流。2020 年以来，随着新冠肺炎疫情的全球扩散，日本也积极采取措施，向岛国提供医疗卫生援助。2021 年，新冠肺炎疫情持续蔓延，各国开始寄希望于疫苗的研发与接种。虽然日本目前国产疫苗的研发滞后，日本接种的疫苗还只能依靠美国或英国制药公司提供，但日本持续在自己领先的领域，如提供相关先进的医疗设备与技术，帮助岛国解决长期以来的病症，如肥胖症、热带症等方面发挥自身的优势。

（三）在节能环保等优势产业领域继续扩大本国的影响

如何应对气候变化、节能减排是太平洋岛国最为关心的焦点，也是它们与域外各国开展外交活动的重要内容。近年来，太平洋岛国在应对气候变化和可持续发展等领域不断以“一个声音”的方式刷新国际影响力，争取了越来越多的国际话语权。日本“印太构想”联合岛国实施软制衡的战略基础便是投其所好，在岛国最为关切的应对气候变化与节能环保方面采取让岛国认可的措施。2020 年 11 月 20 日，日本首相菅义伟在 APEC 领导人非正式会议上表示其执政期间会优先解决两个问题，一是推进数字化进程，二是力争实现节能社会。[①] 作为一个能源匮乏的岛国，日本一直重视节能环保，不断推出各种措施促进低碳与可持续发展，环保意识也深入人心。早在 1994 年 12 月，日本内阁会议就通过了《新能源推广大纲》，第一次正式宣布发展新能源与可再生能源。1997 年 12 月，日本政府通过新能源相关行动方案，将新能源及再生能源工业列为十五项新兴工业之一。同年，日本又制定了《促进新能源利用的特别措施法》（简称“新能源法”）。近年来，加大风能、太阳能等可再生资源的利用已经成为日本能源发展的重要方向，用于新能源汽车的氢能源电池技术也在不断的探索中得到改进与提升，可以说日

① 外務省：「APEC（アジア太平洋経済協力）・CEOとの対話（結果）」，日本外務省網，https：//www.mofa.go.jp/mofaj/ecm/apec/page1_000897.html，访问时间：2021 年 7 月 5 日。

本的新能源技术居于世界领先地位。迄今为止，日本在节能减排方面已经与太平洋岛国开展了诸多合作。[①] 在举办的历届日本与太平洋岛国首脑峰会上，日本都在提供节能环保的援助方面采取积极的态度。近年来，中国与太平洋岛国的关系发展迅速，尤其在基建、经贸等领域不断取得新突破。日本今后会在本国的优势领域——节能环保等产业加强与岛国的交流，扩大本国的影响力。

结　语

2021 年国际局势更加复杂。除了新冠肺炎疫情的持续影响，拜登政府的上台还会引发一系列国际变化，日本会在最大程度维护本国利益的前提下发展与太平洋岛国的关系，太平洋岛国自身内政与外交的不稳定性也使各大国之间的博弈充满变数。中国应在这种纷繁复杂的国际背景下思考与太平洋岛国关系的发展，才能实现双方最大的合作共赢。

① 如 2009 年，日本为帕劳提供无偿资金援助项目“利用太阳能引入清洁能源计划”，帮助帕劳国际机场安装太阳能发电装置，代替一部分柴油发电，减少温室气体排放。参见 「パラオ共和国に対する無償資金協力 “太陽光を活用したクリーンエネルギー導入計画”」，日本国際協力機構網，https：//www. jica. go. jp/palau/office/others/jica_ news. html，访问时间：2021 年 7 月 5 日。2017 年 3 月至今，日本与斐济、图瓦卢、基里巴斯、密克罗尼西亚联邦、马绍尔群岛五个岛国开展了“太平洋岛国引进混合动力发电系统项目”（The Project for Introduction of Hybrid Power Generation System in the Pacific Island Countries），助推岛国减少矿石燃料的使用及温室气体的排放。该项目实施期限截至 2022 年 6 月。参见 「太平洋地域ハイブリッド発電システム導入プロジェクト」，日本国際協力機構網，https：//www. jica. go. jp/oda/project/1502739/index. html，访问时间：2021 年 7 月 5 日。

中国－太平洋岛国关系篇

Relations of China-Pacific Island Countries

B.14
2020年中国－太平洋岛国关系回顾与展望

赵少峰　王美佳*

摘　要：2020年，新冠肺炎疫情给世界各国带来了重大影响。太平洋岛国人民和中国人民守望相助，共战疫情。基里巴斯总统马茂的来访，为中国－基里巴斯关系发展奠定了坚实基础。中国与建交太平洋岛国的“云会议”，加强了沟通交流，促进各项协议落地生根。中国向太平洋岛国提供了资金、技术、教育等方面的援助，特别是向太平洋岛国提供了应对疫情的医疗卫生援助，为当地控制疫情提供了重要支持。受疫情影响，中国与太平洋岛国地区经贸数额有所下降。太平洋岛国地区经济的复苏需要获得更多的帮助，作为负责任的大国，中国已经并将继续为岛国旅游业振兴和经济的恢复提供支持。

* 赵少峰，聊城大学太平洋岛国研究中心教授、博士生导师；王美佳，聊城大学历史文化与旅游学院2018级学生。

关键词：　太平洋岛国　中国　“云外交”“一带一路”倡议

2020年，人类开始迈入21世纪的第三个十年。新冠肺炎疫情肆虐全球，世界多股思潮涌动，世界格局加速震荡、重构，“这一年，人们在求索未来，世界面临团结还是分裂、开放还是封闭、合作还是对抗的重要抉择；人们在变局中看见，疫情中有情义，治理中有真理，危机中有转机”。[①] 中国人民和太平洋岛国人民相互支持，在携手应对疫情、稳定地区秩序等方面共同努力。

一　中国与太平洋岛国携手共战疫情

（一）中国收到来自太平洋岛国的支持和祝福

在中国抗击疫情最艰辛的时期，来自太平洋岛国领导人和民众的关心、支持给了中国人民无限的精神鼓舞。2月，汤加议长法卡法努阿、汤加贸易和经济发展大臣瓦伊普卢等专程到中国驻汤加使馆，以个人名义向抗击新冠肺炎疫情工作提供捐助。汤加驻华大使陶阿伊卡·乌塔阿图夫人克莉丝汀也来到中国驻汤加使馆，代表乌塔阿图大使提供捐助。时任萨摩亚总理图伊拉埃帕委托中国驻萨摩亚大使巢小良向中国领导人转交慰问信。萨摩亚国立大学孔子学院下设教学点瓦伊瓦塞小学中文班学生录制中文视频，集体为中国加油鼓劲。时任瓦努阿图总理萨尔维举行了捐款仪式，中国驻瓦努阿图大使周海成接受了瓦努阿图政府向中国提供的援款。时任中国驻巴布亚新几内亚（简称巴新）大使薛冰在使馆会见巴新单一民族党领袖、东高地省省长努姆，并接受东高地省政府为中国提供的捐款10万基那（约合20万元人民

---

① 凌朔：《疫乱交织 正道致远——回眸2020年的世界》，中华人民共和国中央人民政府网，2020年12月21日，http://www.gov.cn/xinwen/2020-12/21/content_5571950.htm。

币)。3 月，汤加 NISHI 贸易公司总裁 Minoru Nishi 向中国驻汤加使馆提供 1000 潘加（约合 3000 元人民币）捐助。巴新举办了支持中国抗击新冠肺炎疫情捐助午餐会，马拉佩总理出席活动并向习近平主席致信慰问，巴新卫生部长等政要录制支持中国抗击疫情的视频，在巴新华侨华人也全力支持中国的抗疫工作。捐助数额不论大小，都是太平洋岛国人民与中国人民相互支持的重要体现。

（二）中国向太平洋岛国提供援助

南太平洋岛屿地区因其独特的地理位置有效地控制了疫情的传播，但是其并没有因“孤立性”而免受疫情的影响。2020 年 3 月，南太平洋岛屿地区都进入“闭关”状态。随后，新冠肺炎疫情在巴新、马绍尔群岛、法属波利尼西亚、新喀里多尼亚等地传播。3 月 22 日，巴新总理马拉佩宣布巴新自 3 月 24 日起进入为期 14 天的国家紧急状态以应对新冠肺炎疫情。[①] 巴新新冠肺炎疫情国家应对大流行病负责人曼宁（David Manning）先生呼吁巴新人民继续遵守新冠肺炎疫情健康协议，“巴布亚新几内亚比许多国家做得好得多，这是因为今年早些时候采取了严厉措施”。[②]

首先，在疫情稳定后，中国向太平洋岛国提供了医疗技术援助。在特殊时期，举办线上会议是中国支持太平洋岛国的一种重要方式，特别是中国 - 太平洋岛国应对新冠肺炎疫情卫生专家视频会议、中国和太平洋岛国应对新冠肺炎疫情副外长级特别会议、中国和太平洋岛国应对新冠肺炎疫情第二次副外长级特别会议的成功召开，有效地分享了成功经验。3 月 10 日下午，中国外交部与国家卫生健康委共同举办中国 - 太平洋岛国应对新冠肺炎疫情卫生专家视频会议，中国与斐济、巴新、密克罗尼西亚联邦、萨摩亚、汤加、所罗门群岛、基里巴斯、库克群岛、纽埃等 10 个建交太平洋岛国就应

---

① 《巴新宣布进入国家紧急状态》，2020 年 3 月 22 日，http：//pg. china - embassy. org/chn/xwdt/t1760833. htm。

② Nine New COVID-19 Cases Reported In WNB, PNG Post-courier, November 30, 2020, https：//postcourier. com. pg/nine - new - covid - 19 - cases - reported - in - wnb/.

对新冠肺炎疫情开展专家讨论。[①] 中国专家全面介绍了中国疫情发展形势和防控、救治等经验。双方就防控措施、诊断筛查、实验室检测等方面内容进行了深入交流。5 月 13 日，中国举行中国和太平洋岛国应对新冠肺炎疫情副外长级特别会议，并着眼未来积极拓展各领域的合作，坚决反对把病毒政治化、污名化、标签化。[②] 11 月 30 日，中国分享最新抗疫经验，举行中国和太平洋岛国应对新冠肺炎疫情第二次副外长级特别会议。中国外交部副部长郑泽光与所罗门群岛外交部长马内莱共同主持会议。会上，中国同与会太平洋岛国政府达成共识：疫情是人类面临的共同威胁，应对疫情要加强国际合作；要继续支持世界卫生组织在全球抗疫协调中发挥领导作用；要加强双方在国际地区事务中的协调配合，共同维护国际正义，维护多边主义和发展中国家权益，推动双方全面战略伙伴关系持续向前发展。[③] 疫情发生时，适逢第四期中国援汤加医疗队和第三期、第四期中国援萨摩亚医疗队在岛国工作，他们参与了当地的抗疫工作，为当地卫生部门和医务人员提供了医疗技术培训和指导。

其次，设立抗疫基金，提供医疗物资。太平洋岛国工业基础薄弱，无法生产防疫物品，缺乏先进的医疗设备和训练有素的医疗人员，医疗基础设施有限。中国积极向太平洋岛国地区提供医疗物资支援，帮助岛国预防疫情。中国政府设立了“中国－太平洋岛国抗疫合作基金”，并多次追加注资。3 月 26 日，中国驻瓦努阿图大使周海成代表中国政府向瓦努阿图政府提供十万美元援款，用于防控新冠肺炎疫情。3 月 31 日，中国驻巴新大使薛冰代表中国政府向巴新政府转交中国－太平洋岛国抗疫合作基金捐款，并通报援助巴新抗疫医疗物资情况。5 月 21 日，中国

---

① 《中国同太平洋岛国举行新冠肺炎疫情卫生专家视频会议》，中国外交部网站，2020 年 3 月 10 日，https：//www. fmprc. gov. cn/web/wjb_ 673085/zzjg_ 673183/bmdyzs_ 673629/xwlb_ 673631/t1754275. shtml。

② 《中国和太平洋岛国应对新冠肺炎疫情副外长级特别会议联合新闻稿》，中国外交部网站，2020 年 5 月 13 日，https：//www. fmprc. gov. cn/web/ziliao_ 674904/1179_ 674909/t1778778. shtml。

③ 《中国和太平洋岛国应对新冠肺炎疫情第二次副外长级特别会议联合新闻稿》，中国外交部网站，2020 年 11 月 30 日，https：//www. fmprc. gov. cn/web/wjbxw_ 673019/t1836700. shtml。

驻萨摩亚大使巢小良会见太平洋区域环境规划署秘书处（SPREP）总干事科西·拉图，向规划署转交中国政府的捐款。12月7日，中国驻斐济大使钱波在斐济议会大厦向斐济总理姆拜尼马拉马转交中国政府抗击新冠肺炎疫情援助款。12月10日，中国对密克罗尼西亚联邦第三笔新冠肺炎防疫现汇援助交接仪式在密克罗尼西亚联邦卫生和社会事务部举行。

除了提供医疗援助资金，中国中央政府和国家部委、社会团体、企业家等向太平洋岛国地区提供了大量抗击疫情的物资，分批次提供了N95口罩、医用一次性防护服、隔离眼罩、防护面罩、一次性灭菌橡胶外科手套、医用隔离鞋套、额温枪、呼吸机等医疗物资。5月21日，中国驻巴新大使薛冰出席巴新布图卡学园防疫设施和物资移交仪式，中方为该校建造的自来水洗手池、医务隔离室、学生餐厅等正式启用，中方还为该校捐赠了洗手液、学生运动服等物品。① 中国地方政府和民间机构也向太平洋岛国提供了很大的援助。如中国广东省、山东省向瓦努阿图、密克罗尼西亚联邦提供了医疗援助和应对热带气旋的援助。

二　现实和“云外交”催生新联动，大危机促成新合作

（一）基里巴斯总统访华，以实际行动推动双方合作

2020年1月初，基里巴斯总统马茂来访，中国国家主席习近平、国务院总理李克强分别同马茂会谈。习近平强调：“去年9月，中国同基里巴斯在一个中国原则基础上恢复外交关系，掀开了两国关系发展新篇章。……总统先生这次来访是中基关系发展的重要里程碑。我们愿同基方一道努力，推动两国关系迈上新台阶，结出更多硕果。此次两国签署了共

① 《驻巴布亚新几内亚大使薛冰出席布图卡学园防疫设施移交仪式》，中国外交部网站，2020年5月21日，https：//www. fmprc. gov. cn/web/zwbd_ 673032/gzhd_ 673042/t1781299. shtml。

建‘一带一路’谅解备忘录等文件，要将共建‘一带一路’倡议同‘基里巴斯20年发展规划’相对接，拓展务实合作。”[①] 马茂表示，“基方将坚定奉行一个中国政策，尊重中国的主权和领土完整，支持中国‘一国两制’方针，支持中国实现统一大业。基方感谢中方给予的宝贵支持”。[②] 为切实推动合作，推进“一带一路”建设，两国政府签署多项双边合作文件。

（二）习近平主席给巴新布图卡学园回信，鼓励师生团结一心、共克难关

巴新布图卡学园校方致信感谢习近平主席的关心和支持，表示在中方帮助下该校已经克服疫情影响、实现复课。7月6日，中国驻巴新大使薛冰向巴新布图卡学园董事会主席倪玉梅转交了习近平主席给学园的复信。习近平主席在信中提到了2018年访问巴新并出席布图卡学园启用仪式的情形，肯定了学园办学成绩，表示将继续为学园发展提供必要支持和帮助。[③] 布图卡学园全称为中国－巴新友谊学校·布图卡学园，是中国向巴新提供的援助项目，这是一项惠民工程，布图卡学园包括幼儿园、小学、中学三部分。[④] 2018年11月学校开始启用，招收学生约3000人，改善了当地办学条件，提升了当地教育水平。

（三）中国高层领导前往汤加进行友好访问

2020年1月8日至11日，受汤加议会邀请，中国全国人大常委会副委员长丁仲礼率全国人大代表团访问汤加。[⑤] 其间，丁仲礼会见了汤加首相图

① 《习近平同基里巴斯总统会谈》，《新华每日电讯》2020年1月7日，第1版。

② 《习近平同基里巴斯总统会谈》，《新华每日电讯》2020年1月7日，第1版。

③ 《习近平给巴布亚新几内亚布图卡学园复信》，新华网，2020年7月6日，http://www.xinhuanet.com/politics/leaders/2020-07/06/c_1126201536.htm。

④ 《习近平和巴布亚新几内亚总理奥尼尔共同出席中国援建的布图卡学园启用仪式》，新华网，2018年11月16日，http://www.xinhuanet.com/politics/2018-11/16/c_1123724655.htm。

⑤ 《丁仲礼率团访问汤加》，《人民日报》2020年1月12日，第3版。

伊奥内托阿，并同汤加议长法卡法努阿会谈以及部分议员座谈。代表团赴汤加图普学院考察了中国援助汤加农业技术合作汤加塔布岛第五期项目，丁仲礼要求中国农业专家组向汤加人民多传授农业技术，让越来越多的汤加人民从中受益。

（四）中国驻基里巴斯、所罗门群岛使馆复（开）馆，积极落实各项合作协议

2019 年 9 月，基里巴斯、所罗门群岛与中国复交和建交后，中国与两国关系的发展备受外界关注。尽管当时新冠肺炎疫情仍在全球肆虐，各行业亟待复工复产，中国驻外人员排除各种困难，分别于 2020 年 5 月 15 日和 9 月 21 日在两国复馆、开馆。所罗门群岛总理马纳塞·索加瓦雷在开馆仪式上说："这是联合国确认（中国）的合法席位 30 多年后，所罗门群岛做出的慎重选择。所罗门群岛作为联合国的一员，站在了历史的正确一边。"① 大使馆正式开馆，中国与两岛国关系逐渐步入正轨。

三　中国对太平洋岛国提供援助

疫情对太平洋岛国地区的经济发展产生了严重影响，不仅太平洋岛国与其他国家贸易往来不畅，各岛国之间的贸易也受到限制，作为主要经济支柱的旅游业更是受到打击。比如，斐济宣布关闭边境后，斐济旅游业几近归零，斐济国民生产总值下降了 38%。② 斐济政府当时预测：2020 年出口收缩 3.4%，进口下降 9.3%，2020 年斐济经济萎缩 4.3%，2021 年经济可能

① Sogavare Praises China: Critical of Those Who Oppose, *Solomon Times*, September 22, 2020, https://www.solomontimes.com/news/sogavare-praises-china-critical-of-those-who-oppose/10229.

② Aiyaz Sayed-Khaiyum, 2020 COVID-19 Budget Response Address by the Attorney-general and Minister for Economy, March 27, 2020, https://www.fiji.gov.fj/Media-Centre/Speeches/2020-COVID-19-BUDGET-RESPONSE-ADDRESS-BY-THE-ATTOR.

会恢复，但是也只有1.9%的增长率。[①] 事实上，疫情对经济基础薄弱的岛屿国家而言，产生的连锁影响是深远的，由于企业生产和建设工作的停滞，当地失业率不断提升，社会保障难以为继。

（一）帮助岛国完善基础设施建设

2020年1月10日，中国驻巴新大使薛冰陪同巴新总理马拉佩夫妇前往恩加省省会瓦巴格市，参观考察了使用中国优惠贷款修建的恩加省医院项目，此项目是巴新和中国友谊的又一象征。3月3日，中国驻斐济大使钱波与斐济就业、青年和体育事务部长库马尔（Bala Parveen Kumar）共同出席了纳卡西露天排球场混凝土浇筑仪式，此项目在8月19日竣工并投入使用，排球场归瑙苏里市镇厅管理，供附近学校学生和社区居民进行体育锻炼。中国中铁建工集团承建了巴新新爱尔兰省卡维恩国际机场改造升级项目，此项目由亚洲开发银行投资，主要是对现有机场扩建和改建，使其能够供大型客机起降，合同总额约9185万基那（约合1.68亿元人民币），工期两年，预计于2022年7月竣工。[②] 10月28日，广东省援建汤加的太阳能路灯交接仪式在汤加国际会议中心举行。11月27日，广东省援建汤加的人行步道在努库阿洛法举行竣工仪式。

（二）提供设备支持

中国中央政府和地方政府向太平洋岛国地区提供了交通、海关检测、生活等方面的设施和设备。2020年5月21日，中国向斐济捐赠橄榄球联盟比赛用车辆，为斐济橄榄球运动员日常训练和参加赛事提供了交通便利，助推斐济体育和青年事业发展。6月4日，中国实施了对瓦努阿图海关检测设备升级项目，将

---

① Republic of Fiji Economic and Fiscal Update Supplement to the COVID – 19 Response Budget Address, March 26, 2020, http://www.economy.gov.fj/images/Budget/budgetdocuments/supplements/SUPPLEMENT – TO – THE – COVID – 19 – RESPONSE – BUDGET – ADDRESS.pdf.

② 《驻巴布亚新几内亚大使薛冰出席卡维恩国际机场开工仪式》，中华人民共和国驻巴布亚新几内亚独立国大使馆官网，2020年7月16日，http://pg.china – embassy.org/chn/xwdt/t1798431.htm。

帮助该国有效打击走私，提升通关便利化水平，推进海关技术应用现代化。8月25日，广东省东莞市向汤加捐赠水罐，在地下水有限和疫情严控的形势下，水罐为便利当地民众生活提供了帮助。10月8日，广东省还向汤加捐赠了拖拉机和渔船。拖拉机能够提升当地民众耕种速度，渔船为应对疫情冲击、保障粮食安全起到重要作用。此外，中国政府还向瓦努阿图捐赠车辆。

（三）提供教育援助

教育是切断贫困代际传递的重要方式，也是国家持续发展的不竭动力。中国协助岛国改善教育设施，提高教育供给的水平和质量。斐济洛基亚幼儿园是两国友谊的见证，中国援建的幼儿园能为社区儿童健康快乐成长提供一个良好的环境，洛基亚社区村民感谢中国驻斐济使馆对其社区发展和儿童早教事业提供的帮助。2020年7月24日，中国驻萨摩亚大使巢小良出席萨摩亚阿绍小学翻修项目完工暨小学重新启用仪式，萨摩亚教育部长西沃以及当地酋长出席活动，他们用演讲、举行传统欢迎仪式等表达对中国的感谢之情。[①] 中国政府还向萨摩亚国立大学海洋学院提供了教学科研设备。[②] 除此之外，中国还向太平洋岛国地区学生捐赠了大量学习用品。3月25日，广东省对外友协提供了一批书包，并委托汤中友协捐赠给汤加学生。汤中友协还向哈维路里库、法图木两所公立小学捐赠书包。9月4日，广东省中山市向密克罗尼西亚联邦波纳佩州玛德莱尼姆市捐赠两辆校车并举行交接仪式。9月10日，中国驻汤加使馆与汤加学院举办文化交流活动，大使馆向师生代表赠送书包、文具和纪念品。10月15日，中国驻密克罗尼西亚联邦使馆向总统第一夫人办公室捐赠文体用品。中国在斐济、萨摩亚等国家的孔子学院以良好的态势运行，在库克群岛、瓦努阿图等国家的孔子学堂为当地学生

---

① 《驻萨摩亚大使巢小良出席萨阿绍小学翻修项目完工暨重新启用仪式》，中国外交部网站，2020年7月27日，http：//switzerlandemb. fmprc. gov. cn/web/zwbd_ 673032/gzhd_ 673042/t1801031. shtml。

② 《驻萨摩亚大使巢小良出席援萨国立大学海洋学院教学科研设备项目交接仪式》，中国外交部网站，2020年11月4日，http：//new. fmprc. gov. cn/web/wjdt_ 674879/zwbd_ 674895/t1829235. shtml。

学习汉语提供了良好条件。聊城大学承担的第二批援助汤加的中小学支教队克服疫情、热带气旋的影响，不仅向学生传递知识，还教给他们生活经验，在当地产生了积极反响。

（四）提供农业援助

中国在斐济、巴新等国家的农业援助项目产生了良好效果。2020 年 5 月 14 日，中国援助巴新的菌草、旱稻技术项目组专家参加了一场特殊的捐赠活动。东高地省亨加诺菲区菲尼图古村村民在喜获旱稻丰收后，决定拿出 1.2 吨稻子赠送给中国专家组和东高地省政府，希望中国专家把这些稻子作为稻种，帮助本省更快更好地发展旱稻产业。6 月 30 日，斐济农业部在北岛举办“粮食多样化，实现斐济粮食自给”主题活动，斐济总理姆拜尼马拉马将中国农业部援助的联合收割机交给当地农户代表。中国援斐北岛农业项目组向斐济总理赠送首次在斐济成功种植的中国杂交稻，来自湖南袁隆平农业高科技股份有限公司的水稻专家团队在斐济执行中国援助斐济北岛第二期农业发展项目，他们帮助当地农户提高水稻产量，逐步实现大米自给，为斐济发展现代农业贡献中国智慧。

同时，中国企业和工人积极参加当地企业复工复产和经济恢复。8 月，经巴新政府批准，48 名中国工人乘包机抵达巴新，参加在中冶瑞木镍钴矿项目的复工复产工作。中国土木工程集团南太平洋有限公司建立了疫情防控办公室，加强对当地工人的防控疫情宣传，确保在瓦努阿图塔纳岛公路项目、图瓦卢外岛码头项目等工程进展。图瓦卢是未与中国建交的岛国，该国岛屿分散，交通不便。中国企业克服困难和挑战，推进各项工作，“图瓦卢总理卡乌塞亚·纳塔诺在视察了图瓦卢外岛码头项目后表示非常钦佩中土人迎难而上、不惧挑战的精神”。[①]

---

① 《中国中土集团在南太岛国打响防疫与建设两不误的第一枪》，中国新闻网，2020 年 3 月 25 日，http://www.chinanews.com/cj/2020/03-25/9137287.shtml。

四　中国与太平洋岛国的经贸合作

尽管受到疫情的不利影响，中国还是通过各种方式加强与岛国的经贸合作。根据中国海关2020年7月23日公布的数据，1～6月，中国与14个太平洋国家的进出口商品总值受到很大影响，尤其是进口总值与2019年同期相比（除了汤加和萨摩亚）下降明显，从基里巴斯、马绍尔群岛、密克罗尼西亚联邦、瑙鲁、帕劳和图瓦卢等国家的进口额下降了60%～99%。[①] 在应对疫情和恢复经济的双重压力下，中国依然采取多种举措，积极与太平洋岛国加强经济贸易合作，共同构建中国－太平洋岛国命运共同体。

（一）举办线上会议，积极推动政府间经贸合作

太平洋岛国是中国的全面战略伙伴，也是21世纪海上丝绸之路的沿线国家。在“一带一路”合作框架下，中国坚持共商共建共享原则，积极推动同太平洋岛国的各项合作，达成共赢目标。2020年6月18日，疫情形势下的“一带一路”国际合作高级别视频会议举行，巴新外交部代表出席会议。与会代表高度评价中国举办的对话会议，以及中国为推动“一带一路”倡议下的经贸合作和国际抗疫合作做出的积极贡献。疫情下各国的支持与合作证实了构建人类命运共同体的重要性，与会各方一致反对将疫情污名化、政治化，支持多边主义。会后，发表了《“一带一路”国际合作高级别视频会议联合声明》[②]，为各国共同应对疫情和复工复产奠定了基础。8月6日，为进一步推动中国与巴布亚新几内亚的合作，首届中国－巴新政府间经贸联委会召开，中国商务部副部长兼国际贸易谈判副代表王受文与巴新外交与国

① 《2020年6月进出口商品国别（地区）总值表》，中华人民共和国海关总署，2020年7月23日，http://www.customs.gov.cn/customs/302249/zfxxgk/2799825/302274/302277/302276/3201617/index.html。

② 《“一带一路”国际合作高级别视频会议联合声明》，中华人民共和国中央人民政府网，2020年6月19日，http://www.gov.cn/xinwen/2020－06/19/content_5520682.htm.

际贸易部副秘书长瓦罗通过视频会议形式参会并主持会议，时任中国驻巴新大使薛冰、巴新驻华使馆代办苏马雷、巴新东高地省省长努姆以及福建省、广东省、深圳市的代表出席会议。[①] 中国－巴新政府间经贸联委会是2018年11月习近平主席访问巴新的重要经贸成果之一。此届联委会是新冠肺炎疫情发生以来，中国与大洋洲地区国家召开的第一次经贸机制会议。双方一致同意，继续加强抗疫国际合作，深入开展“一带一路”倡议与巴新重大战略对接。参会代表见证了中国政府援助巴新抗疫物资交接证书签署，福建省宣布向东高地省援助第四期菌草旱稻技术项目，并宣布由中国资金支持的巴新国家海底光缆项目工程完工。

（二）线下活动丰富多样，与太平洋岛国人民分享复苏经济的希望

疫情期间，中国积极抗疫，复产复工，加强与其他国家的经济合作，努力实现经济复苏。2020年11月4日晚，第三届中国国际进口博览会开幕式在上海举行，国家主席习近平以视频方式发表主旨演讲。习近平指出：“中国将秉持开放、合作、团结、共赢的信念，坚定不移全面扩大开放，让中国市场成为世界的市场、共享的市场、大家的市场，推动世界经济复苏，为国际社会注入更多正能量。”[②] 来自太平洋岛国的产品在前两届进博会上受到了欢迎，这次它们的产品又出现在进博会太平洋岛国联合馆。来自中国企业的订单给了岛国信心。[③] 10月19日至22日，中国外交部组织建交太平洋岛国驻华使节代表团赴广东省交流考察。广东省长马兴瑞表示，广东将进一步发挥区位和经济优势，深化同太平洋岛国在“一带一路”框架下经贸投资、基础设施建设、农渔业、旅游等领域的互利合作，推动双方友好关系取得更大发展。驻华使节在深圳参观了“大潮起珠江——广东改革开放40周年展

---

① 《首届中国－巴新政府间经贸联委会召开》，中国经济网，2020年8月7日，http://expo.ce.cn/gd/202008/07/t20200807_35475812.shtml。

② 《习近平在第三届进博会开幕式上发表主旨演讲，强调坚定不移全面扩大开放》，《新华每日电讯》2020年11月5日，第1版。

③ 任鹏、曹继军：《第三届进博会与世界分享希望》，《光明日报》2020年7月27日，第1版。

览”；在佛山参观了南海区里水镇万顷园艺世界、海港锦鲤园、贤鲁岛贤僚村等新农村建设风貌和农业现代化项目，考察了美的集团等高端制造产业；在东莞考察了华为松山湖基地。使节们还在广州同广东省政府有关部门、地市及企业举行了对接交流会。① 11 月 11 日，中国福建省与巴新东高地省举行两省结好 20 周年线上庆祝活动。双方承诺进一步深化农业、经贸、文教等领域的交流合作，助力中国与巴新全面战略伙伴关系取得更大发展。② 薛冰大使在会上宣读习近平主席回复努姆省长的信，并表示为福建省和东高地省的交往合作提供服务。东高地省表示，在“一带一路”框架下继续推动菌草和旱稻种植项目发展，并拓展两省在基础设施建设、通信、卫生和住房等民生领域的对话与合作。会上，两省签署了加强友好交流协议。

五　岛国媒体刊发大使文章，抵制西方媒体的污蔑行为

中国与太平洋岛国守望相助还体现在坚持一个中国的原则，抵制西方媒体的“污名化”，以实际行动推动合作。

中国抗疫态度坚决，方法有效，是国际抗疫成功的典范。中国抗疫给了太平洋岛国地区国家极大的信心，中国驻太平洋岛国大使在太平洋岛国地区国家媒体上发表了多篇署名文章，彰显了中国抗疫态度，分享了中国抗疫经验。密克罗尼西亚联邦报纸《你好通讯》（*The Kaselehlie Press*）在 2020 年 2 月 10 日和 6 月 17 日分别刊登了中国驻密克罗尼西亚联邦大使黄峥的《保持镇定，携手应战新型冠状病毒》和《镌刻集体记忆，分享抗疫经验，携手共克时艰》的署名文章。中国驻斐济大使钱波分别在 2 月 5 日和 3 月 5 日在斐济第一大报《斐济太阳报》发表《中国有信心有能力打赢这场疫情阻击战》和《携手战“疫”，共迎挑战，维护全球公共卫生安全》的署名文章。

① 《外交部组织太平洋岛国驻华使节代表团赴广东省交流考察》，中国外交部网站，2020 年 10 月 23 日，http：//new. fmprc. gov. cn/web/wjbxw_ 673019/t1826248. shtml。

② 《福建与巴新东高地省庆祝结好二十周年》，福建省人民政府网，2020 年 11 月 12 日，http：//www. fujian. gov. cn/szf/hd/202011/t20201112_ 5432960. htm。

中国驻汤加大使曹小林分别在2月13日和3月9日在汤加风网、汤加广播委员会网等主流媒体发表《我们需要正确认识与新冠肺炎疫情相关的几个基本问题》[①] 和《中汤携手合作，共同抗击疫情》的署名文章，介绍中国防控疫情进展、中汤合作抗击疫情等情况。中国驻萨摩亚大使巢小良分别在2月22日、3月13日、7月16日在萨摩亚主流媒体《萨摩亚观察家报》发表《风雨过后有彩虹——疫情的影响是暂时的》《携手战“疫”，共克时艰》《疫情是友谊的试金石》的署名文章。4月8日，中国驻巴布亚新几内亚大使薛冰在巴新主流媒体《信使邮报》《国民报》发表《抗击疫情急需构建人类命运共同体》等署名文章，表明中国愿同巴新及时分享疫情信息、防控救治经验、医疗研究成果，支持巴新疫情防控工作。

同样，太平洋岛国媒体刊发了中国大使关于新疆、香港、台湾等问题的文章，传递了中国政府的一贯立场。2020年1月13日，密克罗尼西亚联邦《你好通讯》刊登中国驻密克罗尼西亚联邦大使黄峥《新疆问题的事实不容篡改》的署名文章。6月2日，中国驻斐济使馆在《斐济太阳报》发表《关于香港国家安全立法的问答》，向斐济民众介绍中国从国家层面建立健全香港特别行政区维护国家安全法律制度和执行机制的必要性、紧迫性和正当性，驳斥美英等西方国家对香港特别行政区国家安全立法的无端指责。6月21日，萨摩亚《萨摩亚观察家报》以2个版面刊载《中国驻萨使馆就香港国家安全法积极发声》一文，全文引用中国驻萨摩亚大使馆就香港特别行政区国家安全立法问答内容。

太平洋岛国媒体在中国国庆节刊发大使文章，介绍中华人民共和国成立以来取得的光辉成就。2020年10月1日，斐济主流媒体《斐济太阳报》《斐济时报》刊登国庆中秋双节特刊，庆祝中华人民共和国成立71周年和传统中秋佳节。同一天，巴新主流媒体《信使邮报》《国民报》发表庆祝中华人民共和国成立71周年大使署名文章，回顾中华人民共和国成立71年来

---

① Cao Xiaolin, Understanding the Novel Coronavirus Pneumonia Epidemic, Matangi Tonga Online, https: //matangitonga. to/2020/02/13/understanding – novel – coronavirus – pneumonia – epidemic.

取得的辉煌成就，讲述中国抗击新冠肺炎疫情和中国、巴新共同抗疫故事，全面评价和展望中国、巴新关系发展。同时，巴新媒体以多个全彩版面，刊登了习近平主席在联合国成立 75 周年纪念峰会上发表的重要讲话全文，图文并茂地重点宣介习近平主席在峰会上提出的中国主张。10 月 7 日，密克罗尼西亚联邦《你好通讯》刊登中国驻密大使黄峥就国庆 71 周年暨中密建交 31 周年发表的书面致辞《初心不改，携手奋进》。

结　语

2020 年已经过去，疫情肆虐的脚步尚未停止。对国内市场狭小、远离世界市场、国内资源有限的太平洋岛国而言，它们更能够体会到疫情带来的深刻影响。面向 2021 年，无论是新上任的岛国政府，还是即将举行大选的政府，它们都面临复苏经济、稳定政局、保障民生的重任。“一带一路”倡议下，中国提供的援助和支持对岛国而言都是雪中送炭。如何应对变局和在变局中开新局是岛国政府必须思考的问题，通过改善基础设施建设、吸纳先进国家的科技、融入世界市场、提升教育水平以实现本国经济的可持续发展是改变现状的重要途径。事实已经证明，中国智慧和中国方案能够为太平洋岛国提供“跨越发展”的可能。“下南洋”是中国同世界交往史上丰富生动的一章。过去，中国同东南亚各国和太平洋岛国舟船继路、商使交属的历史景象将再次呈现在世人面前。新时代的大潮奔涌向前，“一带一路”倡议下越来越多的合作项目在太平洋岛国开花结果。

B.15 新冠肺炎疫情冲击下的巴布亚新几内亚及其与中国关系的变化

卢庆洪 *

摘　要：2020年新冠肺炎疫情席卷全球，对经济严重依赖国际市场的巴布亚新几内亚产生了巨大影响。面对生产能力下降、出口产品锐减、经济下滑明显，马拉佩政府采取了许多干预经济的措施，试图复苏低迷的经济，但效果十分有限。中国与巴布亚新几内亚关系发展取得一定进展，但两国合作也面临着新的挑战。

关键词：巴布亚新几内亚　中国与巴新关系　基础设施建设

巴布亚新几内亚（简称巴新）国土面积46.28万平方公里，人口约875万人，是大洋洲中面积和人口仅次于澳大利亚的第二大国家。巴新蕴藏着世界级的能矿、农业、渔业、林业和旅游资源。2019年5月马拉佩政府执政后，调整经济政策，鼓励农业、林业、渔业、旅游业和制造业多元化发展；大力吸引外资，促进初级产品在本国加工，实行进口替代，实现了经济的持续发展。然而，2020年席卷全球的新冠肺炎疫情对巴新经济社会的发展及其对外政策产生了重要影响。

* 卢庆洪，聊城大学太平洋岛国研究中心高级研究员，聊城大学历史文化与旅游学院副教授，主要从事巴布亚新几内亚研究。

一　巴新新冠肺炎疫情发展状况及对策

2020 年初，面对新冠肺炎疫情在全球逐渐蔓延，巴新政府深感本国卫生系统薄弱，有可能会成为新冠肺炎疫情输入高风险国，将疫情防控提上了日程。3 月 20 日，莫罗贝省出现巴新首例新冠肺炎确诊病例。① 巴新被世界卫生组织宣布为第 127 个感染新冠肺炎病毒的国家。随后，詹姆斯·马拉佩（James Marape）总理宣布巴新自 3 月 24 日起进入为期 14 天的国家紧急状态，并决定暂停国际、国内航班、客运公共交通和省际人员流动；加强边境地区军警力量，禁止徒步或乘船穿越巴新边境；所有学校放假 14 天；等等。②4 月 2 日，巴新国民议会相继通过《2020 年紧急规章》、《2020 年检疫法（修订）》、《公共卫生法（修订）》和《2020 年应对新冠肺炎病毒紧急状态法（国防军）》，并决定国家紧急状态到期后，再延长 2 个月。③同日，詹姆斯·马拉佩总理声明国家紧急状态延长期间，海外巴新公民如想回国，需获得国家紧急状态总监的特别许可，必须乘坐澳大利亚布里斯班、凯恩斯或新加坡的航班，入境后须隔离 14 天。④6 月 2 日，随着国家紧急状态到期，国民议会再次决定延长 14 天，以争取时间制定公共卫生紧急法案，使巴新人民在有序、有控制、对新冠肺炎疫情有所防范的环境下工作和生活，进入与病毒共处的“新常态”。⑤与此同时，巴新政府向国际货币基金组织申请到 12 亿基那（约

① 《巴新出现首例新冠肺炎确诊病例》，中华人民共和国商务部网站，http：//pg. mofcom. gov. cn/article/jmxw/202003/20200302947357. shtml。

② 《巴新宣布进入国家紧急状态》，中华人民共和国驻巴布亚新几内亚独立国大使馆网站，http：//pg. china - embassy. org/chn/xwdt/t1760833. htm。

③ Isaac Nicholas and Thiery Lepani，State of Emergency for 60 Days，PNG Post - Courier，https：//postcourier. com. pg/soe - extended/.

④ 《巴新宣布国家紧急状态延长二个月》，中华人民共和国商务部网站，http：//www. mofcom. gov. cn/article/i/jyjl/l/202004/20200402951777. shtml。

⑤ 《巴新议会决定再次延长“国家紧急状态”14 天》，中华人民共和国商务部网站，http：//www. mofcom. gov. cn/article/i/jyjl/l/202006/20200602970308. shtml。

合24亿元人民币）的紧急贷款，作为应对疫情的费用。[1] 6月16日，巴新政府宣布结束国家紧急状态，学校、教堂和体育运动场所恢复正常，实施《2020年国家应对大流行病法案》，但继续关闭俱乐部等娱乐场所和边境口岸，停运国际航班。[2]

2020年8月12日起，巴新新冠肺炎确诊病例呈加速蔓延态势，巴新政府宣布实施十一项常态化防疫措施：国际旅客仅能从首都杰克逊国际机场入境，并需7日内新冠病毒检测阴性结果证明等材料；国内省际航班仅运载货物和医疗物资；学校师生均须佩戴口罩上课；每辆公交车载客15人以内；等等。[3] 10月29日，巴新内阁批准了一项1020万基那的合同，授权纽吉尼生物医药公司组织化学家和生物学家等研发治疗新冠肺炎的药物。[4] 11月底，在疫情防控形势依旧十分严峻的情况下，巴新政府宣布加强对人员往来和进出口货物的限制：国际航班飞机、航线船只必须由首都杰克逊国际机场以及莫尔兹比港、拉包尔、马当港接受检疫后才能入境；国际旅客只允许乘坐飞机入境巴新，并提供登机前7日内新冠病毒检测正常结果；所有入境旅客需在指定酒店隔离7～14天；所有民众进出学校、市场、商场和宗教场所时必须消毒双手，并保持社交距离；等等。[5] 截至12月17日，巴新全国新冠肺炎确诊病例累计760例，死亡病例8例，涉及全国22个省区中的16个省区。[6] 巴新面临着严峻的疫情考验。

---

① PNG Receives Emergency K12 Billion IMF Loan, PNG Post - Courier, https://postcourier.com.pg/png-receives-emergency-k1-2-billion-imf-loan/.

② 《巴新国家紧急状态于6月16日结束》，中华人民共和国商务部网站，http://pg.mofcom.gov.cn/article/hg/202006/20200602974347.shtml。

③ 《巴新单日确诊新冠病例数创新高　宣布防控常态化措施》，新华网，http://big5.xinhuanet.com/gate/big5/www.xinhuanet.com/politics/2020-08/13/c_1126364583.htm。

④ Million Kina Covid Cure, https://postcourier.com.pg/million-kina-covid-cure/.

⑤ 《对外投资合作国别（地区）指南——巴布亚新几内亚》（2020版），第67页。

⑥ 《过去二十四小时新增新冠阳性病例31例》，巴新中文网，http://www.png-china.com/forum.php?mod=viewthread&tid=13288&extra=page%3D9。

二　新冠肺炎疫情对巴新社会经济的影响

巴新是大宗初级产品出口国和消费品、制成品进口国，经济和社会发展高度依赖国际市场。新冠肺炎疫情发生后，巴新实施国家紧急状态，采取各种措施控制疫情传播，限制人员和物资流动，经济发展遭遇“寒流”。

（一）经济发展受到严重冲击

出口大幅下降。随着国际油价下降，巴新石油、液化天然气出口收入和分红急剧减少；铜、镍等主要矿产品供需不旺，价格总体呈下降趋势。国际市场对咖啡、可可、棕榈油等农产品需求下降，导致出口价格持续走低。木材采伐、加工、运输企业因工人无法上班被迫停产，原木出口锐减。外国渔船入港减少，渔产品加工企业被迫停工，渔业受到沉重打击。[①] 2020 年 3 月 11 日，巴新国库部部长伊恩·凌·斯塔基（Ian Ling Stuckey）表示商品价格下降、出口量减少，导致巴新损失了约 13 亿基那的资源税收入和分红。[②] 6 月 16 日，世界银行驻巴新高级经济学家伊莱斯·沙赛诺夫（Ilyas Sarsenov）表示疫情的影响是实质性的。对于巴新而言，商品价格下降、出口量减少将导致巴新出口收入、政府从资源开发中获得的收入降低。同时，政府还要增加疫情防控的支出，这对巴新经济增长、外汇储备和财政账户形成压力，并导致更高的财政赤字和额外的债务负担。[③] 此外，旅游业和酒店业受到巨大冲击。邮轮被禁止靠岸，国际游客数量锐减，旅游收入大幅减少。贸易、运输业、制造业、建筑业、批发零售业、银行业等遭受重创。大批中小微企业面临倒闭，大量员工面临失业危险。[④] 7 月 21 日，詹姆斯·马拉佩总理承认上

---

① 《对外投资合作国别（地区）指南——巴布亚新几内亚》（2020 版），第 67 ~ 68 页。

② 《新冠肺炎疫情冲击巴新经济》，中华人民共和国驻巴布亚新几内亚独立国大使馆经济商务处网站，http：//pg. mofcom. gov. cn/article/jmxw/202003/20200302944373. shtml。

③ 《世行预计巴新 2020 年出口将下降 3%》，中华人民共和国商务部网站，http：//pg. mofcom. gov. cn/article/jmxw/202006/20200602974349. shtm。

④ 《对外投资合作国别（地区）指南——巴布亚新几内亚》（2020 版），第 68 页。

半年因新冠肺炎疫情影响，巴新经济下滑20%，政府收入大幅下降。①

在全球经济下滑和巴新本国抗疫举措的双重影响下，2020年，巴新经济增长率为-3.3%（2019年为5%）；国内生产总值为232.8亿美元（约合1513.2亿元人民币），比2019年减少3.2亿美元；人均国内生产总值为2650美元，比2019年减少92美元。政府收入减少，财政赤字为扩大。2020年，巴新政府财政收入为34.47亿美元，支出为55.28亿美元，财政赤字为20.81亿美元。截至2020年，巴新外债为63.32亿美元。②

（二）外来投资受到严峻挑战

新冠肺炎疫情发生后，在巴新的外国资本开始采取收紧政策。美国埃克森美孚公司巴新分公司决定从原合作伙伴、巴新当地企业收回莫尔兹比港“5英里加油站”经营权，转给马来西亚控股的长青集团。此举引发巴新部分中小企业主的不满。5月7日，他们举行抗议活动，反对外国竞争者抢走当地生意和工作，要求政府落实前商业与工业部部长理查德·马鲁（Richard Maru）于2014年提出的限制外国资本进入的保留行业清单，以保护巴新当地企业，社会上再次掀起限制外国投资者的呼声。巴新中小微企业理事会敦促政府尽快审议《2019年投资促进（修正）法案》，明确保留行业清单；限制1000万基那以下的外国投资，为本地工商业发展提供空间。③巴新国家事务研究所执行主任保罗·巴克（Paul Barker）表示巴新在对待外资的方式上存在问题，一些政策和法令正在向反方向发展，削弱了投资者到巴新投资的热情和意愿，巴新面临失去外资的风险。④

① Marape Admits 20 Slump in Economy，PNG Post－Courier，https：//postcourier. com. pg/marape－admits－20－slump－in－economy/.

② 《巴布亚新几内亚国家概况》，中国外交部网站（最近更新时间：2021年2月），https：//www. fmprc. gov. cn/web/gjhdq_ 676201/gj_ 676203/dyz_ 681240/1206_ 681266/1206x0_ 681268/。

③ 《对外投资合作国别（地区）指南——巴布亚新几内亚》（2020版），第68页。

④ 《巴新中小企业敦促政府保护本地企业》，中华人民共和国商务部网站，http：//pg. mofcom. gov. cn/article/jmxw/202005/20200502963220. shtml。

2020年10月12日，詹姆斯·马拉佩总理声明外资开发巴新能矿资源项目必须满足五项条件。(1) 国家获得项目收入的60% ~65%。(2) 国家从项目运营早期即获得收入，而不是在项目建成后10~15年才开始获利。(3) 省政府和土地主应得的资源税和开发预提所得税收入至少占2%。(4) 国家获得5% ~10%的天然气、石油和矿产开采产量，用于履行国内市场义务、保证下游加工业稳定。(5) 所有合资方分担与其股份相当的企业社会责任。[①] 巴新政府此举是为了在能矿资源开发过程中获得更多的利益份额，但势必会让外来投资者望而却步。

三 巴新政府抗击新冠肺炎疫情的经济举措

(一) 制定经济规划，有效利用资金

2020年4月2日，巴新政府发布高达56亿基那的一揽子经济刺激方案。(1) 发行"抗疫国债"。在国内筹集25亿基那资金，用于支持一线卫生紧急服务，包括省级卫生部门的安全和经济活动。(2) 为企业和个人提供6亿基那信用额度贷款。银行和金融机构停收3个月贷款本金和利息。(3) 利用国际货币基金组织、世界银行和亚洲开发银行提供的15亿基那贷款发展经济；继续与可信赖的双边、多边合作伙伴合作，寻求更多的资金支持。(4) 从养老金中获得5亿基那，允许雇员自主决定并提前支取投入的养老金。(5) 在卫生、安全和经济领域增加5亿基那的支出。其中卫生部门占1.75亿基那，警察部门占5000万基那，国防军建设占2500万基那。剩余2.5亿基那直接用于民生，支持农村家庭和中小微企业，并加强粮食生产安全。(6) 制定补充预算，以适应额外医疗保健支出。[②]

① 《巴新总理表示外资开发能矿资源项目必须满足5项条件》，中华人民共和国商务部网站，http://www.mofcom.gov.cn/article/i/jyjl/l/202010/20201003007384.shtml。

② 《巴新政府发布抗击新冠肺炎疫情一揽子经济刺激计划》，中华人民共和国商务部网站，http://www.mofcom.gov.cn/article/i/jyjl/l/202004/20200402951821.shtml。

（二）盘活养老基金，发挥应有作用

2020 年 4 月 7 日，巴新中央银行核准的国民养老金有限公司、伙伴信托服务有限公司、第一养老金有限公司和怡安信托公司四家养老金管理机构联合发表声明，为受新冠肺炎疫情直接影响而失业的会员提供资金支持：（1）减免会员个人缴纳额度，一次性免除个人应缴纳份额的 20%，免缴额度不超过 1 万基那，免缴金额免税。会员连续失业超过 3 个月后，每月将获得其最后工作月薪酬一半的失业金。（2）保证养老金按时足额发放。（3）认购政府债券，支持国家渡过难关。（4）支持商业活动，尽可能降低疫情对商业运行和就业的影响，以稳定经济基本面。（5）对雇主提供月度贡献。（6）免除延迟缴纳罚息。（7）减免物业租金。①

（三）制定减税办法，刺激经济发展

2020 年 4 月，巴新国家税务局出台税收减免措施，分三个阶段实施，以应对疫情及其对经济带来的冲击，其中第一、第二阶段的具体措施包括：前两个季度的企业所得税申报期分别延长两个月；个人所得税年度申报从 4 月 30 日之前延迟两个月至 6 月 30 日之前；4 月 1 日至 6 月 30 日停止对未及时代扣代缴预提所得税的处罚；4 月 1 日至 6 月 30 日优先对医疗服务业、餐饮业、旅游业、制造业、航空和农业等行业实行增值税留抵退税。②

（四）修改能矿法律，增加政府收入

2020 年 6 月 10 日，巴新政府通过《1996 年矿产资源开发公司（私有化）法》修正案、《1998 年石油和天然气法》修正案和《1992 年矿业法》

---

① 《巴新养老金管理机构发布应对疫情举措》，中华人民共和国商务部网站，http://www.mofcom.gov.cn/article/i/jyjl/l/202004/20200402953750.shtml。

② 《对外投资合作国别（地区）指南——巴布亚新几内亚》（2020 版），第 68 页。

修正案，调整能矿资源开发和利益分享模式。[①]《1996 年矿产资源开发公司（私有化）法》修正案保护土地主和地方政府的利益，帮助巴新人民在能矿资源开发中扮演更加积极主动的角色。《1992 年矿业法》修正案授权政府通过控制土地权属状况以控制矿产资源开发活动，为巴新政府参与矿产资源开发提供法律依据。《1998 年石油和天然气法》修正案建立“资源产出－收益共享”开发模式，改变外国资本在巴新资源开发中获得的“治外法权”。詹姆斯·马拉佩总理称三部法律的修订是政府“夺回巴新”行动的一部分，旨在为巴新人民争取更多的资源利益。

（五）多方筹措资金，帮扶中小企业

为了让中小企业在困境中求得发展，5 月，巴新外交与国际贸易部部长帕特里克·普鲁埃奇（Patrick Pruaitch）提出了针对中小企业的刺激计划，发展可可种植业。[②] 8 月，巴新国家执行委员会决定融资 2 亿基那，通过南太平洋银行、巴新国家开发银行和巴新中央银行为全国中小企业提供补贴贷款，救助因疫情陷入困境的企业。[③]

四　巴新与中国合作抗击新冠肺炎疫情

（一）巴新政府及各界支持中国抗击新冠肺炎疫情

2020 年，新冠肺炎疫情在中国突袭而至，巴新政府和人民以各种方式对中国抗疫给予支持。

詹姆斯·马拉佩总理致信习近平主席表达了双方携手合作、共同抗疫的

① 《巴新修订能矿领域三部法律，调整能矿资源开发和利益分享模式》，中华人民共和国商务部网站，http：//pg. mofcom. gov. cn/article/jmxw/202006/20200602975623. shtml。

② Pruaitch Launches Sme Program，PNG Post – Courier，https：//postcourier. com. pg/pruaitch – launches – sme – program/.

③ K200 Million to Bail Out Struggling Businesses，PNG Post – Courier，https：//postcourier. com. pg/k200 – million – to – bail – out – struggling – businesses/.

意愿。3月4日，他亲自举办慈善午餐会，组织巴新政商界人士筹款，支持中国抗击新冠肺炎疫情。次日，巴新单一民族党领袖、东高地省长彼得·努姆（Peter Numu）为中国抗击新冠肺炎疫情捐款10万基那，希望帮助中国人民取得抗击疫情的最终胜利。①

巴新政府多名部长录制支持中国抗疫的视频。卫生部部长杰塔·王（Jelta Wong）说："我想告诉所有武汉人民，中国政府和人民在抗击新冠肺炎疫情中展现出了巨大勇气和快速动员能力。巴新华侨华人坚强有力，是巴新人民的好朋友。我们要告诉朋友们，我们与你们站在一起。"住房与城市发展部部长贾斯廷·特卡琴科（Justin Tkatchenko）说："巴新与中国关系紧密，朋友遇到困难，我们一定支持。中国人民会坚强渡过难关，我们期待看到疫情防控不断取得积极成效。"②

巴新华侨华人心系祖国、慷慨解囊。2月14日，巴新中华总会主席倪玉梅等代表华侨华人为祖国捐赠了包括1万只医用口罩和600件防护服在内的防疫物资。③ 2月25日，中国巴新友好联合会执行主席林华安、巴新中国和平统一促进会执行会长郭超、巴新福建总商会副会长张忠兴组织三家华侨社团，为中国抗击新冠肺炎疫情筹集捐款30万美元。④

（二）中国政府及社会各界支持巴新抗击新冠肺炎疫情

巴新出现新冠肺炎疫情后，中国政府在做好本国常态化疫情防控工作的同时，与巴新守望相助，并肩抗疫，派出工作组与专家团队，还捐赠抗疫资金和物资，共同维护巴新人民生命健康、地区卫生安全。

① 《驻巴布亚新几内亚使馆接受巴新东高地省为抗击疫情捐款》，中华人民共和国驻巴布亚新几内亚独立国大使馆网站，http：//pg. china - embassy. org/chn/zbgx/t1750208. htm。

② 《外国政要积极评价和支持中国抗击新冠肺炎疫情》，新华网，http：//www. xinhuanet. com/politics/2020 - 02/13/c_ 1125571162. htm。

③ 《巴新华侨华人捐赠抗击新冠疫情物资》，中华人民共和国驻巴布亚新几内亚独立国大使馆网站，http：//pg. china - embassy. org/chn/xwdt/t1745032. htm。

④ 《巴新华侨华人为中国抗击肺炎疫情捐款》，福建农林大学南太平洋岛国研究中心网站，https：//net. fafu. edu. cn/rcspic/18/07/c8419a268295/page. htm。

2020年3月10日，中国与巴新等10个建交太平洋岛国共同举办抗击新冠肺炎疫情卫生专家视频会议，中国专家详细介绍了新冠肺炎病毒致病机理、传播方式、疫情发展情况，分享疫情信息、抗疫知识、救治经验和技术、医疗研究成果，交流防控方案和经验。[①] 5月13日，中国与巴新等太平洋岛国以视频会议方式举行应对新冠肺炎疫情副外长级特别会议，外交部副部长郑泽光与巴新外交与国际贸易部部长帕特里克·普鲁埃奇共同主持会议。与会代表就各自国内疫情发展情况和抗疫举措、全球疫情防控、中国与岛国双边抗疫合作等深入交换意见，岛国同意推广中国的防控措施与方案。[②] 根据巴新政府的需求，中国第十批援巴新医疗队参与莫尔兹比港抗疫，提升了巴新应对新冠肺炎疫情的能力。

随着中国疫情逐步好转，中国政府开始向出现疫情扩散的国家提供力所能及的援助。中国驻巴新大使薛冰向巴新政府转交了三笔“中国－太平洋岛国抗疫合作基金”捐款，用于支持莫尔兹比港总医院、圣约翰救护中心疫情防控工作。[③] 2020年4月1日，中国政府向巴新政府捐赠100万基那，同时，还捐赠了口罩、防护服、护目镜、测温仪等防护装备和2000套病毒检测盒。[④] 5月11日，中国中央政府、广东省和福建省政府以及华侨华人、中资企业向巴新捐赠了11吨、约40万件个人防疫用品。[⑤] 6月18日，薛冰大使向巴新总督鲍勃·达达埃（Bob Dadae）捐赠了口罩、手套、防护服等防护用品。[⑥]

---

① 《中国－太平洋岛国应对新冠肺炎疫情卫生专家视频会议召开》，中华人民共和国驻新西兰（库克群岛、纽埃）大使馆网站，http：//nz. china－embassy. org/chn/zxgx/t1754451. htm。

② 《中国同太平洋岛国举行应对新冠肺炎疫情副外长级特别会议》，中华人民共和国中央人民政府网站，http：//www. gov. cn/xinwen/2020－05/14/content_ 5511426. htm。

③ 《巴新外长感谢中国助力抗击疫情》，人民网，http：//australia. people. com. cn/n1/2020/0403/c408038－31661502. html。

④ China Gives K1 Million，PNG Post－Courier，https：//postcourier. com. pg/china－gives－k1－million/.

⑤ 《中国援巴新第二批抗疫物资运抵当地》，新华网，http：//big5. xinhuanet. com/gate/big5/www. xinhuanet. com/world/2020－05/12/c_ 1125974575. htm。

⑥ 《驻巴布亚新几内亚使馆向巴新总督府捐赠防疫物资》，中国外交部网站，http：//new. fmprc. gov. cn/web/zwbd_ 673032/wshd_ 673034/t1790237. shtml。

10 月 12 日，中国政府向巴新捐赠了 15 台呼吸机。[①] 詹姆斯·马拉佩总理对中国政府施以援手在多个场合表示感谢。

中国地方政府援助巴新开展抗疫。2020 年 5 月 18 日，福建省政府向巴新东高地省以及其他 12 个国家的友好城市和组织捐赠了价值 213 万元的医用 N95 口罩等防疫物资。[②] 截至 6 月底，广东省人民对外友好协会及会员单位向巴新、伊朗等五大洲近 50 个疫情较重的国家、友好组织、商会协会陆续捐赠了近 180 万件口罩、核酸检测试剂、护目镜、防护面罩、手术衣、额温枪、洗手液等防疫物资。[③] 9 月 1 日，重庆市政府向莫尔兹比港总医院捐赠了包括一次性医用外科口罩、一次性隔离衣以及医用一次性防护服等防疫物资。[④]

中国民间力量也加入援助巴新抗疫的行列。2020 年 6 月 24 日，南京鼎业投资集团董事长陈脉林向巴新捐赠了 5 万个三层标准外科口罩（价值 6.25 万美元）和 20 台呼吸机（价值 100 万基那）。[⑤]

中资企业投入巴新抗疫的行列。巴新出现新冠肺炎疫情后，巴新中资企业商会立即捐赠了 2 万副医用手套和 450 个护目镜等抗疫物资，[⑥] 中冶集团捐赠了 10 万只医用口罩[⑦]，中铁建设集团有限公司为新爱尔兰省政府捐赠了 5000 只医用外科口罩，中国港湾（巴新）工程有限责任公司为钦布省警

---

① 《中国政府向巴布亚新几内亚捐赠呼吸机》，中华人民共和国中央人民政府网站，http：//www.gov.cn/xinwen/2020－10/13/content_ 5550987.htm。

② 《福建省向国际友城捐赠的第二批防疫物资启运》，福建省人民政府外事办公室网站，http：//wb.fujian.gov.cn/ztzl/fjysj/xwgj/202005/t20200520_ 5270460.htm。

③ 《万里未为远，时艰共克之——省友协向外国友好组织捐赠防疫物资共战疫情》，广东省人民对外友好协会网站，http：//www.gdfao.gd.gov.cn/Item/26949.aspx。

④ 《重庆市向巴布亚新几内亚捐赠一批医疗物资》，重庆市人民政府外事办公室网站，http：//zfwb.cq.gov.cn/zwxx_ 162/bmdt/202009/t20200902_ 7836847_ wap.html。

⑤ Arrival of Chinese Tycoon Raises Questions，PNG Post－Courier，https：//postcourier.com.pg/arrival－of－chinese－tycoon－raises－questions/.

⑥ 《感同身受心连心，积极捐赠表真情——巴新中资企业商会向巴新政府捐赠抗疫物资》，中华人民共和国商务部网站，http：//www.mofcom.gov.cn/article/i/jyjl/l/202008/20200802992771.shtml。

⑦ 《中冶集团向多国捐赠抗疫物资 助力海外抗疫》，中国网，http：//ydyl.china.com.cn/2020－04/07/content_ 75903227.htm？f＝pad&a＝true。

察局和卫生部门捐赠了4000多个口罩①。2020年5月21日，中建科工巴新分公司为莫尔兹比港中国巴新友谊学校·布图卡学园制作防疫宣传标牌和防疫知识手册，修建洗手池等防疫设施，实现了学校有序复学；与中国驻巴新大使馆、深圳市教育局共同向学园捐赠口罩、洗手液等防疫物资，满足了学园师生的防疫需求。② 布图卡学园校方致信习近平主席，高度评价中方为推进全球抗疫、国际合作所做的积极贡献。习近平主席复信表示将继续为学园发展提供必要支持。③ 8月11日，深圳能源巴新水电开发有限公司、中建科工巴新分公司、中建投建设集团巴新公司、中铁建设集团有限公司等33家中资企业向巴新捐赠了3.8万个KN95口罩、1万个一次性医用口罩（价值20万基那），④ 帮助巴新政府和人民抗击新冠肺炎疫情。

五　中国与巴新的多领域合作

自1976年中国与巴新建交以来，双边关系稳定发展，高层交往频繁，各领域互惠合作不断加强。巴新是太平洋岛国地区第一个与中国签署共建“一带一路”合作谅解备忘录和合作规划的国家。2018年11月，两国关系升级为“相互尊重、共同发展全面战略伙伴关系”，成为中国同太平洋岛国友好交往的典范。巴新是中国在太平洋岛国中的第一大贸易伙伴、第一大投资目的地和第一大工程承包市场。中国是巴新第二大贸易伙伴、第二大出口目的地和第三大进口来源地。2020年，新冠肺炎疫情没有阻断两国深化双边关系和经贸合作的步伐。

---

① China Harbour Donates Masks to Frontline Workers, PNG Post-Courier, https://postcourier.com.pg/china-harbour-donates-masks-to-frontline-workers/.

② 《中建科工巴新分公司助力布图卡学园抗击疫情》，人民日报海外网，http://m.haiwainet.cn/middle/3543164/2020/0602/content_31804983_1.html。

③ 《习近平给巴布亚新几内亚布图卡学园复信》，新华网，http://www.xinhuanet.com/politics/leaders/2020-07/06/c_1126201536.htm。

④ 《感同身受心连心，积极捐赠表真情——巴新中资企业商会向巴新政府捐赠抗疫物资》，中华人民共和国商务部网站，http://www.mofcom.gov.cn/article/i/jyjl/l/202008/20200802992771.shtml。

（一）政府间的合作继续加深

2020 年 6 月 15 日，中国海关总署与巴新渔业部签署《巴新海捕水产品输华议定书》，批准巴新 77 家渔业企业直接对华出口海产品，这些公司将不再通过新加坡、中国香港或其他第三方进入中国内地海产品市场，由此打开了巴新海产品直接进入中国内地市场的大门，拓展了巴新海产品出口空间，为巴新中小渔业企业和本地资源所有者更大规模地参与渔业生产提供了广阔的前景，给经济低迷的巴新带来了宝贵的发展契机。①

2020 年 8 月 6 日，首届中国 - 巴新政府间经贸联委会视频会议召开，商务部副部长兼国际贸易谈判副代表王受文与巴新外交与国际贸易部副秘书长约瑟夫·瓦罗（Joseph Varo）主持会议。双方同意加强抗疫国际合作，中国向巴新援助疫苗；深入开展“一带一路”倡议与“联通巴新”战略规划对接，深化贸易投资合作，扩大经济技术合作，促进地方务实合作，助力巴新经济复苏。巴新继续为中资企业投资经营提供开放、公平、友善的营商环境。双方签署中国政府援助巴新抗疫物资交接证书和福建省向东高地省援助第四期菌草、旱稻技术项目协议。②

2020 年 9 月 25 日，首届中国 - 巴新政府间发展合作对口部门负责人视频会议举行，会议由中国国家国际发展合作署署长王晓涛与巴新计划与监控部秘书长科尼·萨缪尔（Kony Samuel）、巴新国库部秘书长西蒙·托萨利（Simon Tosali）共同主持。双方表示愿继续深入进行发展领域合作，加强协调，实现共同发展。双方还就有关具体合作项目充分交换了意见。③

2020 年 10 月 12 日，巴新东高地省省长彼得·努姆应邀在线参加了由

---

① 《巴布亚新几内亚渔产品获准进入中国市场》，中国经济网，http：//intl. ce. cn/specials/zxgjzh/202006/18/t20200618_ 35159992. shtml。

② China And PNG Reaffirm and Strengthen Economic Ties，PNG Post – Courier，https：//postcourier. com. pg/china – and – png – reaffirm – and – strengthen – economic – ties/.

③ 《国家国际发展合作署王晓涛署长与巴布亚新几内亚对口部门负责人举行视频会议》，中华人民共和国驻巴布亚新几内亚独立国大使馆经济商务处网站，http：//pg. mofcom. gov. cn/article/zxhz/tzwl/202009/20200903005139. shtml。

中共中央对外联络部和福建省委共同主办的“摆脱贫困与政党的责任”国际理论研讨会，分享了东高地省利用菌草、旱稻技术，助力消除贫困和促进可持续发展方面的经验。11 月 11 日，东高地省与福建省举办线上庆祝结好 20 周年活动，并签署未来五年加强友好交流合作协议，深化双方在农业、经贸、文教等领域的务实合作。①

2020 年 11 月 4 日，詹姆斯·马拉佩总理出席第三届中国国际进口博览会网上开幕式并发表视频讲话，高度赞扬中国成功遏制国内疫情并坚定推动国际抗疫合作，与巴新分享抗疫经验，捐赠抗疫资金和防护物资，展现负责任大国形象。进博会作为“一带一路”倡议框架下重要的国际采购平台，为巴新高质量产品开放了广阔的中国市场。②

（二）中资企业致力于巴新经济建设

2020 年当新冠肺炎疫情肆虐时，在巴新的中资企业严格遵守当地防疫规定，在做好自身防护的同时，积极推进项目建设。8 月 13 日，经巴新新冠肺炎疫情大流行病管控官戴维·曼宁（David Manning）的批准，146 名中资企业重要管理人员和技术工人乘包机抵达莫尔兹比港，在集中隔离 14 天后，分赴各地水电站、省级机场、高速公路以及最高法院、省级议会办公楼等重要政府项目复工复产。③

2020 年 3 月 16 日，华为技术有限公司承建的库木尔海底电缆网络项目在桑道恩省瓦尼莫市附近海滩登陆。该项目将联通巴新 14 个省和莫尔兹比港、马当港两个国家数据中心，通过印尼主干海底电缆网络联结亚洲，为巴新提供了一个新的国际互联网门户。④

---

① 《中国福建省与巴新东高地省线上庆祝结好 20 周年》，福建省人民政府外事办公室网站，http：//wb. fujian. gov. cn/ztzl/fjysj/xwgj/202011/t20201112_ 5433110. htm。

② 《巴新总理马拉佩在第三届进博会开幕式上发表视频致辞》，中华人民共和国商务部网站，http：//www. mofcom. gov. cn/article/i/jyjl/l/202011/20201103013985. shtml。

③ 《146 名中资企业员工“逆行”赴巴布亚新几内亚复工复产》，中华人民共和国商务部网站，http：//pg. mofcom. gov. cn/article/jmxw/202008/20200802992589. shtml。

④ 《中国力量助推巴新数字基建》，《经济日报》2020 年 3 月 16 日。

2020 年 3 月 23 日，中铁建工集团巴新有限公司承建的莫尔兹比港瓦盖尼商业区艾博电脑公司办公楼项目（建筑面积 4400 平方米）竣工。[①] 9 月 8 日，该公司承建的莫尔兹比港 1&9 地块办公楼（建筑面积 2.91 万平方米）整体完工，该建筑高 95.6 米，是南太平洋地区第一高楼，为当地企业及在“一带一路”倡议框架下在巴新投资的各界人士提供了优质办公环境。

2020 年 9 月 16 日，在巴新独立 45 周年之际，中铁建设股份有限公司承建的新爱尔兰省议会大厦提前 4 个月竣工交付，被詹姆斯·马拉佩总理赞誉为“不可思议的中国速度”。该项目建筑面积 1680 平方米，是当时巴新规模最大、配套最全、功能最现代化的议会办公大楼。[②] 同日，中国土木工程集团巴新公司承建的赫拉省塔里机场跑道项目竣工，大大降低了巴新民众出行的成本和时间。[③]

2020 年 11 月 12 日，福建中鸿渔业有限公司与巴新渔业部签署备忘录，决定投资 2 亿美元在西部省达鲁岛建设综合多功能渔业工业园项目，提升巴新综合开发利用本国渔业资源的能力。[④]

另外，中国援东高地省菌草、旱稻技术项目专家组人员在抗疫的同时，指导稻农种植旱稻，为菌草菇种植户提供菌袋和技术帮扶，“金山一号”旱稻和菌草菇种植喜获丰收，[⑤] 彼得·努姆省长决定将旱稻和菌草作为该省继咖啡产业之后重点发展的两大产业。同时，东高地省注册成立集稻谷收购、加工、包装和销售于一体的公司，推动旱稻产业发展。11 月 18 日，中国项目专家组在达乌罗区塔菲托小学举办了援巴新第八期菌草、旱稻技术培训

---

① 《国际公司巴新有限公司 ABLE COMPUTING 办公楼项目顺利竣工》，中铁建工集团有限公司网站，http://www.crceg.com/tabid/245/InfoID/6858/frtid/276/Default.aspx。

② 《中铁建设巴新新爱尔兰省议会大厦盛大交付》，中国铁建股份有限公司网站，http://www.crcc.cn/col/col1557/index.html。

③ 《巴布亚新几内亚塔里机场跑道项目正式交付》，中国土木工程集团有限公司网站，http://ccecc.crcc.cn/art/2020/9/17/art_7608_3194467.html。

④ 《福建中鸿渔业公司将在巴新投资建设“综合多功能渔业工业园”项目》，中华人民共和国商务部网站，http://pg.mofcom.gov.cn/article/jmxw/202011/20201103015468.shtml。

⑤ 《“一带一路”项目开花结果　中国技术助巴新农民致富》，《经济日报》2020 年 6 月 15 日。

班，使学员了解了菌草、旱稻技术的重要性、高效性和适用性，掌握了种植技术要点。[①]

（三）中资企业参与承接巴新工程项目

中资企业在巴新统筹推进疫情防控和经营发展，在危机中育得新机，再次获得新订单。

2020 年 1 月 8 日，中铁建工集团巴新有限公司中标了新爱尔兰省卡维恩机场建设项目，合同额为 1.8 亿元人民币。[②] 4 月 17 日，中铁国际集团巴新分公司中标了莫罗贝省芬什哈芬 100 公里道路升级改造项目，合同额为 8179.6 万美元。[③]

2020 年 3 月 27 日，中国建筑集团有限公司签约巴新国家广播电视公司数字电视项目，被詹姆斯·马拉佩总理称为"'一带一路'倡议下两国经贸文化'互联互通'的代表工程"，合同额为 6928 万美元。项目建成后，包括 CCTV－4 等中国 22 套标清节目和 1 套高清节目将落地巴新。[④]

2020 年 5 月 11 日，中国十九冶集团有限公司国际工程分公司中标了新爱尔兰省卡维恩城区 4.81 公里的道路升级改造项目和纳马塔奈地区医院 2 公里的新建道路项目。[⑤] 5 月 26 日又中标了纳马塔奈地区兰萨罗特公路项目，合同额为 8 亿元人民币。项目完工后，将实现普南到波罗波普的全线贯通。

2020 年 11 月 4 日，中国东方电气集团国际合作有限公司签约莫罗贝省

---

① 《中国援巴新菌草、旱稻项目举办第八期技术培训》，中华人民共和国商务部网站，http：//pg.mofcom.gov.cn/article/jmxw/202011/20201103019185.shtml。

② 《国际公司巴新有限公司中标卡维恩机场项目》，中铁建工集团有限公司网站，http：//www.crceg.com/tabid/245/InfoID/6497/frtid/40/Default.aspx。

③ 《中标巴新莫罗贝省 Finschaffen 道路升级改造项目》，中铁国际集团有限公司网站，http：//www.crecgi.com/？newshow/tp/224/id/652.html。

④ 《中国建筑签约巴布亚新几内亚数字电视项目》，中国建筑集团有限公司网站，https：//www.cscec.com/xwzx_new/zqydt_new/202004/3055429.html。

⑤ 《中国十九冶中标巴新两个政府工程项目》，中国冶金科工集团有限公司网站，http：//www.mcc.com.cn/mcc/_132154/_132568/677959/index.html。

布洛洛地区贝美水电站 EPC 工程总承包合同。项目建成后，将稳定莱城地区电网，提升当地用电接入率。①

（四）两国之间的贸易往来受到冲击

在新冠肺炎疫情的影响下，中国与巴新之间的贸易额明显下降。2020 年，双边货物进出口额为 32.06 亿美元，相比 2019 年的 38.34 亿美元减少了 6.28 亿美元，同比下降 16.2%。2020 年，中国对巴新出口商品总值为 9.23 亿美元，相比 2019 年增长了 1.23 亿美元，同比增长 15.3%；中国自巴新进口商品总值为 22.83 亿美元，相比 2019 年减少 7.50 亿美元，同比下降 24.5%。2020 年，中国与巴新贸易差额为 13.60 亿美元，比 2019 年减少了 8.73 亿美元。②

六　中国与巴新合作面临的挑战

巴新投资环境和营商环境较差，经商成本相对较高；西方国家对中国与巴新友好合作深感不安，极力干预两国关系，中国与巴新合作面临严峻考验。

（一）巴新公共安全和社会治安形势严峻，企业安保费用较高

袭击警察和越狱事件频发。2020 年 1 月 5 日，约 30 名暴徒在恩加省波格拉袭击了执行任务的警察。1 月 19 日，巴新第二大监狱莫罗贝省莱城市布伊莫监狱 17 名囚犯越狱（8 月 14 日又有 47 人逃脱）。③ 1 月 21 日，东高

---

① 《东方国际获海外水电站 EPC 总承包合同》，中国东方电气集团有限公司网站，http：//www.dongfang.com/data/v/202011/9317.html。

② 《2015～2020 年中国与巴布亚新几内亚双边贸易额与贸易差额统计》，搜狐网，https：//www.sohu.com/a/454216389_120939916。

③ Buimo Prison Break Two Deaths，PNG Post – Courier，https：//postcourier.com.pg/buimo – prison – break – two – deaths/.

地省戈罗卡比胡特监狱6名囚犯越狱。[①] 2月23日，东塞皮克省韦瓦克努伊戈警察局被暴徒纵火焚烧。[②] 次日，西高地省白苏监狱66名囚犯越狱逃脱。8月5日，莫尔兹比港莫图基亚岛3名警察遭到暴徒袭击。[③] 12月6日，赫拉省塔里警察局遭到暴徒袭击，30名囚犯逃脱。[④] 袭警事件影响了警察的办案信心，罪犯越狱出逃成为社会极不稳定因素。

抢劫、绑架和谋杀等恶性案件高发。2020年1月2日，莫尔兹比港一名商场经理被劫匪杀害。1月21日，东塞皮克省西扬格鲁一辆客车被劫持，乘客财物被抢走。[⑤] 3月4日，东新不列颠省5名犯罪分子在波米奥劫持一艘轮船，劫走现金4万基那和大量财物。[⑥] 6月30日，西部省中福莱河5名劫匪绑架6名伐木工人，勒索赎金30万基那。7月8日，马当省塔里迪格7人被谋杀。10月5日，16名犯罪分子在东塞皮克省与桑道恩省交界处瓦玛劳枪杀2人。11月20日，东高地省9名劫匪抢走戈罗卡银行现金2万基那。[⑦] 恶性案件频频发生，影响了外资企业的投资信心。

部族间的冲突时常发生。2020年3月11日，恩加省波格拉谷地埃诺和安加两个部族成员发生冲突，造成11人死亡。[⑧] 7月12日，赫拉省塔里发

① Warder Arrested for Helping Escapees, PNG Post – Courier, https://postcourier.com.pg/warder – arrested – for – helping – escapees/.

② Police Station Burned Reservist on The Run, PNG Post – Courier, https://postcourier.com.pg/police – station – burned – reservist – on – the – run/.

③ Policemen Attacked at Motukea, PNG Post – Courier, https://postcourier.com.pg/policemen – attacked – at – motukea/.

④《巴新赫拉省警察局遭遇武装袭击》，中华人民共和国商务部网站，http://www.mofcom.gov.cn/article/i/jyjl/l/202012/20201203021645.shtml。

⑤ Two Girls Raped in Sepik Highway Hold Up, PNG Post – Courier, https://postcourier.com.pg/two – girls – raped – in – sepik – highway – hold – up/.

⑥ Police Arrest Two Suspects in East Pomio Robbery, PNG Post – Courier, https://postcourier.com.pg/police – arrest – two – suspects – in – east – pomio – robbery/.

⑦ Nine Arrested for Armed Robbery, PNG Post – Courier, https://postcourier.com.pg/nine – arrested – for – armed – robbery/.

⑧ Issues in Lower Porgera Ignored, September 30, 2020, Issues in Lower Porgera Ignored – The National, PNG Post – Courier, https://postcourier.com.pg/Issues in lower Porgera ignored, September 30, 2020, Issues in lower Porgera ignored – The National.

生部族冲突，25 人被杀害，许多人逃往他乡。[①] 10 月 3 日，东高地省戈罗卡与达乌罗交界处部族发生冲突，62 间房屋被损坏，直接经济损失达 35 万基那。[②] 部族冲突对外资开发构成了威胁。

（二）巴新政府限制外企发展的倾向凸显，中资企业发展面临窘境

2019 年 5 月马拉佩政府成立后，提出了“夺回巴新”的口号，修订了所有的资源法案，对外国投资者提出更加严格的准入门槛。巴新政府推出《巴新商业许可法》，进一步规定巴新国民专属经营领域，防止外国企业在宏观层面控制巴新经济。巴新投资政策趋紧导致中资企业个别投资项目长期无法落地，政府贷款项目被取消。[③]

2020 年 4 月 24 日，詹姆斯·马拉佩总理拒绝了巴理克公司关于波格拉金矿采矿证延期 20 年的申请，将位于恩加省的波格拉金矿收归国有。[④] 中国紫金矿业集团持有该金矿 47.5% 的权益，参与对矿山的经营管理。巴新当局此举使紫金矿业集团遭遇“黑天鹅”，短期内股价跌幅达 9%，极大地损害了双方的利益。巴新反对党领袖贝尔登·纳马（Belden Namah）表示政府决定对波格拉金矿进行国有化，选错了时机，制造了不确定因素，对国内外投资者造成惊吓。前政府总理彼得·奥尼尔（Peter O’Neill）称政府在处理波格拉金矿问题上的失败使巴新损失了 10 亿基那的收入。[⑤] 詹姆斯·马拉佩总理则表示这一决定符合所有土地者的利益。9 月 2 日，巴新政府将波

---

① Two Men Killed at Erima As Hela Tribal Fight Allegedly Spills into City, PNG Post - Courier, https：//postcourier. com. pg/two - men - killed - at - erima - as - hela - tribal - fight - allegedly - spills - into - city/.

② Tribal Fight Causes Destruction to Village in Eastern Highlands, PNG Post - Courier, https：//postcourier. com. pg/tribal - fight - causes - destruction - in - eastern - highlands/.

③ 《从战略高度和长远角度出发　积极发展中国与巴布亚新几内亚经贸关系》，中国商务新闻网，http：//epaper. comnews. cn/xpaper/news/185/2418/12210 - 1. shtml。

④ 《巴布亚新几内亚：政府决定将中资企业参与投资项目收归国有》，中华人民共和国驻巴布亚新几内亚独立国经济商务处网站，http：//pg. mofcom. gov. cn/article/jmxw/202004/20200402959232. shtml。

⑤ 聊城大学太平洋岛国研究中心编《太平洋岛国资讯》，2020 年 9 月，第 5 页。

格拉金矿特别采矿租约授予巴新国有企业库木尔矿业控股有限公司。

2020 年 6 月 23 日，中铁国际集团巴新分公司与巴新农业与畜牧业部签署的巴新 – 中国综合农业园区项目，因在土地问题上存在许多分歧而被迫搁置。[①] 该项目位于东高地省戈罗卡城外卡洛菲谷，是 2018 年由中铁国际集团、福建农林大学与东高地省和西高地省政府签署的一项 20 亿基那的土地使用权转让协议，原计划建成集种植、养殖、深加工、检验检疫、进出口许可、自主报关等于一体的综合性农业示范园区。

（三）西方国家干涉中国与巴新的关系，中资企业发展面临挑战

澳大利亚长期视巴新为自己的附属地，莫里森政府成立以来一直推行“太平洋升级”战略，试图在该地区发挥独特的领导作用。中国与巴新强化合作为巴新带来巨大的收益，扩大了中国在该地区的影响，“刺痛”了澳大利亚的敏感神经。2020 年，澳大利亚农产品和矿产品等对华出口遭遇“滑铁卢”，引起澳方强烈反应，开始将中国视为“威胁”和潜在的对手，渲染所谓的“中国威胁”，极力抹黑中国企业。澳大利亚、日本和美国的相关公司频频劝说巴新放弃选择中国华为技术有限公司承建国家数据中心，在其要求被回绝后，诬称该中心的数据容易被窃取。福建中鸿渔业有限公司与巴新签署达鲁岛综合多功能渔业工业园项目协议后，澳大利亚称中国在此投资建设渔业项目是“别有用心”，将“威胁”到美国和澳大利亚在巴新马努斯岛的海军基地，“担心”渔业工业园对当地捕鱼业，特别是龙虾捕捞产生潜在的影响，[②] 持续向巴新政府施压，阴谋遏制中国在当地的发展。

（四）中资企业同质化竞争激烈，严重影响公司效益

在“一带一路”倡议推动下，许多中国企业加入巴新工程承包市场的竞

① 《巴布亚新几内亚 – 中国农业项目被搁置》，巴新中文网，http：//www. png – china. com/forum. php？ mod = viewthread&tid = 13106&extra = page%3D15。

② 《巴新 77 家企业获批后，中国再对其投资 13 亿！澳大利亚却愤愤不平?》，搜狐网，https：//www. sohu. com/a/438212528_ 334198。

争行列，但出现了高度同质化问题，价格战和恶性竞争导致项目收益与成本失调，部分企业只能以次充好，结果严重影响了中国制造的声誉和口碑。同时，随着中国工程承包企业劳动力和材料价格上涨以及项目管理成本的增加，中国企业的比较优势开始弱化。中国企业在巴新的发展面临一定的挑战。

面对国际政治经济格局深刻演变，中资企业发展的外部环境日趋复杂，2020年6月12日，在中国驻巴新大使馆经济商务处的指导下，巴新中资企业商会会员单位中铁国际集团巴新分公司、中国港湾（巴新）工程有限责任公司、中建科工巴新分公司、中国电建集团巴新公司、深圳能源巴新水电开发有限公司等23家工程承包企业和3家其他类别成员企业组成了工程承包委员会，负责维护中资企业在巴新的形象和中国形象，使各企业摆脱相互羁绊和无序竞争，并谋求用工程承包委员会的整体力量在巴新营造良好的经商环境。①

结　语

新冠肺炎疫情对世界各国的发展都是一次严峻的考验。巴新经济严重依赖国际市场，世界经济的低迷极大地冲击了巴新的发展。面对国内经济明显下滑，政府收入大幅下降，经济发展遭遇“寒流”，马拉佩政府在复苏经济的过程中，加紧实施“夺回巴新”战略，严格管控外资企业；在与传统国家交往中，采取走近西方的政策。中国在巴新的建设项目进度有所放缓，承包的工程项目有所减少，合作开发的项目难以落地，中国与巴新的关系发展取得了一定进展，但也面临许多新的挑战。

① 《巴新中资企业商会“工程承包委员会”成立》，中华人民共和国商务部网站，http://pg.mofcom.gov.cn/article/jmxw/202006/20200602973771.shtml。

附 录

Appendix

B.16
2020年太平洋岛国大事记

林 娜*

1月

4~11日 基里巴斯总统马茂访华，重申其政府对“一个中国”原则的承诺，两国签署了谅解备忘录，表示愿意共建“一带一路”。

6日 中国国家主席习近平在同基里巴斯总统马茂会谈时表示，同中国恢复外交关系，充分体现了基方的战略眼光和政治魄力，中方对此高度赞赏。

6日 马绍尔群岛总统大选结果公布，戴维·卡布阿（David Kabua）当选第九任总统。

12日 包括汤加在内的七个联合国成员国因未缴纳联合国财政预算款项而失去在联合国大会上的投票权。

* 林娜，博士，聊城大学外国语学院讲师，聊城大学太平洋岛国研究中心研究员。

17日 中国驻瓦努阿图大使周海成夫妇在使馆举办2020年春节招待会，瓦总理萨尔维夫妇及各界人士170余人出席。

24日 日本国际协力机构（JICA）与斐济、图瓦卢、基里巴斯、马绍尔群岛和密克罗尼西亚联邦合作的“太平洋岛国混合发电系统引进项目”第3次联合协调委员会会议在密克罗尼西亚联邦举行。

2月

7日 汤加加入《联合国反腐败公约》，成为第14个即最后一个加入该公约的太平洋岛国，也是世界上第187个签署国。

17日 欧盟理事会确认所罗门群岛将与欧盟签署临时经济伙伴协议（IEPA）。根据该协议，在所罗门群岛捕获的金枪鱼无须缴纳关税即可出口到欧盟市场。

24日 库克群岛国民莫纳·马托（Moana Mato）被任命为太平洋岛国论坛驻华贸易投资专员，主要负责促进太平洋岛国论坛与中国的贸易、投资及旅游合作。

3月

10日 中国外交部与国家卫生健康委共同举办中国－太平洋岛国应对新冠肺炎疫情卫生专家视频会议，中国与斐济等十个太平洋岛国就新冠肺炎疫情开展专家研讨。

20日 所罗门群岛总理索加瓦雷向国会通报了2023年太平洋运动会筹备工作的最新进展。中国将帮助建设国家体育馆、游泳池、网球场、新田径场、多功能厅和曲棍球场。

20日 萨摩亚、汤加两国同时宣布进入公共卫生紧急状态。

27日 世界银行执行董事会批准了3080万美元的赠款，用于改善密克罗尼西亚联邦的数字网络。

4月

1日 中国广东省表示向所罗门群岛政府和人民提供支持，捐赠数千个口罩和几百件防护服以应对新冠肺炎疫情。

16日 中国政府正式转交250万所罗门群岛元的现金赠款，并捐赠了实验室设备与试剂、冠状病毒检测试剂盒以及个人防护装备，用以支持所罗门群岛政府抗击新冠肺炎疫情。

19~24日 第十届太平洋岛屿自然保护与保护区会议在新喀里多尼亚吉巴乌文化中心举行，主题是保护太平洋岛屿地区的生物多样性。

5月

1日 亚洲开发银行宣布向汤加政府提供46万美元，用于缓解热带气旋“哈罗德”对该国造成的影响。

7日 澳大利亚正式向所罗门群岛政府提供了7100万所罗门群岛元的资金，以促进应对新冠肺炎疫情。

20日 国际红十字会表示，登革热疫情仍将威胁一些太平洋岛国。

6月

3日 瓦努阿图政府宣布，由于新冠肺炎疫情大流行，将原定于8月4日至7日在瓦努阿图举行的第51届太平洋岛国论坛推迟到2021年。

4日 中国政府援助瓦努阿图海关检测设备项目交接仪式在瓦首都维拉港举行，中国驻瓦努阿图大使周海成、瓦努阿图总理拉夫曼等出席活动。

22日 执政党“关爱基里巴斯党”总统候选人塔内希·马茂在总统大选中获胜，连任基里巴斯总统。马茂政府一直致力于在“一个中国”原则基础上发展对华关系。

26日 亚洲开发银行批准资助所罗门群岛2000万美元，以帮助该国政府抗击新冠肺炎疫情，缓解疫情对该国经济的影响。

7月

7日 所罗门群岛国庆节。1978年7月7日，所罗门群岛脱离英国独立。

9日 中国驻纽埃大使吴玺与纽埃驻新西兰高级专员伊格利斯特·佩希吉亚（Igilisi Pihigia）签署了《中华人民共和国政府和纽埃政府关于援纽埃抗疫医疗援助项目交接证书》。此次援助物资包括医用防护口罩、医用一次性防护服、红外体温计、医用隔离眼罩、一次性灭菌橡胶外科手套和医用隔离鞋套等。

15日 中国驻库克群岛大使吴玺与库克群岛驻新西兰高级专员伊丽莎白·赖特－科泰卡（Elizabeth Wright-Koteka）共同签署了《中华人民共和国政府和库克群岛政府关于援库克群岛抗疫医疗援助项目交接证书》。

8月

6日 首届中国－巴布亚新几内亚经贸联委会以视频会议形式召开，该联委会是2018年11月习近平主席访问巴新的重要经贸成果之一。

10日 新西兰与库克群岛计划年底前实施“旅行泡泡”，重新开始两国间的免检疫旅行。

中国为驻巴布亚新几内亚矿企——瑞木镍钴有限公司的员工接种新冠肺炎疫苗。该公司由中国最大的国有企业之一中国中冶集团经营。

20日 斐济与亚洲基础设施投资银行签署首笔价值5000万美元的贷款协议，成为太平洋地区首个从中国牵头的多边开发银行获得融资的国家。

9月

1日 欧盟与所罗门群岛政府签署了新的融资协议，将向所罗门群岛政府提供800万欧元，以完善政府的治理体系。

4日 帕劳总统雷门格绍表示接受美国在该国境内设立军事基地的想法。

6日 瓦努阿图附近海域发生6.2级地震，震中位于该国首都维拉港东南101公里处，震源深度8.2公里。

21日 中国驻所罗门群岛大使馆正式启用。

28日 所罗门群岛总理索加瓦雷在第75届联合国大会的声明中表示，在应对全球范围流行病的同时，所罗门群岛继续与气候变化的增量影响及其对生计、安全和福祉的负面影响做斗争。

10月

4日 新喀里多尼亚进行第二次投票表决是否独立。留守派再次以微弱的优势获胜，但选民对独立的支持率显著增加。

14日 库克群岛签署《太平洋更紧密经济关系协定》(PACER Plus)。

28日 库克群岛总理马克·布朗宣布外国公司可以在本国的专属经济区进行海底矿产的勘探。

28~29日 第三届印度洋－太平洋工商论坛在越南河内举行，日本、美国、澳大利亚宣布三国将共同合作，协助帕劳建设海底电缆。

29日 马绍尔群岛卫生部发布消息称，该国政府首次记录有两例新冠肺炎确诊病例，出现在位于夸贾林环礁的美国军事基地里。

11月

4日 第三届中国国际进口博览会暨虹桥国际经济论坛开幕式举行，中国国家主席习近平发表主旨讲话，密克罗尼西亚联邦等太平洋岛国的相关领导人出席会议。

11日 2020年为中国福建省与巴布亚新几内亚东高地省建立友好省关系20周年，两省举办线上周年庆活动，签署第四期菌草、旱稻技术援助项目协议，深化农业、经贸、文教等领域的交流合作。

19日 萨兰格尔·惠普斯当选帕劳新一届总统。

12月

4日 澳大利亚为汤加外岛太阳能项目提供288.5万澳元，由亚洲开发银行提供支持，以帮助减少该国对柴油发电的依赖。

4日 联合国宣布瓦努阿图脱离最不发达国家行列。

15日 所罗门群岛与中国签订非互惠免税准入协议。

15日 中国驻瓦努阿图大使周海成代表中国政府向瓦努阿图政府提供10万美元援款，用于该国防控新冠肺炎疫情。

17日 五级热带气旋“亚萨”（Yasa）登陆斐济，瓦努阿岛和维提岛东北部地区遭受重创。

29日 马绍尔群岛成为太平洋地区第一个开始接种新冠肺炎疫苗的国家。

Abstract

In 2020, the Pacific island countries continued to maintain a generally stable political situation. Elections were held in Vanuatu, Niue, Kiribati and Palau. The election process was generally smooth, and some island countries governments changed. Influenced by travel ban, trade restrictions transport disruption and so on, Pacific island countries have experienced extreme challenges of "broken" supply chains and industrial chains, and their economic and social development has fallen into a difficult moment. These countries faced with a sharp downturn in economic development and rising of unemployment. Therefore, expanding and developing financing channels and striving for vaccine aid have become important diplomatic tasks of Pacific island countries. Because of economy dominated by international tourism, the governments have adopted price competition, overseas marketing, industry consolidation, safety guarantee and other active coping strategies to recovery the tourism. However, due to the high uncertainty of the epidemic situation, the restart time of international tourism in this area is still unknown. In terms of regional development, with the development of the three sub-regional organizations of the Melanesian Spearhead Group (MSG), the Polynesian Leaders Group (PLG) and the Micronesian Presidential Summit (MPS), the disputes between the Pacific island countries on the selection of the secretary general of the Pacific Island Forum have put PIF in danger of division. Although there are many challenges in 2020, it is worth noting that on December 4, 2020, the United Nations announced that Vanuatu had "graduated" from the list of least developed countries. In the same year, Vanuatu National University was also officially inaugurated.

In recent years, under the background of the comprehensive strategic competition launched by the United States, the Pacific island region is regarded by the United States as a key area for the power game with China. Although the policy directions and methods of the Trump and Biden administration are difference, the interests of the two administrations in the Pacific island countries are continuous and consistent. Japan has made some adjustments in the foreign policy and the types of aid in this region. The outbreak of the COVID – 19 has affected the mutually beneficial economic and trade cooperation between China and Pacific island countries. However, China and most of the Pacific island countries have supported and helped each other, deepened mutual understanding and further strengthened bilateral relations.

While the epidemic has not stopped, Pacific island countries should continue to promote the "Blue Pacific" development plan, implement the "Looking North" strategy, continue to pay attention to climate change, and build consensus through the formulation of the "2050 Strategy of the Blue Pacific Continent".

Keywords: Pacific Island Countries; The Sub-region Cooperation; "The Belt and Road" Initiative

Contents

Ⅰ General Report

B.1 An Analysis on the Political, Economic and Diplomatic Situation in the Pacific Islands 2020

Yu Lei, *Yu Feiyang* / 001

Abstract: The Pacific Islands countries have remained a political stability throughout 2020 and continued to shift their focus to economic advancement and non-traditional challenges, such as the climate change, the rising sea level and the COVID－19 pandemic. Confronted with the downward economic trend and upward unemployment rate as a result of the pandemic, the Pacific Islands have been tasked with the mission of pandemic control and economic recovery. The contradiction between the sub-regions in the Pacific Islands surfaced due to the deliberate abetment and political calculation of the former colonial powers. The Islands countries have intensified their cooperation in the hopes of controlling the pandemic and recovering their economies. To this end, the Islands countries continue to advance their "Blue Pacific" program on the one hand, and on the other, to enhance their economic cooperation with Asian countries by pursuing the "Look North" strategy. The Pacific Islands Countries and China have witnessed mutual support and assistance in their fight against the pandemic and persistence in their economic cooperation under the initiatives of "the Belt and Road" and the "Blue Pacific".

Keywords: Pacific Island Countries; Regional Cooperation; China-PICs Relations

Ⅱ Topical Reports

B.2 A Review of Pacific Island Countries Political Situation in 2020 *Wang Zuocheng*, *Liu Yu* / 017

Abstract: In 2020, the political situation in the Pacific island countries is stable, and the political situation in some countries is turbulent. In 2020, Vanuatu, Niue, Kiribati and Palau have successively elected leaders and successfully completed the change of government. There are obvious political problems in Papua New Guinea, the consultation process of Bougainville independence process is slow, and a political crisis appeared in November, which seriously affected the domestic political order. The results of New Caledonia's second independence referendum show that it will remain in France. The prevalence of measles and COVID-19 reflects the fragile and incomplete public health system in Pacific island countries.

Keywords: Pacific Island Countries; Regional Independence Referendum; Public Health Incidents; Climate Issues

B.3 A Review of Pacific Island Countries Economy Situation in 2020 *Zhou Yuyi*, *Yang Yang*, *Chen Meiting and Hu Zhenyu* / 028

Abstract: In 2020, affected by the COVID-19 outbreak, the global economy suffered a serious recession. The persistent travel bans and trade restrictions have had an unprecedented impact on the economies of the Pacific island countries. A series of serious problems, such as stagnation of pillar industries, collapse of a large number of enterprises, high unemployment rate, shortage of basic materials, and widening fiscal deficits, have brought tremendous pressure on the economic and social development of this fragile island country. Facing the crisis, the island countries actively carried out self-help and sought international assistance. However, due to its own ability and the influence of the current international situation, the recent economic recovery still faces many uncertain risks and challenges. Under the normal epidemic prevention and control mechanism, it is urgent for island countries to formulate a systematic economic recovery plan after the epidemic as soon as possible, and focus on the present. In the long run, the island countries should focus on cultivating a number of major industrial projects that consolidate their foundation, expand their advantages and enhance their stamina. The Pacific island countries should make joint efforts to improve the health care sector, and steadily promote the economic recovery and development.

Keywords: Pacific Island Countries; Economic Situation; Marine Economy

B.4 A Review of Pacific Island Countries Diplomatic Situation in 2020 *Qin Sheng* / 046

Abstract: In 2020, the outbreak of COVID-19 made the diplomacy of Pacific Island Countries face more complex domestic needs and international environment. Border controls and internal blockades adopted to control COVID-19 have dealt a huge blow to the economy, expanding access to financing for development has become an important task for Pacific Island Countries. The continuation of COVID-19 has exposed Pacific Island Countries to major risks of virus importation, establishing The Pacific Humanitarian Pathway on COVID-19 and securing vaccine supplies have become the core link of epidemic prevention and control. The Pacific Islands Forum continues to focus on climate change and build consensus through The 2050 Strategy for the Blue Pacific Continent to raise the overall ability of Pacific Island Countries to fight climate change. Countries outside the South Pacific, such as China and the United States, are becoming increasingly important in the diplomacy of Pacific Island Countries, which providing important opportunities for

Pacific Island Countries to expand their influence and seek development resources, as well as higher requirements for the formulation of their foreign policy.

Keywords: Pacific Island Countries; Development Finance; Climate Change; Pacific Humanitarian Pathway

Ⅲ Countries and Regions Reports

B.5 Vanuatu Development in 2020 *Han Yuping* / 063

Abstract: The year 2020 is a special year for the Pacific Island country of Vanuatu: In the world COVID-19 pandemic, the country successfully launched its own national university, held the general election where Bob Loughman was elected Prime Minister and celebrated and the 40th anniversary of independence. However, the tourism industry was heavily damaged by the pandemic, cyclone Harold destroyed many islands of Vanuatu, and the volcanic ash of Yasur damaged part of Tanna. In spite of this, Vanuatu graduated from the list of the Least Developed Countries. In the near future Vanuatu faces many challenges, such as the social and economic challenges, challenges of the COVID-19 pandemic and the challenges from the climate change. The government of Vanuatu need to prepare for the recovery of tourism after the pandemic and adjust its financial policies to achieve sustainable development.

Keywords: Vanuatu; COVID-19 Pandemic; Natural Disaster; Vanuatu National University

B.6 An Analysis of Fiji's Economic, Political and Diplomatic Development in 2020

Yang Honglian, Zhao Jiaqi and Zhao Shaofeng / 074

Abstract: Since the Bainimarama government narrowly won the right to form an independent cabinet in the 2018 general election in Fiji, the ruling party has been able to develop its strategy exactly as it wishes as the opposition parties remain unable to pose a threat to the ruling party in the advancement of key orders. This has also stimulated the outbreak of internal conflicts and reorganization within the main opposition party in the country, the Social Democratic Liberal Party. China and Fiji have strengthened cooperation in epidemic prevention and control, policing and trade during the epidemic, but the massive loss of Chinese investors and expatriates has still been a major blow to Fiji's post-epidemic economic development. A more aggressive Indo-Pacific strategy has also become an important factor influencing the political and diplomatic direction of Fiji in the later stages of the Trump administration and under the increasing pressure of Fiji's domestic economic situation.

Keywords: Fiji; Politics; Economy; Diplomacy; China-Fiji Cooperation

B.7 The Development of Samoa's Political-Economic Situation and China-Samoa Relations in 2020 *Liang Guojie*, *Yang Qian* / 090

Abstract: Samoa's political, economic and diplomatic situation in 2020 is generally stable. Due to the enormous controversy over the Land and Titles Court Bills put forward by the ruling party, and the intensifying competition between political parties in the run-up to the 2021 General Election, Samoa's political stability has been on the decline . However, the public health crisis arised from COVID -19 outbreak has been relieved gradually. While many sectors of Samoa's economy were hit hard in 2020, economic recovery is expected by 2022. China-Samoa relations have been developing steadily during 2020. However, the outcome of the General Election in 2021 may to some extent affect future development of China-Samoa relations.

Keywords: Samoa; Politics; Economy; China-Samoa Relations

B.8 An Analysis on 2020 General Election of Palau and Its Influence Factors

Li Defang / 099

Abstract: From September to November 2020, the Republic of Palau held the twelfth general election. In the election, former senator Surangel S. Whipps was elected president. A parallel race for vice president was won by former senator Uduch Sengebau Senior. In the parliamentary election, seven of the 13 members of the Senate were re-elected, and most incumbents including Speaker Sabino Anastacio kept their seats in the House of Representatives. The results of the general election show that the presidential election in Palau has continued the political ecology of independent candidates, and the absentee ballot is still an important factor affecting the general election in Palau.

Keywords: Palau General Election; Surangel S. Whipps; Absentee Ballot

Ⅳ Special Reports

B.9 A Review of Pacific Island Countries Marine Economy and Marine Governance Development in 2020

Lin Xianghong, Wei Jin and Li Weiwen / 110

Abstract: Most of the Pacific island countries have small land areas and rich marine resources. This article mainly analyzes the marine economic situation, the impact of the COVID-19 epidemic on the marine industry, the overview of marine policies, and the main problems of the current development in the Pacific island countries. Finally, it puts forward four countermeasures and suggestions to promote the sustainable development of the Pacific island countries.

Keywords: Pacific Island Countries; Marine Economy; Marine Policy

B. 10　A Review of Pacific Island Countries Tourism Situation in 2020　*Wang Guiyu* / 120

Abstract: In 2020, the COVID-19 pandemic that swept the world brought international tourism to a halt, and economies of Pacific Island Countries (PICs), which are dominated by international tourism, bear the brunt of the pandemic. The governments of PICs have adopted active countermeasures such as price competition, overseas marketing, industry consolidation, and safety guarantees to welcome the recovery of the tourism industry. However, due to the high degree of uncertainty of the pandemic, the restart time of PICs international tourism industry is still unknown, leading to a lack of optimism in its tourism development prospects. Major development partners have provided tourism assistance to PICs to help their tourism industry tide over difficulties. In view of the "comprehensive strategic partnership of mutual respect and common development" between China and the PICs that have established diplomatic relations with China, it is suggested that China carry out tourism assistance such as digital technical assistance and tourism experience docking to the PICs, especially Fiji and Vanuatu, which are severely affected by the pandemic, to meet the needs of international tourism development under the new situation, so as to help the economic and social development of the PICs after the restart of international tourism.

Keywords: Pacific Island Countries; International Tourism; COVID-19 Pandemic; Tourism Assistance

B. 11　Pacific Islands Sub-regionalism and Its Most Recent Developments　*Chen Xiaochen* / 137

Abstract: Recent years have witnessed the rise of Pacific Islands sub-regionalism including that in Melanesia, Polynesia and Micronesia, with Melanesian Spearhead Group, Polynesian Leaders Group and Micronesian

Presidents' Summit as the three main sub-regional organizations or mechanisms all making a series of achievements. In 2020, due to various factors, the three sub-regional organizations or mechanisms all faced new challenges, underwent new changes and made new progress. Meanwhile, the contradictions among the three sub-regions are further highlighted. In particular, the Special Leaders' Meeting of the Micronesian Presidents' Summit held in October 2020 formed and expressed Micronesia's firm position that the new Secretary General of the Pacific Islands Forum must come from Micronesia.

Keywords: Pacific Island Countries; Sub-regionalism; Melanesia; Polynesia; Micronesia

B.12 From Trump to Biden: The Trends of U. S. Foreign Policy to Pacific Island Countries

Wu Yan / 151

Abstract: In recent years, with the continuous adjustment of the U. S. Asia – Pacific policy, the status and value of U. S. Pacific Island Policy is getting more and more important. Recently, although the U. S. Pacific Island Policy has undergone a transformation and adjustment from "security interests" as the core goal in Trump's administration to "reshaping regional influence" as the primary task in the Biden administration's, its policy logic and tradition of always safeguarding the U. S. hegemony in the Pacific island region have not changed. Keeping abreast of the changing trends and logic of the U. S. Pacific Island Policy is helpful to further understanding the U. S. Asia Strategy from a broader vision.

Keywords: U. S. ; Pacific Island Countries; Trump; Biden

B. 13 Review and Prospect of the Relations between Japan and Pacific Island Countries in 2020 *Lin Na* / 163

Abstract: In 2020, with the changes in the international and domestic situations, Japan has made some adjustments to the foreign policy and diplomatic positioning of the Pacific island countries. On the political issues, it has further gained the trust of the Pacific island countries, but the target is somewhat focused. In terms of economic diplomacy, cooperation with Pacific island countries has been further strengthened, but in more diversified ways. In the field of aid diplomacy, the needs of Pacific island countries have been further met, but the types of aid have changed. In 2021, Japan will continue to strengthen cooperation and exchanges with Pacific island countries on the original basis. However, influenced by internal and external factors, Japan will pay more attention to its diplomatic strategy with Pacific island countries from the perspective of geopolitical security.

Keywords: Pacific Island Countries; Japan; Health Care; International Aid

V Relations of China-Pacific Island Countries

B. 14 Review and Prospect of China-Pacific Island Countries Relations in 2020

Zhao Shaofeng, *Wang Meijia* / 183

Abstract: In 2020, the sudden arrival of COVID-19 epidemic has brought a great impact on countries all over the world. The people of the Pacific island countries and the Chinese people help each other to fight the epidemic together. Kiribati President Taneti Maamau's visit has laid a solid foundation for the development of China-Kiribati relations. The "online meeting" between China and Pacific island countries strengthened communication and promoted the landing of various agreements. China has provided financial, technical and educational assistance to Pacific island countries, especially medical and health assistance in response to the epidemic. Affected by the epidemic, the economic and trade volume between China and Pacific island countries has declined. In the post-epidemic era, the economic recovery of the Pacific island countries needs more help. As a responsible big country, China has provided and will continue to provide support for the revitalization of tourism and economic recovery of the island countries.

Keywords: Pacific Island Countries; China; Online Meeting; "The Belt and Road" Initiative

B.15 Changes in Papua New Guinea and Its Relationship with China Under the Impact of COVID-19 *Lu Qinghong* / 198

Abstract: The epidemic situation of COVID -19 swept the world in 2020. This has had a huge impact on Papua New Guinea, which is heavily dependent on international markets. In the face of the decline in production capacity and exports, the obvious economic downturn, the Marape government has taken many measures to revive the sluggish economy, but the effect is very limited. The adjustment of Papua New Guinea's economic policy has led to new opportunities and challenges for China's cooperation with it.

Keywords: Papua New Guinea; Relation Between China and PNG; Infrastructure Construction

Ⅵ Appendix

B.16 The Key Events of Pacific Island Countries in 2020 *Lin Na* / 219

S 基本子库
SUB DATABASE

中国社会发展数据库（下设 12 个专题子库）

紧扣人口、政治、外交、法律、教育、医疗卫生、资源环境等 12 个社会发展领域的前沿和热点，全面整合专业著作、智库报告、学术资讯、调研数据等类型资源，帮助用户追踪中国社会发展动态、研究社会发展战略与政策、了解社会热点问题、分析社会发展趋势。

中国经济发展数据库（下设 12 专题子库）

内容涵盖宏观经济、产业经济、工业经济、农业经济、财政金融、房地产经济、城市经济、商业贸易等12个重点经济领域，为把握经济运行态势、洞察经济发展规律、研判经济发展趋势、进行经济调控决策提供参考和依据。

中国行业发展数据库（下设 17 个专题子库）

以中国国民经济行业分类为依据，覆盖金融业、旅游业、交通运输业、能源矿产业、制造业等 100 多个行业，跟踪分析国民经济相关行业市场运行状况和政策导向，汇集行业发展前沿资讯，为投资、从业及各种经济决策提供理论支撑和实践指导。

中国区域发展数据库（下设 4 个专题子库）

对中国特定区域内的经济、社会、文化等领域现状与发展情况进行深度分析和预测，涉及省级行政区、城市群、城市、农村等不同维度，研究层级至县及县以下行政区，为学者研究地方经济社会宏观态势、经验模式、发展案例提供支撑，为地方政府决策提供参考。

中国文化传媒数据库（下设 18 个专题子库）

内容覆盖文化产业、新闻传播、电影娱乐、文学艺术、群众文化、图书情报等 18 个重点研究领域，聚焦文化传媒领域发展前沿、热点话题、行业实践，服务用户的教学科研、文化投资、企业规划等需要。

世界经济与国际关系数据库（下设 6 个专题子库）

整合世界经济、国际政治、世界文化与科技、全球性问题、国际组织与国际法、区域研究 6 大领域研究成果，对世界经济形势、国际形势进行连续性深度分析，对年度热点问题进行专题解读，为研判全球发展趋势提供事实和数据支持。

法律声明